HENDRICK PINHEIRO

Prefácio
Estevão Horvath

Apresentação
Paulo Ayres Barreto

TRANSAÇÃO TRIBUTÁRIA

PLANEJAMENTO E CONTROLE

Belo Horizonte

CONHECIMENTO JURÍDICO

2021

© 2021 Editora Fórum Ltda.

É proibida a reprodução total ou parcial desta obra, por qualquer meio eletrônico, inclusive por processos xerográficos, sem autorização expressa do Editor.

Conselho Editorial

Adilson Abreu Dallari
Alécia Paolucci Nogueira Bicalho
Alexandre Coutinho Pagliarini
André Ramos Tavares
Carlos Ayres Britto
Carlos Mário da Silva Velloso
Cármen Lúcia Antunes Rocha
Cesar Augusto Guimarães Pereira
Clovis Beznos
Cristiana Fortini
Dinorá Adelaide Musetti Grotti
Diogo de Figueiredo Moreira Neto (*in memoriam*)
Egon Bockmann Moreira
Emerson Gabardo
Fabrício Motta
Fernando Rossi
Flávio Henrique Unes Pereira

Floriano de Azevedo Marques Neto
Gustavo Justino de Oliveira
Inês Virgínia Prado Soares
Jorge Ulisses Jacoby Fernandes
Juarez Freitas
Luciano Ferraz
Lúcio Delfino
Marcia Carla Pereira Ribeiro
Márcio Cammarosano
Marcos Ehrhardt Jr.
Maria Sylvia Zanella Di Pietro
Ney José de Freitas
Oswaldo Othon de Pontes Saraiva Filho
Paulo Modesto
Romeu Felipe Bacellar Filho
Sérgio Guerra
Walber de Moura Agra

CONHECIMENTO JURÍDICO

Luís Cláudio Rodrigues Ferreira
Presidente e Editor

Coordenação editorial: Leonardo Eustáquio Siqueira Araújo
Aline Sobreira de Oliveira

Av. Afonso Pena, 2770 – 15º andar – Savassi – CEP 30130-012
Belo Horizonte – Minas Gerais – Tel.: (31) 2121.4900 / 2121.4949
www.editoraforum.com.br – editoraforum@editoraforum.com.br

Técnica. Empenho. Zelo. Esses foram alguns dos cuidados aplicados na edição desta obra. No entanto, podem ocorrer erros de impressão, digitação ou mesmo restar alguma dúvida conceitual. Caso se constate algo assim, solicitamos a gentileza de nos comunicar através do *e-mail* editorial@editoraforum.com.br para que possamos esclarecer, no que couber. A sua contribuição é muito importante para mantermos a excelência editorial. A Editora Fórum agradece a sua contribuição.

Dados Internacionais de Catalogação na Publicação (CIP) de acordo com a AACR2

P654t   Pinheiro, Hendrick
          Transação tributária: planejamento e controle / Hendrick Pinheiro.–
        Belo Horizonte : Fórum, 2021.

          187p.; 14,5x21,5cm
          ISBN: 978-65-5518-227-9

          1. Direito Tributário. 2. Direito Financeiro. 3. Direito Administrativo.
        I. Título.

                                                                      CDD: 341.39
                                                                      CDU: 351.72

Elaborado por Daniela Lopes Duarte - CRB-6/3500

Informação bibliográfica deste livro, conforme a NBR 6023:2018 da Associação Brasileira de Normas Técnicas (ABNT):

PINHEIRO, Hendrick. *Transação tributária:* planejamento e controle. Belo Horizonte: Fórum, 2021. 187p. ISBN 978-65-5518-227-9.

TRANSAÇÃO TRIBUTÁRIA
PLANEJAMENTO E CONTROLE

Dedico este trabalho aos meus avós Luiza, Creuza e Elidio, que, mesmo sem muita instrução formal, me ensinaram o significado de garra, ternura e perseverança.

AGRADECIMENTOS

Tenho muitos "QUEs" e "QUEMs" a agradecer. Só posso estar feliz por isso.

Agradeço ao meu pai, Arthur Constantino da Silva Filho, que nem por um minuto me deixou desistir. Seu exemplo de força e o apoio incondicional possibilitaram esta caminhada. Com ele aprendi muito do que sei sobre Direito. Aprendi também que por muita coisa não vale a pena brigar, mas também que, em uma briga, ganha quem dá o primeiro tapa. Humildade, ousadia e confiança. Obrigado, Pai.

Agradeço à minha mãe, Ismene Pinheiro da Silva, que, de longe, sempre torceu pelos meus projetos e apoiou todos eles. Com ela aprendi valores como família, competência e algum apreço pelas coisas boas da vida. Obrigado, Mãe.

Agradeço aos meus irmãos, Henderson Pinheiro da Silva, Marcelle Souza e Guilherme Soares Dias, que sempre estiveram do meu lado, longe ou perto, me apoiando na loucura que foi abandonar uma vida – toda uma identidade – para construir outra. Obrigado, Maninho. Obrigado, Celle. Obrigado, Gui.

Agradeço ao meu orientador de mestrado na Faculdade de Direito da Universidade de São Paulo, Professor Associado Estevão Horvath, que confiou no meu trabalho, me apoiou em empreitadas acadêmicas duvidosas e, mesmo pensando de maneira diferente, sempre foi paciente com minhas opiniões acadêmicas. Com ele aprendi que a academia pode ser maior que o ego de seus membros e que o grande valor do professor é ser tolerante. Muito obrigado, Estevão.

Agradeço aos professores Lídia Maria Ribas, Paulo Ayres Barreto, Luís Eduardo Schoueri, José Maurício Conti, José Maria Arruda de Andrade, Marcos Augusto Perez, Gustavo Vettori, Rodrigo Pagani de Souza, Carla de Lourdes Gonçalves, Maria Sylvia Zanella Di Pietro e Fernando Facury Scaff, que participaram desta fase da minha formação ou de alguma forma a influenciaram. Com eles aprendi que a generosidade é um valor acadêmico indispensável. Obrigado, Mestres.

Agradeço aos grandes amigos que fiz debaixo dessas arcadas, Carlos Augusto Daniel Neto, Rodrigo Risolia, Fábio Tomkowski, Tatiane Praxedes Lech, Raquel Lamboglia Guimarães, Leonardo Aguirra,

Luciano Silva Costa Ramos, Marina Tanganelli Bellegarde, Marcela de Oliveira Santos, que são grandes parceiros de sala e de porão. Com vocês aprendi que o fato acadêmico só se consolida se for referendado sob a ótica das opiniões abalizadas dos colegas em torno de uma mesa de bar. Obrigado, Galera.

Além desses, são muitos os outros agradecimentos que não cabem aqui.

Não importa a distância do trajeto, a viagem será sempre tão grandiosa quanto a cabeça de uma criança pode imaginar.

Guilherme Soares Dias

SUMÁRIO

PREFÁCIO
Estevão Horvath 13

APRESENTAÇÃO
Paulo Ayres Barreto 17

INTRODUÇÃO 19

CAPÍTULO 1
TRANSAÇÃO TRIBUTÁRIA – ASPECTOS FUNDAMENTAIS 25

1.1 Características gerais do instituto 25
1.1.1 Evolução histórica 26
1.1.2 Elementos conceituais 30
1.1.3 Características comuns 33
1.2 Transação no Direito Tributário 39
1.2.1 Os efeitos da transação tributária 40
1.2.2 A transação e o processo de constituição da obrigação tributária 46
1.2.3 A abrangência da regra de transação 56
1.3 Transação tributária em um novo contexto de interesse público 61
1.3.1 Pretensa superação da supremacia do interesse público 63
1.3.2 Por uma visão contextual da supremacia do interesse público 66
1.3.3 Transação tributária como mecanismo de colaboração 70

CAPÍTULO 2
PLANEJAMENTO E POLÍTICA FISCAL: TRANSAÇÃO COMO ESCOLHA DELIBERADA SUJEITA A AVALIAÇÃO 75

2.1 Política fiscal e planejamento 76
2.1.1 Conceito de política fiscal 76
2.1.2 Planejamento: aspecto fundamental da política fiscal 83
2.1.2.1 Planejamento na constituição econômica 85
2.1.2.2 Planejamento como regra constitucional 91
2.2 Gastos tributários: impactos orçamentários de programas de transação tributária 98

2.2.1	Origem e noção de gastos tributários 99
2.2.2	Renúncias fiscais no sistema orçamentário brasileiro 107
2.2.2.1	Renúncias tributárias nas leis orçamentárias 108
2.2.2.2	A disciplina do artigo 14 da Lei de Responsabilidade Fiscal 113

CAPÍTULO 3
CONTROLE DOS PROGRAMAS DE TRANSAÇÃO TRIBUTÁRIA 123

3.1	Controle como instrumento de evolução institucional 124
3.1.1	Elaboração: do planejamento à criação dos programas 126
3.1.2	Implementação: transparência e participação no processo legislativo 132
3.1.3	Governança executiva: o controle no desenvolvimento dos programas 136
3.1.4	Avaliação de resultados: controle posterior 140
3.2	Controle como mecanismo de responsabilização 145
3.2.1	A responsabilidade financeira 148
3.2.2	Os atos de improbidade 154
3.2.3	Os crimes de responsabilidade 160

CONCLUSÕES 165

REFERÊNCIAS 171

PREFÁCIO

Foi-me dada a honra de prefaciar o livro de Hendrick Pinheiro, intitulado "Transação tributária: planejamento e controle".

O jovem autor foi meu aluno e orientando na pós-graduação *stricto sensu* da Faculdade de Direito da Universidade de São Paulo, na qual obteve o título de Mestre apresentando dissertação que versou sobre o tema objeto deste livro, tendo sido o trabalho fartamente examinado e elogiado pelos membros componentes da sua banca examinadora.

O assunto escolhido para estudo é de evidente atualidade, porquanto, nos últimos tempos, discute-se a aplicação do instituto "transação" mais acirradamente, com a pretensão, dentre outros fatores, de diminuir o contencioso tributário, cada vez mais numeroso e custoso, tanto para o Estado quanto para o contribuinte.

A oportunidade do trabalho se vê realçada quando se tem em conta a recente edição da Medida Provisória nº 899, de outubro de 2019, convertida na Lei nº 13.988, de 14 de abril de 2020, que "estabelece os requisitos e as condições para que a União e os devedores ou as partes adversas realizem transação resolutiva de litígio". Por mera coincidência – ou não – tal ato normativo traz diversas características do instituto na forma como defendida pelo autor.

O trabalho inicia-se com a aproximação entre a transação civil e a tributária. Para o autor, ainda que prevista no Código Tributário Nacional como uma das causas extintivas da obrigação tributária, a transação é negócio jurídico declaratório, ou seja, que opera sobre uma obrigação já constituída. Embora controverso o pensamento, ele está devidamente justificado no texto.

Assim como defendido pelo autor, a medida provisória mencionada toma como premissa que a transação ocorre sobre créditos já constituídos, não implicando novação dos créditos abrangidos (art. 6º, §3º).

A transação tributária, sempre segundo o autor, não comportaria regra geral; no Direito Tributário brasileiro, "é remédio pontual para a gestão de conflitos determinados em lei específica, em especial aqueles atinentes à conveniência econômica de adimplir uma obrigação tributária já estabelecida".

Seria a transação instrumento de política fiscal, no sentido de constituir remédio específico destinado a influir no comportamento dos agentes econômicos. A partir daí segue o estabelecimento de correlação dessas políticas com o orçamento, especialmente no referente aos denominados "gastos tributários".

Neste ponto, estabelece o autor uma correlação entre planejamento – dentro do qual estaria incluída a transação no que concerne àqueles gastos tributários – e a elaboração das leis orçamentárias, mais especialmente a Lei Orçamentária Anual. Em outras palavras, quando da elaboração dos programas de transação, o planejamento atuaria como elemento que viabilizaria a coordenação dessa política específica com outros programas da Administração Pública.

Da mesma sorte, o planejamento funcionaria como ferramenta que possibilitaria a avaliação dos resultados do programa de transação. Tornar-se-ia instrumento direcionado à obtenção de maior eficiência da gestão dos recursos públicos.

Somente diante de uma perspectiva prévia de objetivos e custos confrontada com os resultados efetivamente obtidos é que se tornaria possível a construção de uma ideia de eficiência na gestão dos recursos públicos. Nessa tarefa, o planejamento converte-se em peça fundamental na atuação dos órgãos de controle interno, externo e social para a construção de um juízo sobre a utilização dos recursos públicos em face dos resultados atingidos.

Não é outra, ao que parece, a ideia constante na Medida Provisória nº 899, quando outorga ao Ministro da Economia competência para condicionar a transação à observância de normas orçamentárias e financeiras (art. 18). A própria existência deste dispositivo reconhece a necessidade de prever os impactos orçamentários dos programas de transação quando estes representarem renúncia fiscal (gastos tributários indiretos), como se pretende demonstrar na obra em comento.

Na sequência, sempre se reportando a "programas" de transação tributária, Hendrick passa a cuidar da eventual responsabilização do gestor público pela omissão no concernente à omissão do planejamento desses "programas", por haver incorrido em conduta que, em última análise, implicaria dano ao erário.

No sentido inverso, proclama o estudioso, a falta de planejamento tornaria mais difícil a atividade dos órgãos de controle das políticas de transação tributária, abrindo caminho para a elaboração de políticas de transação casuístas e potencialmente danosas ao erário público e expondo o gestor a riscos de responsabilização pessoal.

Creio poder sumular o intento último do autor, ao meditar sobre o tema, que seria buscar inibir, pelos meios que sugere, a utilização da figura da transação tributária como medida circunstancial, casuísta e até mesmo irresponsável.

Diante isso, recomendo fortemente a leitura do trabalho de Hendrick Pinheiro a todos aqueles que pretendam aprofundar-se no estudo do tema da transação tributária, muito especialmente dada a sua nem sempre percebida conexão com o planejamento, com o orçamento e, em última análise, com a própria forma como os parcos recursos públicos são despendidos, com repercussão na vida diária de todos os cidadãos.

Estevão Horvath
Professor de Direito Financeiro da USP
e de Direito Tributário da PUC-SP

APRESENTAÇÃO

Abordar temas simples ou já bem estruturados pela doutrina, a partir de uma abordagem despida de originalidade, costuma ser uma tarefa que ganha pouco destaque no meio da comunidade científica. Louvável, por outro lado, é a atitude de enfrentar temas intrincados, inéditos ou pouco explorados. O nível de dificuldade difere radicalmente de uma perspectiva para a outra. Por essa razão, não são todos aqueles que têm a coragem de realizar uma pesquisa sobre um tema árduo e desafiador. A missão dista de ser simples e exige uma série de atributos pessoais.

Nesse contexto, muito me honra apresentar a obra *Transação tributária: planejamento e controle*, de autoria de Hendrick Pinheiro. Trata-se de um trabalho originado da dissertação de mestrado do autor, defendida na Faculdade de Direito da Universidade de São Paulo – USP, sob a orientação sempre segura e competente do Prof. Estevão Horvath.

Chamou-me atenção, desde o primeiro contato com a obra, a escolha do tema. Dentre diversos assuntos inseridos na seara do Direito Tributário, arrisco-me a dizer que a transação não se revela como um dos mais frequentes. Daí já advém um primeiro mérito do autor. O segundo mérito é o de associar fortemente este tema ao Direito Financeiro, perpassando, ainda, pela análise histórica do instituto no âmbito do Direito Civil.

Hendrick Pinheiro não se limitou a abordar a transação e os seus respectivos efeitos, como hipótese de extinção do crédito tributário. Na verdade, o trabalho tem como foco a análise de aspectos atinentes ao planejamento orçamentário e à conduta do administrador público, quando da elaboração e implementação de programas de transação. Trata-se de uma obra de caráter interdisciplinar, com as dificuldades inerentes a pesquisa deste jaez, mas com um resultado inequivocamente consistente.

O autor é ser humano de muitos predicados: inquieto na busca incessante pelo conhecimento, com personalidade forte, corajoso e de opiniões próprias e sempre muito bem fundamentadas. Tive o privilégio de tê-lo como aluno em diversos créditos ministrados na USP. Pude testemunhar sua dedicação aos estudos, espírito crítico e posicionamento sempre claro. Defende suas posições com entusiasmo e firmeza, independentemente de quem seja o debatedor, se um jovem estudante ou se um professor emérito. Prefere a autoridade do argumento ao argumento de autoridade.

Esses atributos pessoais são encontrados na obra ora apresentada. Não há superficialidades. O texto, em realidade, é denso, profundo, bem encadeado e as proposições apresentadas são teoricamente bem plantadas. As conclusões, a seu turno, são inéditas, originais e com relevantes aplicações no campo pragmático. Parabenizo o programa de pós-graduação da Universidade de São Paulo pelo mestre que produziu e também à Editora Fórum por trazer a lume tão relevante contribuição à ciência do Direito Tributário.

São Paulo, 30 de janeiro de 2020.

Paulo Ayres Barreto
Professor associado de Direito Tributário
da Universidade de São Paulo

INTRODUÇÃO

A transação é um instrumento peculiar e de utilização polêmica no campo da tributação. No Direito Tributário a doutrina clássica chega a questionar sua compatibilidade com o ordenamento jurídico brasileiro.[1] No entanto, as dúvidas doutrinárias sobre a legitimidade desse instrumento parecem não ter inibido sua utilização pelas administrações tributárias. Só no nível federal, desde a promulgação da Constituição da República Federativa do Brasil (CFRB), é possível contar oito edições e reaberturas de programas de transação,[2] na modalidade de parcelamentos incentivados que envolvem concessões recíprocas, comumente denominados "Refis".

A edição da Medida Provisória nº 899, de 16 de outubro de 2019, convertida na Lei nº 13.988, de 14 de abril de 2020, reacendeu o debate sobre os limites e campo de aplicabilidade das normas que instituem programas de transação tributária. Porém, para além dos aspectos e das controvérsias de natureza tributária, o questionamento central envolvido no presente trabalho são os critérios de planejamento que devem ser necessariamente seguidos na elaboração e na implementação destes programas. O foco não são os efeitos das normas tributárias na esfera do contribuinte, mas a análise dos aspectos atinentes à conduta do administrador, quando elabora e implementa programas de transação tributária.

Este livro está estruturado em torno da hipótese de que a elaboração de programas de transação tributária está condicionada à realização de estudos de planejamento, que viabilizam seu controle.

A tese que se advoga é que a transação tributária, quando utilizada como ferramenta de política fiscal, está condicionada a um dever de planejamento derivado do caráter excepcional da atuação do Estado

---

[1] JARDIM, Eduardo Marcial Ferreira. *Manual de direito financeiro e tributário*. 8. ed. São Paulo: Saraiva, 2007. p. 80.

[2] Lei nº 9.964/2000 (Programa de Recuperação Fiscal – REFIS); Lei nº 10.684/2003 (Parcelamento Especial – PAES); Medida Provisória nº 303/2006 (Parcelamento Excepcional – Paex); Lei nº 11.941/2009 (Refis da Crise); Lei nº 12.073/2014 (Refis da Copa); Lei nº 12.996/2014 (Refis das Eleições); Lei nº 13.043/2014, Lei nº 13.496/2017 (Programa Especial de Regularização Tributária – PERT).

no domínio econômico, que se desdobra – em sua perspectiva orçamentária – na necessidade de apuração dos gastos tributários indiretos envolvidos, de maneira a viabilizar o controle da atuação estatal, tanto na perspectiva da evolução institucional dos programas quanto no viés da responsabilização dos agentes em caso de desvio.

O título deste trabalho – *Transação tributária: planejamento e controle* – quer indicar as três partes que o compõem. Na tentativa de demonstrar a hipótese e testar a tese, foram escolhidos como ponto de partida da análise alguns aspectos da transação tributária. Seguindo o percurso, é descortinada uma argumentação em favor da submissão dos programas – que se utilizam desse instituto – ao regime jurídico do planejamento vigente no ordenamento econômico-financeiro brasileiro. Na última etapa, o planejamento é apresentado como instrumento que viabiliza o controle dessas políticas, tanto na perspectiva da evolução institucional quanto no plano da responsabilização do gestor.

Na primeira seção, por meio de uma abordagem histórico-evolutiva, elaborada a partir dos comentadores que se dedicaram ao tema da transação, demonstram-se as características gerais do instituto no ordenamento jurídico brasileiro, perspectiva que parte das características presentes no Direito Civil para apresentar aspectos e peculiaridades incorporados por ocasião de sua introdução na ordem jurídica tributária.

Ainda na primeira parte, são abordados pontos polêmicos da utilização da transação no Direito Tributário, tais como a natureza dos efeitos da transação, seu papel no processo de constituição da obrigação tributária e sua abrangência. Nesse ponto, o objetivo principal é demonstrar que o artigo 171 do Código Tributário Nacional (CTN), na condição de norma geral de Direito Tributário, admite a transação apenas como instrumento de atuação pontual, mediante critérios específicos estabelecidos em lei, perspectiva que tornaria inviável a implementação de uma regra geral de transação. Ao final, a partir de uma revisão sobre as visões atuais da doutrina de Direito Administrativo sobre o interesse público, busca-se mostrar juridicamente possível a utilização desse instituto como instrumento de colaboração entre Administração e administrado.

É apresentado, na segunda seção, um delineamento jurídico do planejamento estatal no que tange às medidas de política fiscal, com foco em alguns aspectos específicos de Direito Econômico e Financeiro aplicáveis à espécie. Quer-se demonstrar que a utilização pontual da transação tributária para a implementação de objetivos específicos pelo Estado converte esses programas em verdadeiros instrumentos de política fiscal, implementada no campo da intervenção do Estado no domínio econômico, com vistas a influenciar o comportamento dos particulares em direção a uma situação de adimplência fiscal.

Enquanto ferramenta de política fiscal, a elaboração de programas de transação tributária passa a se submeter às regras de atuação do Estado no domínio econômico, o que implica respeito ao dever de planejamento derivado da excepcionalidade da atuação do Estado nesse campo. O delineamento deste dever de planejamento é realizado a partir dos dispositivos que integram a constituição econômica, lidos pelas lentes da doutrina que se dedica a racionalizar o fenômeno da intervenção estatal.

Nessa segunda parte, descortina-se ainda outro aspecto do planejamento aplicável às políticas de transação: a disciplina dos gastos tributários. O que se pretende afirmar é que as concessões outorgadas por parte da Administração podem representar custos indiretos, razão pela qual o impacto desses programas deve, necessariamente, ser refletido no sistema orçamentário.

Ao final dessa segunda parte, busca-se apresentar o planejamento como instrumento de coerência, a promover a *compatibilização* dos objetivos de um programa de transação com os objetivos e as metas estabelecidos em caráter geral pela Administração no plano plurianual (PPA); a *coordenação*, de forma a viabilizar sua realização sem prejuízo das metas de equilíbrio estabelecidas na Lei de Diretrizes Orçamentárias (LDO); e a *dimensionalidade*, conferindo uma perspectiva estimada dos custos envolvidos e de seu impacto na Lei Orçamentária Anual (LOA).

Na seção 3, a importância do planejamento é colocada à prova e o objetivo passa a ser demonstrar como ele viabiliza o controle dos programas de transação em dois aspectos essenciais: como instrumento de evolução institucional e como mecanismo de responsabilização do gestor.

Nesse ponto, busca-se testar a tese inicial com vistas a apontar o papel do planejamento como instrumento que viabiliza o controle dos programas de transação. Não há pretensão de esgotar o tema, nem sob o viés das inflexões da colaboração com uma evolução institucional nos momentos destacados, nem no âmbito das possibilidades de responsabilização dos agentes, apenas de apontar a ligação umbilical entre o planejamento e a atividade das diferentes instâncias de controle.

No que tange ao controle como instrumento de evolução institucional, apresentam-se quatro momentos em que os diferentes níveis de controle (interno, externo e social) podem exercer influência na configuração dos programas de transação. Entende-se por "controle como evolução institucional" a atuação de suas diferentes sedes (controle interno, externo e social) no aprimoramento do processo de elaboração e implementação de programas de transação tributária. Quer-se demonstrar como o planejamento é instrumento que colabora para essa tarefa.

No primeiro estágio apresentado, quer-se demonstrar que a elaboração é um importante momento para a compatibilização entre os programas de transação que se pretende implementar com o planejamento estatal como um todo, em especial com a disciplina dos gastos tributários. Destaca-se o papel tanto do controle interno quanto do controle externo como mecanismos para a introdução de uma cultura de procedimentalização, na qual o planejamento é introduzido como elemento indispensável no desenho de programas de transação tributária.

Na fase de implementação da medida, que envolve as discussões conduzidas no Poder Legislativo, busca-se demonstrar que o planejamento, enquanto aspecto integrante da motivação do agente público, viabiliza o debate e o controle legislativo e social das políticas de transação. Nesse ponto, atuam os tribunais de contas como elementos do controle externo capazes de fornecer elementos técnicos para a qualificação dos debates no âmbito legislativo.

Demonstra-se ainda a possibilidade de controle dos programas de transação durante sua vigência. Nessa fase, denominada "governança executiva", os resultados poderiam ser acompanhados ao tempo que fossem produzidos, o que possibilitaria eventuais ajustes e correções de rumo. Nesse ponto, busca-se demonstrar a importância da designação de responsáveis pela gestão do programa e a necessidade da análise e da divulgação dos resultados parciais, medidas que instrumentalizariam a atuação dos órgãos de controle, em especial do controle interno e do próprio controle social.

Na perspectiva da avaliação dos resultados, o objetivo é ressaltar a importância da análise dos resultados obtidos em contraposição ao custo de determinado programa de transação. Essa avaliação final permite um julgamento de eficiência, eficácia e efetividade da política, além de um juízo sobre sua economicidade. Nesse ponto, destaca-se a possibilidade de atuação do controle interno, na incorporação de um aprendizado institucional que pode ser replicado em programas futuros, e do controle externo, em seu papel sancionador, na hipótese de desvios de conduta e do controle social, na medida em que se dá conhecimento dos reais custos envolvidos na promoção de programas de transação tributária.

Na seguinte etapa do último capítulo, busca-se demonstrar o papel do controle como elemento de responsabilização do gestor que descura do dever de planejamento. Nesse ponto, quer-se apresentar algumas relevantes modalidades de sanção trazidas pelo ordenamento jurídico brasileiro, aplicáveis em caso de ausência ou deficiência no planejamento de programas de transação tributária.

Para construir uma perspectiva sancionatória, são detalhadas possíveis consequências nas esferas da responsabilidade financeira, dos atos de improbidade e dos crimes de responsabilidade, de forma a apresentar um quadro da exposição do administrador público que deixa de realizar o planejamento de programas de transação tributária.

CAPÍTULO 1

TRANSAÇÃO TRIBUTÁRIA – ASPECTOS FUNDAMENTAIS

O ponto de partida destas reflexões sobre transação passa pela construção de um alicerce conceitual, que se inicia com as origens da transação no Direito Civil para erigir uma ideia sobre os contornos específicos da transação no Direito Tributário. Esse retorno ao passado visa estabelecer linhas gerais úteis para a compreensão da transação.

Aspectos sensíveis – como efeitos, forma, limites à transigibilidade do crédito tributário e abrangência da transação – foram objeto de análise detida com vistas a construir uma perspectiva operacional da transação. São apresentadas discussões atuais sobre algumas peculiaridades e alguns limites à utilização da transação tributária.

Com os olhos voltados para o futuro, a própria utilização da transação é analisada sob a ótica da moderna compreensão da supremacia do interesse público, com vistas a defender a utilização da transação tributária como canal de diálogo para a construção de um interesse público por colaboração entre administração e administrado.

1.1 Características gerais do instituto

As origens da transação remontam ao Direito romano. O caminho que leva à sua compreensão no Direito Tributário e, para mais adiante, como elemento utilizado pelo Estado para instrumentar ações de política fiscal passa por um necessário retorno às suas origens no Direito das Obrigações.

Como consigna Pontes de Miranda,[3] a transação pode atingir, nas concessões, um ou mais ramos do Direito, todavia sempre opera sobre uma obrigação já existente. Essa origem no direito obrigacional estabelece algumas características importantes para a compreensão de sua aplicação no Direito Tributário.

Um olhar mais detido sobre a evolução da transação, seu conceito no Direito Civil e Tributário e as diferenças na natureza jurídica desse instituto fornece repertório para subsidiar uma compreensão de sua utilização enquanto elemento de políticas públicas conduzidas no seio da política fiscal.

1.1.1 Evolução histórica

As origens da transação no Direito das Obrigações remontam ao Direito romano, que fazia expressa menção a essa modalidade como ponte de um Estado jurídico inseguro para um seguro.[4] Nasceu da evolução das práticas mercantis no império romano e, em um primeiro momento, era colocada como uma convenção do tipo *stipulatio*, um pacto nu, sem força executiva. Com o avanço do consensualismo no período romano pós-clássico, a transação passou a ser considerada contrato de eficácia obrigacional direta e executável por ação própria.[5]

Naquele momento já eram previstas, como elementos integrantes da transação, a reciprocidade e a dúvida (o litígio ou a contestação) entre direitos. Desde sua origem, o "requisito da existência de concessões recíprocas é verdadeira condição jurídica (*conditio juris*) da transação".[6]

Nas Ordenações Afonsinas, datadas de meados do século XIII, não há texto específico sobre o instituto da transação. Pelo viés da doutrina, o instituto passou a ser tratado com cuidado pelos comentadores do século XVI, sendo que somente no século XVII apareceram os primeiros tratados específicos sobre a matéria, como o estudo do jurista holandês

---

[3] PONTES DE MIRANDA, Francisco Cavalcanti. *Direito das obrigações*: extinção das dívidas e obrigações, dação em soluto... São Paulo: Revista dos Tribunais, 2012. p. 205.
[4] Previa o Digesto, reunião de textos de jurisconsultos romanos realizada pelo imperador Justiniano no ano de 305, a dúvida como elemento essencial da transação (*apud* BEVILAQUA, Clovis. *Código Civil dos Estados Unidos do Brasil*. São Paulo: Livraria Francisco Alves, 1943. tomo 4. p. 176.
[5] MALUF, Carlos Alberto Dabus. *A transação no direito civil e no processo civil*. 2. ed. São Paulo: Saraiva, 1999. p. 7.
[6] MALUF, Carlos Alberto Dabus. *Op. cit.*, p. 4.

Arnold Vinnius, denominado *Transactionibus tractatus*, e o trabalho do espanhol Emanuel Roman Valeron, *Tractatus de transactionibus*.[7]

As Ordenações Filipinas – criadas sob forte influência do Direito romano – acentuaram o caráter oneroso e comutativo da transação, reconhecendo como seu pressuposto jurídico a existência de concessões recíprocas. Como relata Carlo Alberto Dabus Maluf, desde aquela época ecoa a mutualidade das concessões como elemento essencial da transação, elemento esse que acompanhou a transladação dessa modalidade do Direito português para o Brasil, estando presente nas compilações de Teixeira de Freitas, bem como em seu projeto de Código Civil.[8]

No Brasil, a jurisprudência anterior ao Código Civil de 1916 reconhecia na transação uma espécie de contrato, conforme trecho de acórdão de 12 de julho de 1904, que assim consignava: "transação é um contrato em que as partes, concedendo e renunciando pretensões, previnem e melhor asseguram o exercício de seus direitos, sendo, portanto, parte essencial deste contrato a reciprocidade de concessões".[9]

Embora existisse essa corrente que a definia como contrato, o Código Civil de 1916 posicionou a transação no capítulo referente aos efeitos das obrigações, ao lado do pagamento e de outras hipóteses de extinção (art. 1.025). Entretanto, essa posição acabou perdendo adeptos[10] e culminou com a edição do Código Civil de 2002, com a alteração no tratamento desse instituto, que passou a ser reconhecido no Direito Privado como espécie de contrato.

Note-se que tratar a transação como forma de extinção das obrigações – como fazia o Código Civil de 1916 – é olhar o instituto sob o viés de sua finalidade, ao passo que tratá-lo como uma espécie de contrato – como faz o Direito Privado atual – é alterar o foco para a forma em que são operacionalizadas as concessões recíprocas destinadas à eliminação da controvérsia. Como se verá adiante, tanto a finalidade de extinguir obrigações quanto o contrato como forma da transação são pontos controversos tanto no Direito Civil quanto no Direito Tributário.

Mudando o foco da análise evolutiva do Direito Privado para o Direito Público, identifica-se como um passo importante para a implementação da transação no Direito Público brasileiro a disposição do

---

[7] Apud MALUF, Carlos Alberto Dabus. *Op. cit.*, p. 11-12.
[8] MALUF, Carlos Alberto Dabus. *Op. cit.*, p. 16.
[9] Apud DINIZ, Maria Helena. *Curso de direito civil brasileiro*. 30. ed. São Paulo: Saraiva, 2014. v. 3. p. 629.
[10] DINIZ, Maria Helena. *Op. cit.*, p. 629.

artigo 23 da Lei nº 1.341/51, que reconhece a possibilidade, mediante autorização expressa da Procuradoria-Geral da República, de os órgãos do Ministério Público da União, responsáveis pela curadoria do interesse público na esfera federal, transigirem.

A inserção de mecanismos de cooperação entre Estado e indivíduos na produção normativa – a chamada "contratualização" – é fenômeno de raízes antigas e profundas no Direito brasileiro,[11] como pode ser evidenciado pela disposição mencionada. A referida regra é um exemplo presente no Direito Positivo que autoriza os representantes estatais a transacionarem interesses públicos em processos judiciais.

Especificamente sobre a possibilidade de transação na tributação, essa discussão remete às origens do Direito Tributário no Brasil, que, como relata Alcides Jorge Costa, começou a ganhar impulso a partir da segunda metade do século XX. Antes, o estudo de seus institutos era restrito aos agentes fazendários, muito em razão do dever funcional que lhes impunha seu manejo e sua aplicação. Para o autor, "a crescente influência do fator tributário na vida econômica foi, sem dúvida, o elemento que fez com que se iniciasse o estudo mais acurado e sistemático do direito tributário".[12]

Fruto do ganho de importância desse ramo do Direito, o Código Tributário Nacional, Lei nº 5.172/66, trouxe a transação como hipótese de extinção do crédito tributário (art. 156, III), restringindo sua utilização à edição de lei estabelecendo as condições em que se realizarão as concessões mútuas tendentes a determinar o litígio e conduzir à extinção do crédito tributário (art. 171).

Contemporaneamente à criação do CTN, no ano de 1966, eram realizados os estudos para elaboração do Modelo de Código Tributário para a América Latina (modelo CTAL). Nesse documento, produto do trabalho de uma comissão de notáveis juristas latino-americanos (dentre eles, Rubens Gomes de Sousa), também havia a previsão da possibilidade de aplicação da transação no Direito Tributário (art. 41). A proposição colocava a transação entre as modalidades de extinção da obrigação tributária, todavia esclarecia que se tratava de uma

---

[11] CABRAL, Antônio do Passo. *Convenções processuais*: entre o publicismo e o privatismo. 2015. 383 p. Tese (Livre-Docência em Direito) – Faculdade de Direito, Universidade de São Paulo, São Paulo, 2015. p. 158.

[12] COSTA, Alcides Jorge. A doutrina tributária italiana e sua influência no direito tributário brasileiro. *In*: TAVOLANO, Agostinho Toffoli; MACHADO, Brandão; MARTINS, Ives Gandra da Silva (Org.). *Princípios tributários no direito brasileiro e comparado*: estudos em homenagem a Gilberto Ulhôa Canto. Rio de Janeiro: Forense, 1988. p. 24-33. p. 27.

enumeração "a título ilustrativo", cuja adoção dependeria da legislação de cada país.[13]

Desde aquela época se discutia se a transacionabilidade poderia conduzir a uma constituição conjunta do crédito tributário ou se estaria limitada a operar sobre uma obrigação já constituída pelo lançamento, enquanto atividade administrativa plenamente vinculada.[14]

No Brasil, desde a edição do Código Tributário Nacional se discute a possibilidade e os limites da implementação da transação tributária, havendo, inclusive, aqueles que rechaçam completamente sua aplicação.[15] Todavia, impõe-se reconhecer que o chamado "contratualismo fiscal" é uma tendência no Direito Tributário contemporâneo, reflexo de uma alteração no paradigma da relação fisco-contribuinte, que passa a ser estruturada em um modelo menos hierarquizado e mais horizontal.[16]

Nos albores do século XXI, no seio de uma administração tributária consensual, que tem como valores a transparência e a eficiência, floresce a utilização de mecanismos de substituição da autoridade pelo consenso, que promovem o diálogo, a negociação e a troca em substituição à simples prática unilateral de atos administrativos impositivos.[17]

A transação como instituto jurídico se desenvolveu a partir da evolução das práticas mercantis, apoiada no consensualismo de origens romanísticas e como forma de extinguirem-se conflitos no campo da autonomia da vontade, sendo o seu maior objetivo o interesse de evitar a insegurida. Sua implementação no Direito Tributário brasileiro coincide com o próprio florescimento de sua disciplina, na segunda metade do século XIX, com a edição do Código Tributário Nacional.

Importa a este trabalho compreender as características específicas da transação para estabelecer alguns limites normativos para sua aplicação como instrumento de política fiscal, balizas essas que viabilizarão também seu controle.

---

[13] COSTA, Ramón Valdés. Os acordos entre a Administração e os contribuintes. In: TAVOLANO, Agostinho Toffoli; MACHADO, Brandão; MARTINS, Ives Gandra da Silva (Org.). Princípios tributários no direito brasileiro e comparado: estudos em homenagem a Gilberto Ulhôa Canto. Rio de Janeiro: Forense, 1988. p. 584-385. p. 566.
[14] COSTA, Ramón Valdés. Op. cit., p. 566.
[15] JARDIM, Eduardo Marcial Ferreira. Manual de direito financeiro e tributário. 8. ed. São Paulo: Saraiva, 2007. p. 80.
[16] OLIVEIRA, Phelippe Toledo Pires de. A transação em matéria tributária. São Paulo: Quartier Latin, 2015. p. 47.
[17] POLIZELLI, Victor Borges. Contratos fiscais: viabilidade e limites no contexto do direito tributário brasileiro. 2013. 305 p. Tese (Doutorado em Direito) – Faculdade de Direito, Universidade de São Paulo, São Paulo, 2013. p. 25.

1.1.2 Elementos conceituais

Na linguagem comum, transação significa a conclusão de um negócio qualquer, sendo empregada como sinônimo de convenção.[18] Manuel Inácio Carvalho de Mendonça já consignava em sua obra que "não existe em toda a técnica jurídica vocábulo tão frequentemente usado e tantas vezes radicalmente deturpado em seu significado".[19] Apesar de juridicamente imperfeita, a designação usual do termo "transação" é pertinente, no sentido em que absorve a essência do instituto jurídico que explica. Dela tem-se que o núcleo da transação é a convenção, o ajuste, a composição de pretensões.

Grandes expoentes de nosso Direito Civil pré-vigente[20] viam na transação uma modalidade de ato jurídico "pelo qual as partes, fazendo-se concessões recíprocas, extinguem ou previnem litígios".[21] O argumento daqueles que definiam a transação como ato jurídico era calcado na impossibilidade de a transação produzir uma nova obrigação. Ela operaria apenas sobre uma obrigação já constituída e, nessa medida, não poderia ser considerada contrato, tomado como fonte originária das obrigações.

Nesse giro, a transação era conceituada pela finalidade. Como operava sobre uma obrigação já constituída, não era qualificada como um contrato. Todavia, contrapõe-se a essa posição o fato de que, em nosso Direito, ser fonte de direitos e obrigações não é um atributo exclusivo dos contratos. Como ressalta Waldirio Bulgarelli,[22] atos jurídicos também podem adquirir, resguardar, transferir, modificar ou extinguir direitos.

Aqueles que veem na transação uma espécie de contrato ressaltam que essa natureza derivaria da possibilidade de pacificação de conflitos na esfera da autonomia da vontade.[23] Seriam contratos de transação aqueles nos quais as partes, no âmbito de sua liberdade e de sua autonomia, estabelecem regras específicas que eliminam conflitos

---

[18] CARVALHO SANTOS, João Manuel de. *Código Civil brasileiro interpretado*. 7. ed. São Paulo: Livraria Freitas Bastos, 1955. v. 13. p. 350.
[19] MENDONÇA, Manuel Inácio Carvalho de. *Doutrina e prática das obrigações ou tratado geral dos direitos de crédito*. 4. ed. Rio de Janeiro: Forense, 1956. p. 645.
[20] Nesse sentido, ver MENDONÇA, Manuel Inácio Carvalho de. *Op. cit.*, p. 645; CARVALHO SANTOS, João Manuel de. *Op. cit.*, p. 350.
[21] BEVILÁQUA, Clóvis. *Direito das obrigações*. 4. ed. Rio de Janeiro: Freitas Bastos, 1936. p. 134.
[22] BULGARELLI, Waldirio. *Contratos mercantis*. 14. ed. São Paulo: Atlas, 2001. p. 73.
[23] SERPA LOPES, Miguel Maria de. *Curso de direito civil*. 5. ed. Rio de Janeiro: Freitas Bastos, 2000. v. 2. p. 179.

sobre obrigações preexistentes. Nesse paradigma, não haveria motivo para não a considerar uma espécie de contrato.

A compreensão dessa discussão passa pelo estabelecimento de um conceito de contrato. Contrato é uma espécie de negócio jurídico bilateral ou plurilateral cuja formação depende do encontro de vontade das partes.[24] Nele há "composição subjetiva no suporte fático",[25] ou seja, o nascimento de um conjunto de regras de eficácia restrita às partes se dá por meio da coordenação de manifestações de vontade. Sua bilateralidade, portanto, é genética e está ligada à origem do vínculo.[26]

Impõe-se ressaltar que "os contratos não são os únicos negócios jurídicos bilaterais, nem no direito público nem no direito privado".[27] Se é bem verdade que existem negócios que não são formalizados por meio de contrato, pode-se defender que, em alguns casos, não é o concerto de vontades a origem dos efeitos jurídicos, mas a manifestação unilateral de uma das partes, mesmo que tenha havido um acordo prévio que a instrumentalizou. Os atos jurídicos negociais são aqueles que, apesar de contarem com um concerto de vontades prévio como requisito essencial,[28] são unilaterais na origem, dado que a vinculação entre esferas jurídicas surge como resultado da manifestação de apenas uma das partes.

O Direito Civil, ao classificar a transação como espécie de contrato, não nega seu caráter precípuo de negócio jurídico, sendo a figura contratual a manifestação por excelência deste. Todavia, compreender a transação apenas como contrato exclui a possibilidade de apreensão integral de suas características. Para além de contratos de transação, nos quais o vínculo jurídico entre as partes nasce do concerto na manifestação de vontades entre elas, a transação pode decorrer de um ato jurídico negocial, no qual existe o acordo prévio e necessário ao negócio

---

[24] DINIZ, Maria Helena. *Curso de direito civil brasileiro*. 30. ed. São Paulo: Saraiva, 2014. v. 3. p. 31.
[25] PONTES DE MIRANDA, Francisco Cavalcanti. *Negócios jurídicos, representação, conteúdo, forma, prova*. São Paulo: Revista dos Tribunais, 2012. p. 282.
[26] SERPA LOPES, Miguel Maria de. *Curso de direito civil*. 6. ed. Rio de Janeiro: Freitas Bastos, 2001. v. 3. p. 52.
[27] PONTES DE MIRANDA, Francisco Cavalcanti. *Op. cit.*, p. 269.
[28] José Carlos Moreira Alves esclarece que o ordenamento qualifica as diferentes formas de manifestação de vontade. Em seu escólio, são negócios jurídicos aqueles derivados da ampla vontade de negociar. Quando a vontade é apenas requisito para a prática de determinado ato, tem-se um ato administrativo em sentido estrito. Já quando a vontade for irrelevante para a prática do ato, tem-se um ato-fato jurídico (ALVES, José Carlos Moreira. Distinção entre os atos jurídicos negociais e os atos jurídicos não-negociais. *Revista da Academia Brasileira de Letras Jurídicas*, n. 10, p. 170-189, 1996. p. 182).

jurídico. Todavia, nesse contexto o vínculo entre as partes surgiria de uma manifestação jurídica unilateral.²⁹ Em uma definição que se pretende universal, tudo o que por ela é definido é e, ao mesmo tempo, só o que se define é. Por outros torneios, a definição deve conter um grau de universalidade suficiente para abarcar todas as manifestações do fenômeno estudado e ainda suas diferenças específicas que o apartam de outros fenômenos.

Como explica Evald Vasilyevich Ilyenkov,³⁰ na perspectiva materialista-histórica, o "universal" não é uma ideia abstrata, que engloba todas as manifestações possíveis do fenômeno, mas o próprio fenômeno, avaliado em todas as suas manifestações reais (com suas particularidades e suas contradições), que evolui para se individualizar e se particularizar como classe. A transação – enquanto manifestação específica do fenômeno jurídico – pode ser identificada no Direito Civil e no Tributário. Muito mais que buscar uma ideia abstratamente comum e prévia para particularizá-la, a construção de um juízo de definição universal impõe a necessidade de avaliar as características da transação, como se apresenta em ambos os ramos, e buscar uma "explicação real" por meio das características comuns que a universalizam.

Definir transação como contrato é limitar sua compreensão a uma manifestação típica do Direito Civil; portanto, trata-se de uma definição inadequada para o presente trabalho, pois ignora manifestações possíveis do fenômeno no Direito Civil (atos jurídicos negociais) e principalmente características específicas típicas inerentes ao Direito Tributário.

Na proposta adotada, voltada para uma "universalidade genuína", a transação é "o negócio jurídico bilateral, em que duas ou mais pessoas acordam em concessões recíprocas, com o propósito de pôr termo a controvérsia sobre determinada ou determinadas relações jurídicas".³¹ Por meio dessa definição, todas as manifestações do instituto, quer no Direito Civil, quer no Direito Tributário, estão contidas

---

[29] Marcos Bernardes de Mello, ao tratar dos atos jurídicos de Direito Público, posiciona os atos da Administração como atos unilaterais que assumem, em regra, a característica de atos jurídicos mistos, por combinarem características dos atos jurídicos *stricto sensu* e dos negócios jurídicos (MELO, Marcos Bernardes de. *Teoria do fato jurídico*: plano da existência. 20. ed. São Paulo: Saraiva, 2014. p. 212).

[30] ILYENKOV, Evald Vasilyevich. The Universal. *Revista Dialectus*, v. 1, n. 2, p. 67-87, jan./jun. 2013.

[31] PONTES DE MIRANDA, Francisco Cavalcanti. *Direito das obrigações*: extinção das dívidas e obrigações, dação em soluto... São Paulo: Revista dos Tribunais, 2012. p. 205.

em uma "forma",³² cujos elementos de enquadramento da realidade apontados são suficientes para a individualização do fenômeno.

O ponto de partida é entender a transação como instituto da Teoria Geral do Direito, com o objetivo de avaliá-lo no âmbito do Direito Público; mais especificamente, estudar sua utilização no Direito Tributário, sob o conjunto de regras que lhe são peculiares.

O Direito Tributário é ciência dedicada ao estudo das relações jurídicas derivadas da relação obrigacional denominada "tributo". Em sendo o tributo obrigação, a transação tributária apresenta afinidades com a transação realizada no Direito Privado. Passa-se, portanto, a uma análise em que esses institutos, de mesma origem, são afins.

1.1.3 Características comuns

A fim de enfrentar suas peculiaridades, passaremos em revista características comuns do conceito de transação, de forma a construir uma compreensão integrada. O objetivo é entender como se dá seu funcionamento no Direito Privado, recolhendo pontos de toque importantes, cuja compreensão será fundamental para entender sua aplicação no Direito Tributário.

Neste momento são avaliadas cinco características fundamentais presentes tanto no Direito Civil quanto no Direito Tributário: (1) negócio jurídico; (2) de caráter declaratório; (3) bilateral; (4) com objetivo de pôr fim a uma controvérsia; (5) por meio de concessões recíprocas. Muito embora essas características sejam comuns, seu enfrentamento conduzirá aos desdobramentos específicos atinentes à aplicação da transação no Direito Tributário.

O primeiro elemento a ser enfrentado para a análise da transação é a sua natureza de *negócio jurídico* – "ato de autonomia privada, pelo qual o indivíduo, nas relações com outras pessoas, autorregulamenta os próprios interesses"³³ – e as peculiaridades dessa fonte de obrigações. Na transação, a regulação de interesses decorre de manifestações de

---

[32] Toma-se essa definição por útil, por ser produto intelectual (imaterial) que sintetiza os elementos essenciais da manifestação do instituto da transação. Ela propõe uma "forma" para a descoberta da realidade material, apartando determinadas manifestações da geleia amorfa de fenômenos do mundo "*in*-formando-os". Ao enformar a realidade, explica, "in-forma" e orienta a compreensão (FLUSSER, Vilém. Forma e material. *In*: CARDOSO, Rafael (Org.). *O mundo codificado*. São Paulo: Cosac Naify, 2013. p. 22-32. p. 25).
[33] BULGARELLI, Waldirio. *Contratos mercantis*. 14. ed. São Paulo: Atlas, 2001. p. 71.

vontade orientadas com o objetivo específico de eliminar uma controvérsia, acomodando as pretensões, tornando-as certas.

O negócio da transação se completa com a manifestação de vontade dos transatores, independendo do cumprimento das prestações a que cada transator tenha se obrigado. Na medida em que esse tipo de negócio envolve a disposição de interesses, é imprescindível a livre manifestação da vontade, não sendo possível que a lei obrigue alguém a transacionar interesses próprios.[34]

Tanto na transação civil quanto na transação tributária a manifestação de vontade das partes é absolutamente essencial para a formação do ato; por essa razão, mesmo sob as regras de Direito Público, não deixa de ser um negócio jurídico em sua essência, ainda que difira em sua formalização.

Outro aspecto relevante da transação é seu *caráter declaratório*. A transação é um negócio jurídico declaratório cujo objetivo é eliminar a incerteza que impede o cumprimento de uma obrigação.[35] Nessa perspectiva, ela "não tem o objetivo de conferir às partes direitos novos, mas somente de reconhecer aqueles existentes ou pretendidos e consolidá-los, colocando-os ao abrigo de uma controvérsia".[36]

O caráter declaratório da transação se faz presente na segunda parte do artigo 843 do Código Civil de 2002, que estabelece que por ela "não se transmitem, apenas se declaram ou reconhecem direitos". Essa característica encontra correlação direta com o objetivo maior do instituto – eliminação da insegurança gerada pela situação controversa –, "tornando certa e segura uma situação jurídica preexistente, que era controvertida e incerta".[37]

Para além da declaratividade, Pontes de Miranda vê na transação um *"plus"* atinente à alteração no conteúdo da relação jurídica anterior, com vistas a eliminar o litígio. O autor reconhece que a transação não poderia atingir o cerne da obrigação – objeto de declaração –, todavia haveria modificação de seu estado inicial, uma inovação no mundo

---

[34] DINIZ, Maria Helena. *Tratado teórico e prático dos contratos*. 6. ed. São Paulo: Saraiva, 2006. v. 5. p. 308.

[35] CARRESI, Franco. *La transazione*. 2. ed. Torino: Unione Tipografico; Editrice Torinese, 1966. p. 3.

[36] Tradução livre. No original: "La transaction n'a pas pour but de conférer aux parties des droits nouveaux, mais seulement de reconnaître ceux qu'elles ont ou prétendent avoir et de les consolider en les mettant à l'abri d'une contestation" (PLANIOL, Marcel. *Traité élémentaire de droit civil*. Paris: Librairie Générale de Droit & de Jurisprudence, 1923. tome 2. p. 738).

[37] DINIZ, Maria Helena. *Op. cit.*, p. 283.

jurídico, no que tange àquilo que foi pactuado sobre as concessões recíprocas.[38]

Assim como no Direito Civil, a transação tributária se restringe a modificar ou extinguir obrigações, não diz respeito a sua criação.[39] A incerteza que se busca eliminar com a transação no Direito Tributário emerge sobre uma relação jurídica já existente, constituída por ocasião do lançamento.[40]

Nesse sentido, emerge outro ponto de toque, cuja compreensão é imprescindível à aplicação da transação no Direito Tributário: a transação é, enquanto fato jurídico, extintiva da obrigação sobre a qual opera? Essa questão será enfrentada em tópico específico adiante.

Retomando as características comuns, identifica-se na transação um negócio jurídico *bilateral*, por meio do qual é atribuído aos transatores dar, fazer ou não fazer alguma coisa, em decorrência das concessões recíprocas.[41] Sob o enfoque de seu objetivo, é evidente a bilateralidade, uma vez que a composição sobre um litígio somente se pode operar em um plano plúrimo de esferas jurídicas. De outra forma, inexistiria conflito.

Cabe esclarecer que, como regra, a transação no Direito Civil é contrato, ou seja, consiste em ato bilateral tanto em sua formação quanto em seus efeitos. Já no Direito Tributário, a transação manifesta-se como ato administrativo negocial.

A sempre precisa lição de Miguel Maria de Serpa Lopes ensina que o caráter bilateral das obrigações pode ser definido como a "vinculação de uma prestação a outra, característico do sinalagma, genético para uns (vinculação originária das prestações), funcional para outros (vinculação na execução das obrigações)".[42] Partindo da mesma premissa, Agostín Gordillo[43] afirma que pode distinguir-se a unilateralidade ou a bilateralidade tanto na formação do ato quanto em seus feitos.

---

[38] PONTES DE MIRANDA, Francisco Cavalcanti. *Direito das obrigações*: extinção das dívidas e obrigações, dação em soluto... São Paulo: Revista dos Tribunais, 2012. p. 186.

[39] BALEEIRO, Aliomar. *Direito tributário brasileiro*. 11. ed. Rio de Janeiro: Forense, 2010. p. 905.

[40] RIBAS, Lídia Maria; SILVA, Hendrick Pinheiro. Transação como mecanismo alternativo na resolução de conflitos tributários. *Derecho y Cambio Social*, v. 10, n. 34, 2013. p. 14.

[41] SERPA LOPES, Miguel Maria de. *Curso de direito civil*. 5. ed. Rio de Janeiro: Freitas Bastos, 2000. v. 2. p. 273.

[42] SERPA LOPES, Miguel Maria de. *Curso de direito civil*. 6. ed. Rio de Janeiro: Freitas Bastos, 2001. v. 3. p. 52.

[43] GORDILLO, Agostín. *Tratado de derecho administrativo*: el acto administrativo. 7. ed. Belo Horizonte: Del Rey, 2003. p. IV-24.

No Direito Civil, sob o princípio da autorregulação dos interesses, tem-se como regra a manifestação funcional de vontade como fonte das obrigações. Nesse paradigma, o contrato – como modalidade de ato bilateral tanto na origem quanto nos efeitos – é a fonte de obrigações por excelência. Todavia, mesmo na esfera privada, existe a previsão de hipóteses de atos de efeitos bilaterais originados da manifestação de apenas um sujeito, como na renúncia.

Já no Direito Público, a atuação da Administração se dá predominantemente por meio de atos unilaterais, sendo que alguns autores elevam essa característica como elemento identificador do conceito de ato administrativo.[44] Essa unilateralidade, a que se pode referir como traço característico do ato administrativo, é originária, ou seja, a manifestação unilateral do Estado encontra-se na origem das obrigações.

Sem embargo, grande parte da atividade da Administração também é realizada por meio de contratos. O aumento de complexidade do fenômeno contratual da Administração Pública introduziu novos módulos convencionais para a criação de uma situação jurídica ou de substitutivos de uma decisão unilateral, por meio dos quais o desenvolvimento da atividade administrativa abriu-se para a participação do administrado.[45] Nesse contexto lato, que toma a ideia de "contrato" como resultado de uma atividade administrativa aberta à participação, até se poderia falar em transação como "contrato fiscal"[46] ou transação como "contrato de direito tributário".[47]

Todavia, retomando a perspectiva da origem das obrigações, contratos são negócios jurídicos bilaterais em sua origem, ao passo que atos jurídicos são marcados pela característica de serem introduzidos na ordem jurídica com a manifestação de apenas uma das partes.

A unilateralidade do ato jurídico não é afetada pela circunstância de contar com a participação da vontade de outro sujeito na sua formação. Nesse caso, trata-se de um ato subjetivamente complexo, no qual a manifestação de vontade de outro sujeito é requisito para seu aperfeiçoamento. Como bem observa Renato Alessi, a diferença

---

[44] MEIRELLES, Hely Lopes. *Direito administrativo brasileiro*. 29. ed. São Paulo: Malheiros, 2004. p. 147.
[45] ALMEIDA, Fernando Dias Menezes de. *Contrato administrativo*. São Paulo: Quartier Latin, 2012. p. 348.
[46] POLIZELLI, Victor Borges. *Contratos fiscais*: viabilidade e limites no contexto do direito tributário brasileiro. 2013. 305 p. Tese (Doutorado em Direito) – Faculdade de Direito, Universidade de São Paulo, São Paulo, 2013. p. 141.
[47] BATISTA JÚNIOR, Onofre. *Transações administrativas*. São Paulo: Quartier Latin, 2007. p. 321.

entre contrato e ato subjetivamente complexo está na posição distinta assumida pelo interesse dos sujeitos: paralela, no ato subjetivamente complexo, e contraposta, no contrato.[48]

No Direito Público, existem os chamados "atos administrativos negociais", que consistem em "uma declaração de vontade da Administração apta a concretizar determinado negócio jurídico ou a deferir certa faculdade ao particular, nas condições impostas ou consentidas pelo Poder Público".[49]

Como já foi manifestado em outra oportunidade,[50] sob a perspectiva da criação de obrigações, a transação se enquadra na condição de ato administrativo negocial, unilateral em sua origem e bilateral em seus efeitos, no qual a manifestação de vontade do administrado é elemento essencial à sua concretização.

O despacho administrativo que formaliza a transação[51] tem natureza de ato administrativo unilateral, manifestação de vontade funcional da Administração que introduz no mundo jurídico o negócio jurídico entabulado entre as partes.[52]

Na transação tributária, a bilateralidade é adstrita aos efeitos e à pluralidade de partes, que manifestam interesses paralelos no sentido de eliminar a controvérsia que impede o cumprimento voluntário das obrigações.

O objetivo do negócio jurídico transacional não é propriamente extinguir uma obrigação, mas *pôr fim a uma controvérsia* que a envolve.[53] No seio das obrigações civis, as partes são levadas a transigir com o objetivo de evitar um processo em torno do não cumprimento satisfatório da obrigação, cujo resultado eventual será sempre duvidoso.[54] Também no Direito Tributário, pode-se considerar que o litígio emerge do não cumprimento voluntário da obrigação pelo sujeito passivo,

---

[48] ALESSI, Renato. *Instituciones de derecho administrativo*. Barcelona: Bosch, 1970. p. 289.
[49] MEIRELLES, Hely Lopes. *Op. cit.*, p. 184.
[50] SILVA, Hendrick Pinheiro; RIBAS, Lídia Maria. Transação tributária como ato-negócio administrativo: uma perspectiva de colaboração. *NOMOS Revista do Programa de Pós Graduação em Direito da UFC*, v. 35, n. 1, p. 195-217, jan./jun. 2015. p. 171.
[51] DACOMO, Natalia De Nardi. *Direito tributário participativo, transação e arbitragem administrativas da obrigação tributária*. São Paulo: Quartier Latin, 2009. p. 116.
[52] No mesmo caminho, Vitor Borges Polizelli o denomina "ato administrativo participativo" (POLIZELLI, Victor Borges. *Op. cit.*, p. 276).
[53] PONTES DE MIRANDA, Francisco Cavalcanti. *Direito das obrigações*: extinção das dívidas e obrigações, dação em soluto... São Paulo: Revista dos Tribunais, 2012. p. 190.
[54] DINIZ, Maria Helena. *Tratado teórico e prático dos contratos*. 7. ed. São Paulo: Saraiva, 2013. v. 5. p. 309.

momento em que surge a pretensão do sujeito ativo para exigir seu cumprimento forçado.

Assim como no Direito Civil, é imprescindível a existência de litígio como pressuposto da transação tributária, litígio esse que não precisa, necessariamente, ser deduzido judicialmente.[55] A eliminação da controvérsia por meio da transação, em ambos os ramos, pode ser anterior à dedução de determinada pretensão em juízo (preventiva) ou deduzida com o objetivo de encerrar conflitos judicializados (terminativa).

A *existência de concessões recíprocas* é essencial à transação e reforça seu caráter sinalagmático. Por meio dela, ambos os transigentes abrem mão de alguns direitos em troca da segurança oferecida pela transação.[56] A reciprocidade na transação não significa nem a desistência integral do direito por uma das partes, nem a aquiescência sobre a procedência do direito da outra.[57] Trata-se do "abandono recíproco de uma parte desses direitos, não sendo necessário, entretanto, que as concessões se revistam da mesma importância e representem o equivalente exato uma das outras".[58]

Um aspecto importante que viabiliza a reciprocidade das concessões é a capacidade de dispor sobre os direitos objeto da transação. Para que as concessões recíprocas sejam levadas a termo, "há que se haver a transacionabilidade de cada interesse de que se abriu mão".[59]

No Direito Civil a discussão sobre a possibilidade de transação envolve a capacidade dos sujeitos. Direitos da personalidade reconhecidos como inalienáveis[60] são afastados do poder de disposição das partes, nos termos do artigo 11 do Código Civil.[61] Já no Direito Tributário, essa

---

[55] CARVALHO, Paulo de Barros. *Direito tributário*: fundamentos jurídicos da incidência. 8. ed. São Paulo: Saraiva, 2010. p. 269.
[56] DINIZ, Maria Helena. *Op. cit.*, p. 307.
[57] Marcel Planiol ressaltava que a existência de reciprocidade nas concessões é o elemento que diferencia da transação a desistência (quando o demandante renuncia à parte da sua pretensão) e a aquiescência (quando o demandado apenas reconhece a procedência da pretensão) (PLANIOL, Marcel. *Traité élémentaire de droit civil*. Paris: Librairie Générale de Droit & de Jurisprudence, 1923. tome 2. p. 736.).
[58] SERPA LOPES, Miguel Maria de. *Curso de direito civil*. 5. ed. Rio de Janeiro: Freitas Bastos, 2000. v. 2. p. 273.
[59] PONTES DE MIRANDA, Francisco Cavalcanti. *Direito das obrigações*: extinção das dívidas e obrigações, dação em soluto... São Paulo: Revista dos Tribunais, 2012. p. 179.
[60] CURVO LEITE, Rita de Cássia. *Transplantes de órgãos e tecidos e os direitos da personalidade*. São Paulo: J. de Oliveira, 2000. p. 93.
[61] Artigo 11 do Código Civil: "Com exceção dos casos previstos em lei, os direitos da personalidade são intransmissíveis e irrenunciáveis, não podendo o seu exercício sofrer limitação voluntária".

discussão se transmuda para os limites da competência dos agentes.[62] Dessa diferença essencial brotam – como elementos necessários de compreensão da transação tributária – duas questões imbricadas sobre os limites da competência e a abrangência possível da regra que autoriza a transação, que serão objeto de análise detida adiante.

Passados em revista a origem, o conceito e as características comuns, segue-se à análise da transação como fenômeno particular do Direito Tributário. Dessa perspectiva comparativa inicial, emergem como questões inerentes à aplicação desse instituto nesse ramo do Direito: 1) os efeitos sobre a obrigação tributária; 2) os limites à competência para transigir; e 3) a abrangência da regra de transação.

Sobre o alicerce conceitual formado, passa-se a uma definição dos contornos específicos das manifestações da transação no Direito Tributário, sempre com vistas a compreendê-la enquanto ferramenta a ser utilizada para a implementação de políticas públicas no contexto da política fiscal.

1.2 Transação no Direito Tributário

A origem do Direito Público brasileiro é recente, remontando ao fim do século XVIII e início do século XIX.[63] Antes, as relações derivadas do exercício da função administrativa eram amplamente reguladas pelo privado.[64] A evolução dos institutos no Direito Público, principalmente em sistemas de origem romanísticas, teve como raiz as noções privatistas.

No Direito Tributário, enquanto subsistema do Direito Administrativo,[65] não foi diferente. Sua construção se deu a partir da apropriação de institutos e conceitos do Direito Civil para formar um direito de superposição, que colhe institutos de outros ramos da

---

[62] ARAÚJO, Edmir Netto de. *Do negócio jurídico administrativo*. São Paulo: RT, 1992. p. 27.
[63] DI PIETRO, Maria Sylvia Zanella. 500 anos de direito administrativo brasileiro. *In*: DI PIETRO, Maria Sylvia Zanella; SUNDFELD, Carlos Ari (Org.). *Doutrinas essenciais*: direito administrativo. São Paulo: RT, 2012. v. 1. p. 121-148. p. 121.
[64] José Cretella Júnior, ao afirmar que inexiste diferença fundamental entre direito público e privado, lembra que antes da edição do Código Civil de 1916 existiam as Ordenações do Reino, nas quais o "privado estava mesclado com o público". (CRETELLA JÚNIOR, José. O direito administrativo no anteprojeto de código civil. *In*: DI PIETRO, Maria Sylvia Zanella; SUNDFELD, Carlos Ari (Org.). *Doutrinas essenciais*: direito administrativo. São Paulo: RT, 2012. v. 1. p. 81-90. p. 82.).
[65] ATALIBA, Geraldo. *Hipótese de incidência tributária*. 6. ed. São Paulo: Malheiros, 2006. p. 41.

experiência jurídica, atribuindo-lhes efeitos próprios.[66] A evidenciar essa característica está à disposição o artigo 109 do CTN, que reconhece o Direito Privado como fonte para definição do conteúdo e do alcance dos institutos no Direito Tributário. Todavia, essa mesma disposição ressalta que é papel do Direito Tributário a atribuição de sua eficácia.

Obrigações são expressões de "dever jurídico" tipificadas pelo ordenamento.[67] São, portanto, iguais, sob o aspecto estrutural, às obrigações civis e tributárias.[68] Se é bem verdade que as primeiras recebem do Direito Privado as características gerais, o ordenamento, no enunciado do artigo 113 do CTN, também cuida de particularizar sua manifestação no Direito Tributário, subdividindo-as em principais e acessórias.

Ao regular as modalidades de extinção do crédito tributário, o Código Tributário Nacional colheu algumas hipóteses do Direito Civil, reconhecendo nelas efeitos extintivos. Dentre os institutos colhidos está a transação, que, à época, era prevista como hipótese de extinção das obrigações civis no artigo 1.025 do Código Civil de 1916.

Assim como no Direito Civil, ambiente em que eram tecidas duras críticas sobre a inclusão da transação como hipótese de extinção das obrigações, a transação tributária sofre censura por não ter a função precípua de extinguir o crédito tributário, prestando-se apenas a eliminar a insegurança a ele associada e abrindo caminho para a sua extinção por meio do ato de pagamento, a ela subsequente. Os contornos próprios da eficácia da transação tributária mereceram detida análise no tópico que segue.

1.2.1 Os efeitos da transação tributária

No alicerce da compreensão da transação enquanto causa extintiva de obrigações está a necessidade de enfrentá-la como manifestação de negócio jurídico transacional declaratório, que opera sobre uma obrigação pré-constituída.

Em sua defesa sobre o caráter declaratório da transação civil, Franco Carresi[69] ressalta que esse negócio jurídico tem por fim eliminar

---

[66] BARRETO, Paulo Ayres. *Elisão tributária*: limites normativos. 2008. 288 p. Tese (Livre-Docência em Direito) – Faculdade de Direito, Universidade de São Paulo, São Paulo, 2008. p. 152.
[67] BORGES, José Souto Maior. *Obrigação tributária*: uma introdução metodológica. 2. ed. São Paulo: Malheiros, 1999. p. 41.
[68] COSTA, Alcides Jorge. *Da extinção das obrigações tributárias*. São Paulo, 1991. p. 27.
[69] CARRESI, Franco. *La transazione*. 2. ed. Torino: Unione Tipografico; Editrice Torinese, 1966. p. 3.

a incerteza em torno das consequências de determinada situação, que obsta o cumprimento de obrigações pelo devedor. Seu objetivo é eliminar a insegurança ao introduzir concordância entre os sujeitos envolvidos em uma situação jurídica. A partir da transação, a situação originária pode caminhar para uma mudança de *status*, que pode ser a modificação ou a extinção.

Mesmo Pontes de Miranda, que vê na transação certo caráter modificativo sobre uma relação jurídica já existente, reconhece que a modificação – inovadora da realidade jurídica – estaria circunscrita à eliminação da insegurança, não afetando os termos essenciais da obrigação original.[70]

No Direito Civil, tratar a transação enquanto causa extintiva de obrigações (como fazia o artigo 1.025 do Código Civil de 1916) esbarrava na consideração de que um fato extintivo – por sua própria definição – provoca o desparecimento do vínculo. Enquanto negócio jurídico declaratório, a transação não teria por finalidade expressa a eliminação do vínculo jurídico, mas da incerteza que o cerca, o que abriria caminho para o cumprimento voluntário da obrigação pelo sujeito passivo.

Por simetria, essa é uma discussão pertinente ao estudo da transação no Direito Tributário, na medida em que o Código Tributário Nacional a inseriu como causa extintiva do crédito tributário.

Ao tratar das hipóteses de extinção do crédito tributário presentes no CTN, Rubens Gomes de Sousa já ressaltava que, muito embora o conceito de obrigação não seja específico do Direito Tributário, nem todas as modalidades de extinção previstas no ordenamento (em especial no direito civil) são aplicáveis à obrigação de tributo, e, se aplicáveis, estariam restritas a casos especiais, geralmente referenciados de modo expresso em lei.[71] A previsão de quais fatos tem efeito extintivo no Direito Tributário foi realizada pelo artigo 156 do CTN, que lista algumas hipóteses com efeito de extinguir do direito de crédito do fisco derivado do vínculo obrigacional tributário, dentre eles a transação.

O rol de hipóteses de extintivas do artigo 156 do Código Tributário Nacional não é livre de críticas. Há aqueles que apontam que "algumas enquadram-se como simples variações de forma única, distinguidas por detalhes e não pela natureza ou efeitos"[72] – a moratória e

---

[70] PONTES DE MIRANDA, Francisco Cavalcanti. *Direito das obrigações*: extinção das dívidas e obrigações, dação em soluto... São Paulo: Revista dos Tribunais, 2012. p. 186.
[71] SOUSA, Rubens Gomes de. *Compêndio de legislação tributária*. 2. ed. Rio de Janeiro: Edições Financeiras, s/d. p. 76.
[72] FANUCCHI, Fábio. *Curso de direito tributário*. 4. ed. São Paulo: Resenha Tributária, 1976. v. 1. p. 321.

o parcelamento, por exemplo. A decadência, também relacionada como hipótese de extinção da relação jurídica tributária, na verdade configuraria um verdadeiro fato impeditivo do exercício da competência para constituir a obrigação tributária.[73] Alguns autores agrupam as causas extintivas do crédito tributário em causas de fato e de direito, sendo que nessa última categoria incluem apenas a prescrição e a decadência.[74] Todavia, como bem pondera Paulo de Barros Carvalho,[75] todas as hipóteses previstas para a extinção do crédito tributário podem ser tomadas como hipóteses "de direito", na condição de fatos jurídicos aos quais se atribui o efeito de extinguir a relação tributária.[76]

Apesar de prevista no rol de causas extintivas da obrigação tributária, não é esse o efeito imediato da transação.[77] Essa interpretação pode ser construída a partir do enunciado do artigo 171 do CTN, que estabelece como consequência da transação a eliminação do litígio ("que importe em determinação do litígio"), abrindo caminho para a eliminação da obrigação tributária ("consequente extinção do crédito tributário").

Carla de Lourdes Gonçalves, olhando para as causas extintivas e suspensivas do crédito tributário previstas pelo CTN, propõe uma compreensão integrada com base nas categorias da eficácia jurídica. Toma como premissa que causas extintivas do crédito são fatos que provocam o desaparecimento de um dos elementos essenciais do vínculo jurídico tributário.[78] Em paralelo, pressupõe, ainda, que as causas suspensivas seriam aqueles fatos que retiram ou obstam o nascimento

---

[73] SANTI, Eurico Marcos Diniz de. Decadência e prescrição do direito do contribuinte e a LC 118: entre regras e princípios. *Revista Diálogo Jurídico*, Salvador, n. 15, jan./mar. 2007. Disponível em: http://www.direitopublico.com.br/pdf_seguro/Artigo%20Eurico%20 Santi.pdf. Acesso em: 8 jan. 2016.

[74] NOGUEIRA, Ruy Barbosa. *Curso de direito tributário*. São Paulo: Saraiva, 1989. p. 311-312.

[75] CARVALHO, Paulo de Barros. *Direito tributário*: fundamentos jurídicos da incidência. 8. ed. São Paulo: Saraiva, 2010. p. 263-264.

[76] Crítica acompanha por Alcides Jorge Costa, para quem "prescrição e decadência resultam de um fato, o decurso do tempo, a que a lei atribui certos efeitos" (COSTA, Alcides Jorge. *Da extinção das obrigações tributárias*. São Paulo, 1991. p. 33).

[77] GRUPENMACHER, Betina Treiger. Extinção da relação jurídica tributária. In: PRETO, Raquel Elita Alves. *Tributação brasileira em evolução*: estudos em homenagem a Alcides Jorge Costa. São Paulo: IASP, 2015. p. 610-627. p. 620.

[78] Nesse ponto, a autora toma como base a reflexão de Paulo de Barros Carvalho, para quem a obrigação tributária se desconstitui pelo desaparecimento: a) do sujeito ativo; b) do sujeito passivo; c) do objeto; d) do crédito, enquanto direito subjetivo do direito ativo; ou e) do débito, enquanto dever jurídico do sujeito passivo (CARVALHO, Paulo de Barros. *Op. cit.*, p. 262).

da exigibilidade do crédito tributário constituído, enquanto atributo da eficácia que autoriza o sujeito ativo a forçar o cumprimento da obrigação em caso de inadimplência.[79] [80]

Tomando por base a análise da eficácia, a autora aproxima a transação (assim como a moratória e o parcelamento) das causas de suspensão da exigibilidade do crédito tributário. Em sua visão, o acordo de vontades entabulado pelas partes daria origem a um ato administrativo, cujos efeitos imediatos não seriam extintivos sobre a obrigação tributária, mas apenas suspensivos da exigibilidade do crédito tributário correspondente, crédito esse que somente viria a ser extinto pelo pagamento.[81] A existência desse acordo no mundo jurídico teria por finalidade eliminar o conflito, abrindo caminho para a extinção do crédito tributário pelo pagamento. Durante sua vigência, o crédito remanesceria suspenso aguardando seu cumprimento integral.

Sua argumentação é forte ao defender que "enquanto o acordo firmado entre as partes pende de adimplemento, não se pode falar em extinção do crédito fazendário".[82] Por outros torneios, está a reconhecer que não é o fato jurídico "transação" que tem efeitos extintivos sobre o vínculo entre sujeitos ativo e passivo no Direito Tributário, mas o pagamento que a ele se segue. A transação teria, no máximo, o objetivo de extinguir o litígio, sendo que durante sua vigência despareceria a exigibilidade do crédito – conforme originalmente constituído – para o sujeito passivo, característica que a aproxima muito mais das causas suspensivas da exigibilidade do que de uma verdadeira forma de extinção do crédito tributário.

Com vistas a estabelecer um contraponto, invoca-se a lição de Luis Eduardo Schoueri, que faz referência à necessidade da lei de transação especificar a matéria litigiosa, bem como suas condições. Para o autor, aceitas as condições, "opera a transação, encerrando-se a obrigação preexistente, que se substitui pela nova".[83] Em razão dessa característica, o sujeito passivo não poderia se reportar a um aspecto

---

[79] GONÇALVES, Carla de Lourdes. *Suspensão e extinção*: uma proposta classificatória. 2004. 221 p. Tese (Doutorado em Direito) – Faculdade de Direito, Pontifícia Universidade Católica de São Paulo, São Paulo, 2004. p. 17.

[80] No mesmo sentido, VERGUEIRO, Camila Campos. *Obrigação tributária*: o processo de positivação e as causas suspensivas de sua exigibilidade. São Paulo: Quartier Latin, 2009. p. 90.

[81] GONÇALVES, Carla de Lourdes. *Op. cit.*, p. 150.

[82] GONÇALVES, Carla de Lourdes. *Op. cit.*, p. 152.

[83] SCHOUERI, Luis Eduardo. *Direito tributário*. 3. ed. São Paulo: Saraiva, 2013. p. 623.

da obrigação preexistente para escusar-se do cumprimento dessa "nova obrigação" assumida.[84]

Muito embora seja uma definição pragmática, com algum valor para entender a forma como pode ser aplicado o instituto, identificar transação como novação padece de um equívoco fundamental: reconhecer na transação características típicas da novação implica aceitar que a nova configuração obrigacional estabelecida "substitui" a obrigação anterior, o que é incompatível com seu caráter declaratório.

Como se defendeu até este momento, a transação tributária tem caráter declaratório, ou seja, opera sobre uma obrigação já existente no universo jurídico. Eventuais alterações nessa obrigação – como "descontos" previstos em programas de refinanciamento fiscal – seriam efeitos operados pelas concessões estabelecidas via anistias ou remissões. Note-se que nesses programas não seria a transação a extinguir parcialmente o crédito tributário, mas a anistia ou a remissão concedidas para incentivar o particular a realizar o pagamento do tributo inadimplido.

Reconhece o caráter declaratório da transação a Lei nº 13.988, de 14 de abril de 2020, que enuncia expressamente que a proposta de transação aceita "não implica novação dos créditos por ela abrangidos" (art. 6º, §3º).

Mesmo nesses programas que acenam com a redução do montante devido, impõe-se considerar que a extinção parcial desse montante é concedida sob condição resolutória, situação em que, em caso de inadimplemento, estaria a fazenda autorizada a fazer a cobrança do montante original da dívida, considerados os pagamentos realizados.[85] Nesses casos não há, portanto, sequer a extinção parcial da obrigação original com a transação, na medida em que esta depende do cumprimento integral do compromisso de pagamento assumido pelo sujeito passivo.[86]

Na novação ocorre substituição de uma relação obrigacional por outra. É característica da novação a extinção da obrigação anterior e

---

[84] Nesse posicionamento, é seguido por PARISI, Fernanda Drummond. *Transação tributária no Brasil*: supremacia do interesse público e satisfação do crédito tributário. 2016. 175 p. Tese (Doutorado em Direito) – Faculdade de Direito, Pontifícia Universidade Católica de São Paulo, São Paulo, 2016 e POLIZELLI, Victor Borges. *Contratos fiscais*: viabilidade e limites no contexto do direito tributário brasileiro. 2013. 305 p. Tese (Doutorado em Direito) – Faculdade de Direito, Universidade de São Paulo, São Paulo, 2013. p. 271.

[85] OLIVEIRA, Phelippe Toledo Pires de. *A transação em matéria tributária*. São Paulo: Quartier Latin, 2015. p. 125.

[86] Neste sentido, o parágrafo sexto do art. 6º da Lei nº 13.988/20 expressamente dispõe que os réditos abrangidos pela transação "somente serão extintos quando integralmente cumpridas as condições previstas no termo".

o surgimento de nova obrigação. Já na transação o objetivo é a eliminação do litígio que impede o adimplemento voluntário da obrigação. Pontes de Miranda afirma categoricamente que a "transação, de regra, não é novatória",[87] posto que não há extinção da obrigação original, apenas um efeito declaratório sobre esta acompanhado de um *"plus"*, implementado pelas concessões recíprocas, que abre caminho para o adimplemento voluntário por parte do devedor.

Como já ressaltava Rubens Gomes de Sousa, existem modalidades de extinção das obrigações aplicáveis e outras não aplicáveis no Direito Tributário, sendo que a novação, como implica a extinção de uma obrigação e sua substituição voluntária por uma nova, seria inaplicável no campo da tributação. Nosso codificador já vaticinava que "os elementos da obrigação tributária, sendo todos fixados por lei, somente poderiam ser substituídos por força de lei, e nunca por acordo das partes".[88]

Quer-se defender que a lei que estabelece as condições para a realização da transação tributária autoriza não uma novação, mas apenas, mediante concessões recíprocas, a extinção do conflito que impede o adimplemento voluntário da obrigação. Não se trata de substituir uma obrigação por outra, mas de criar condições para que o sujeito passivo cumpra o dever que lhe é imposto.

Como já se defendeu em outra oportunidade,[89] a transação tributária não substitui a obrigação original (constituída pelo lançamento) por outra, posto que não extingue aquela imediatamente. Ela estabelece, sim, uma nova obrigação, com contornos derivados das balizas legais estabelecidas para o programa. Todavia, essa nova obrigação somente operará seus efeitos extintivos sobre a obrigação original com o cumprimento de todas as condições a que se comprometeu o sujeito.

Nessa proposta, a transação segue declaratória sobre a obrigação originária e a inovação operada (o *"plus"* a que se refere Pontes de Miranda) reporta-se às condições que viabilizam sua extinção. Com o cumprimento dos temos do negócio, a transação operaria a extinção da obrigação originária.

---

[87] PONTES DE MIRANDA, Francisco Cavalcanti. *Direito das obrigações*: extinção das dívidas e obrigações, dação em soluto... São Paulo: Revista dos Tribunais, 2012. p. 205.
[88] SOUSA, Rubens Gomes de. *Compêndio de legislação tributária*. 2. ed. Rio de Janeiro: Edições Financeiras, s/d. p. 76.
[89] RIBAS, Lídia Maria; SILVA, Hendrick Pinheiro. Transação como mecanismo alternativo na resolução de conflitos tributários. *Derecho y Cambio Social*, v. 10, n. 34, 2013. p. 20.

Arremata-se essa proposta de compreensão sobre os efeitos da transação com a conclusão de Fábio Artigas Grillo, para quem o que impõe efeitos extintivos sobre a obrigação original não é o ato que formaliza a transação, mas o pagamento realizado nos termos estabelecidos.[90] Sua ideia, com sutileza e precisão, chama atenção para o momento em que se opera a extinção da obrigação originária para indicar que esta não decorre da circunstância de transacionar, mas do cumprimento do acordo.

Por essa picada, não é o fato de transacionar que extingue a obrigação originária, mas cumprir os termos do novo negócio estabelecido. Se fosse equiparada à novação, o próprio fato de firmar a transação imporia a extinção da obrigação originária, ou seja, sua extinção seria imediata, e não consequente ao cumprimento do acordo.

A análise das experiências federais recentes com programas de parcelamento incentivados estruturados na forma de transação tributária demonstra que, como regra, as concessões por parte da fazenda pública, seja com a redução do montante devido por meio de anistias e remissões, seja com condições favorecidas de parcelamento, são operacionalizadas sobre uma obrigação existente e inadimplida, com vistas a eliminar o conflito nascido do não pagamento e incentivando sua quitação. Nesse caso, trata-se de transação, negócio jurídico declaratório que, mediante concessões recíprocas – como a extinção parcial do débito via anistia ou remissão pelo sujeito ativo, acompanhada do comprometimento de regularidade fiscal e pontualidade no pagamento dos tributos durante a vigência do programa pelo sujeito passivo –, extingue o litígio instaurado com o inadimplemento. A extinção da obrigação originária não é imediata, mas consequente ao cumprimento do acordo.

Entretanto, aceitar a transação como negócio jurídico declaratório impõe outras dificuldades para a sua compreensão no que tange aos limites da transação no processo de constituição da obrigação tributária e à abrangência possível da regra de tributação.

1.2.2 A transação e o processo de constituição da obrigação tributária

A discussão sobre o papel da transação em relação ao processo de constituição da obrigação tributária remonta à década de 1960. Por

---

[90] GRILLO, Fábio Artigas. *Transação e justiça tributária*. 2012. 321 p. Tese (Doutorado em Direito) – Faculdade de Direito, Universidade Federal do Paraná, Curitiba, 2012. p. 209.

ocasião da elaboração do Modelo de Código Tributário para a América Latina, os juristas latino-americanos se dividiam entre aqueles que defendiam uma transação envolvendo concessões recíprocas sobre uma *obrigação já constituída* e outros que pregavam a possibilidade de acordos entre a Administração e os contribuintes a respeito de fatos desconhecidos para ambos, com o objetivo de promover a aplicação mais correta da norma em cada caso,[91] ou seja, uma transação que seria *parte do processo de construção (ou reconstrução)* da relação obrigacional tributária.

Nessa época, no Brasil, a transação foi enquadrada no CTN como causa extintiva da obrigação tributária já constituída. Rubens Gomes de Sousa ressaltava que a transação seria admissível no Direito Tributário apenas em caráter excepcional, pois em regra a constituição da obrigação tributária, por meio do lançamento, é atividade plenamente vinculada e obrigatória, "o que significa que a autoridade fiscal não pode deixar de efetuar o lançamento exatamente como manda a lei, não podendo fazer concessões".[92]

Por ocasião das VII Jornadas Luso-Hispano-Americanas de Estudos Tributários, ocorridas em 1976, já se debatia a implantação de mecanismos por meio dos quais o sujeito passivo pudesse participar do processo de determinação dos fatos tributáveis. Naquela ocasião, algumas vozes já se pronunciavam a favor da admissão de acordos e convênios entre fisco e contribuintes no processo de constituição da obrigação tributária.[93]

Ainda no âmbito latino-americano, a possibilidade de transação no processo de constituição da obrigação tributária foi tema abordado na XVIII Jornada Latino-Americana de Direito Tributário, realizada no ano de 1996, que discutiu faculdades da Administração na determinação de tributos. Naquele momento, Alcides Jorge Costa, representando o Brasil, foi contundente ao defender a atividade administrativa de constituição do crédito tributário como um dever-poder administrativo, "pelo que não há possibilidade de celebração de acordo ou transação

---

[91] COSTA, Ramón Valdés. Os acordos entre a Administração e os contribuintes. *In:* TAVOLANO, Agostinho Toffoli; MACHADO, Brandão; MARTINS, Ives Gandra da Silva (Org.). *Princípios tributários no direito brasileiro e comparado:* estudos em homenagem a Gilberto Ulhôa Canto. Rio de Janeiro: Forense, 1988. p. 584-385. p. 565.

[92] SOUSA, Rubens Gomes de. *Compêndio de legislação tributária.* 2. ed. Rio de Janeiro: Edições Financeiras, s/d. p. 78.

[93] CASÁS, José Osvaldo. La transacción y la transacción tributaria en general en el derecho comparado. *Revista internacional de direito tributário,* Belo Horizonte, v. 3, p. 73-102, jan./jun. 2005. p. 78.

entre Administração e Contribuinte para especificação de elementos de fato necessários à determinação do montante do tributo devido".[94] Essa discussão apresenta um ponto de toque com a polêmica relativa ao momento do nascimento da obrigação tributária, assim como com o caráter constitutivo ou declaratório do lançamento.[95] Todavia, impõe-se desde logo esclarecer que essa dualidade pouco auxilia na compreensão do papel da transação.

A teoria declarativista[96] atribui ao ato de lançamento a função de declarar, obrigação já nascida com a verificação de seu pressuposto, determinando o *quantum* devido. Nas pegadas de Alberto Xavier,[97] o lançamento é visto como ato de aplicação de uma norma geral e abstrata a um caso concreto, que determina, liquida e concretiza a obrigação.

Tomado o lançamento como ato que declara o surgimento da obrigação tributária no momento da ocorrência do fato gerador, conferindo contornos ao crédito tributário dela decorrente, a transação poderia atuar como canal de comunicação para resolver conflitos originados da quantificação unilateral do montante de tributo devido, perspectiva importante para viabilizar a aceitação da regra de tributação, principalmente em casos em que a tributação é erigida sobre presunções e conceitos indeterminados.

De outro lado, autores como Paulo de Barros Carvalho[98] defendem a eficácia constitutiva do lançamento. Para o autor, "lançamento"

---

[94] COSTA, Alcides Jorge. Brasil. *In*: Jornada Latino Americana de Derecho Tributario – Relatos Nacionales, 17, 1996, Montevideo (UR), *Anais...* Montevideo (UR): Instituto Latino Americano de Derecho Tributario, 1996. p. 319-327.

[95] A polêmica se centrava no maniqueísmo a respeito da eficácia do lançamento. A doutrina germânica, a francesa e a mexicana se manifestava favorável aos efeitos declaratórios, enquanto parte dos juristas italianos e espanhóis defendia os efeitos constitutivos (GIULIANI FONROUGE, C. M. *Conceitos de direito tributário*. São Paulo: Lael, 1973. p. 155).

[96] Advogam nesse sentido FANTOZZI, Augusto. Lançamento tributário. *In*: TAVOLARO, Agostinho Toffoli; MACHADO, Brandão; MARTINS, Ives Gandra da Silva (Org.). *Princípios tributários no direito brasileiro e comparado*: estudos em homenagem a Gilberto de Ulhôa Canto. Rio de Janeiro: Forense, 1988. p. 34-71. p. 36; NOGUEIRA, Ruy Barbosa. *Curso de direito tributário*. São Paulo: Saraiva, 1989. p. 225; CARRAZZA, Roque Antônio. *Curso de direito constitucional tributário*. 21. ed. São Paulo: Malheiros, 2005. p. 416; COELHO, Sacha Calmon Navarro. *Curso de direito tributário brasileiro*. 12. ed. Rio de Janeiro: Forense, 2012. p. 671; HORVATH, Estevão. *Lançamento tributário e "autolançamento"*. 2. ed. São Paulo: Quartier Latin, 2010. p. 77; SCHOUERI, Luis Eduardo. *Direito tributário*. 3. ed. São Paulo: Saraiva, 2013. p. 578; ZILVETI, Fernando Aurelio. *Obrigação tributária*: fato gerador e tipo. São Paulo: Quartier Latin, 2009. p. 80.

[97] XAVIER Alberto Pinheiro. Lançamento tributário. *In*: ATALIBA, Geraldo; CARVALHO, Paulo de Barros. *VI Curso de especialização em direito tributário*. São Paulo: Resenha Tributária, 1978. v. 2. p. 431-451. p.447.

[98] CARVALHO, Paulo de Barros. *Direito tributário*: linguagem e método. 2. ed. São Paulo: Noeses, 2008. p. 437.

é termo utilizado para definir tanto o ato administrativo (produto) quanto o procedimento que o introduz no ordenamento (processo). Defende que a relação obrigacional surgiria apenas com a incidência da norma concretizada, necessariamente, pela atuação do aplicador do Direito. Assim, o lançamento teria eficácia constitutiva, ao introduzir na experiência jurídica uma norma individual e concreta que regulasse uma relação jurídica tributária, estabelecendo uma obrigação até então inexistente.

Como explica José Souto Maior Borges, a "situação em que se encontra a generalidade dos obrigados, sujeitos passivos da relação tributária (...), antes do lançamento, é impropriamente denominada como um Estado de sujeição ao 'império' da lei".[99] Nesse contexto, o lançamento pode ser tomado como fonte de uma relação jurídica *efectual*, ato-norma que formaliza a incidência e aparelha o crédito tributário de exigibilidade.[100]

Com mais força, aceitar o lançamento como constitutivo da obrigação é reconhecer no intérprete o papel de construtor da norma de incidência, de caráter individual e concreto, que faz surgir o vínculo tributário. Diante de um conflito interpretativo entre Administração e Administrado, a transação poderia atuar como mecanismo de formação de um juízo interpretativo consensual sobre a aplicação da norma tributária.

Apesar de suas diferenças, ambas as teorias apresentam a obrigação tributária – perfeitamente acabada – como decorrência do lançamento. Retomar a transação como negócio jurídico declaratório destinado a eliminar controvérsias sobre determinada obrigação pressupõe a existência de uma obrigação controversa.

Ainda que se admita no ordenamento brasileiro a possibilidade de "acordos fiscais" na constituição da obrigação tributária,[101] como se reportam ao momento de nascimento da obrigação, eles não assumiram a natureza de transação tributária. Caso a lei outorgasse margem de ação livre para a Administração para fixar, por meio de negócio jurídico, todos os termos da obrigação, ter-se-ia uma espécie de lançamento

---

[99] BORGES, José Souto Maior. *Lançamento tributário*. 2. ed. São Paulo: Malheiros, 1999. p. 441.
[100] SANTI, Eurico Marcos Diniz de. *Lançamento tributário*. 2. ed. São Paulo: Max Limonad, 2001. p.197.
[101] POLIZELLI, Victor Borges. *Contratos fiscais*: viabilidade e limites no contexto do direito tributário brasileiro. 2013. 305 p. Tese (Doutorado em Direito) – Faculdade de Direito, Universidade de São Paulo, São Paulo, 2013. p. 60.

bilateral,[102] no qual a obrigação surgiria *ex voluntate*,[103] como decorrência do acordo entabulado entre as partes. Todavia, no paradigma atualmente desenhado pelo artigo 142 do CTN, a obrigação tributária é *ex lege*, ou seja, "nasce da vontade da lei, mediante a ocorrência de um fato (fato imponível) nela descrito".[104]

Nessa linha, a transação não é etapa de constituição da obrigação tributária, mas opera sobre um vínculo obrigacional já constituído. Novamente a questão se endereça à possibilidade de uma transação sobre uma obrigação já constituída, em decorrência do lançamento, ou como estágio que reabre a discussão sobre os contornos da obrigação originalmente estabelecida.

A discussão sobre a utilização da transação no Brasil foi reaberta em 2007, com os estudos que culminaram com a elaboração, pela Procuradoria-Geral da Fazenda Nacional (PGFN), de dois anteprojetos de lei para regular a transação geral em matéria tributária e a execução fiscal administrativa.[105]

De um lado, cerraram fileiras juristas que apoiavam o projeto, vislumbrando na transação (ao lado da arbitragem e da conciliação judicial) uma medida alternativa na resolução de conflitos tributários, destinada a promover simplificação e eficiência na arrecadação. Outros o criticaram, sustentando a impossibilidade de uma transação que reabrisse a discussão sobre os contornos da obrigação tributária. Ambas as posições merecem análise detida nas linhas que se seguem, todavia, no fundo, refletem a mesma tônica das disputas dos anos 1960, qual seja: a transação opera sobre uma obrigação constituída ou pode ser um caminho de consenso para rediscutir os termos da constituição da relação obrigacional tributária?

Começando por aqueles que acreditam na possibilidade de transação para reabrir a discussão sobre a obrigação tributária: nesse paradigma, a transação é mecanismo alternativo na resolução

---

[102] Apesar de não vislumbrar nenhuma manifestação no ordenamento brasileiro, Alberto Pinheiro Xavier já noticiava a possibilidade de um lançamento bilateral: "Em Portugal ainda existe sob a denominação de avença um ou outro caso e que se refere àquelas hipóteses em que o montante do tributo é calculado por acordo com o particular" (XAVIER Alberto Pinheiro. *Op. cit.*, p. 447).

[103] GRECO, Marco Aurélio. Lançamento tributário – I. In: LIMOGI FRANÇA, R. *Enciclopédia Saraiva de Direito*. São Paulo: Saraiva, 1977. p. 1-11. p. 9.

[104] ATALIBA, Geraldo. *Hipótese de incidência tributária*. 6. ed. São Paulo: Malheiros, 2006. p. 35.

[105] ADAMS, Luís Inácio Lucena. *Ofício n. 624/PGFN-PG*. Procuradoria-Geral da Fazenda Nacional, Brasília, 14 mar. 2007. Disponível em: http://www.fazenda.gov.br/portugues/releases/2007/r150307d-oficio-624-PGFN.pdf. Acesso em: 29 ago. 2016.

de controvérsias tributárias e tem como objetivo resolver conflitos essencialmente calcados em divergências na interpretação dos textos normativos.[106]

Como destaca Heleno Taveira Torres,[107] a complexidade do sistema tributário, aliada às deficiências de uma linguagem prolixa, ambígua e imprecisa, justificaria a transação e a arbitragem, canais de diálogo que permitiriam a resolução de controvérsias em torno de "matéria de fato de difícil delimitação ou cujas provas apresentadas não permitam a formação de um juízo consistente para identificar a proporção da ocorrência factual ou mesmo a correta quantificação da base de cálculo do tributo".[108]

A transação é tomada como mais um canal de resolução de conflitos que permite o enfrentamento da complexidade inerente à atividade interpretativa e abre caminho para a construção de uma tributação consensual, com a eliminação da resistência do sujeito passivo que impede o cumprimento da obrigação de tributo.

Regina Helena Costa também parte do paradigma da complexidade da sociedade moderna para erigir seu conceito de praticabilidade, como categoria lógica jurídica composta por um "conjunto de técnicas que visam a viabilizar a adequada execução do ordenamento jurídico".[109] A autora arrola como instrumentos de viabilização da praticabilidade as chamadas "abstrações generalizantes" (grupo em que inclui presunções, ficções, indícios, normas de simplificação, conceitos jurídicos indeterminados, cláusulas gerais e normas em branco) e outros recursos, como o emprego da analogia, a privatização da gestão tributária e a implementação de meios alternativos de resolução de conflitos tributários, incluída a transação entre estes.[110]

A transação se justificaria como mecanismo de introdução do consenso na Administração tributária, por meio do qual fisco e contribuinte reconstruiriam o fato jurídico tributário controverso. Nessa

---

[106] RIBAS, Lídia Maria Lopes Rodrigues. Mecanismos alternativos na solução de conflitos em material tributária. *Revista tributária e de finanças públicas*, São Paulo, v. 11, n. 49, p. 43-64, mar./abr. 2003.

[107] TORRES, Heleno Taveira. Transação, arbitragem e conciliação judicial como medidas alternativas para resolução de conflitos entre Administração e contribuintes: simplificação e eficiência administrativa. *Revista de Direito Tributário*, São Paulo, v. 86, p. 40-64, out./dez.1998.

[108] TORRES, Heleno Taveira. *Op. cit.*, p. 50.

[109] COSTA, Regina Helena. *Praticabilidade e justiça tributária, exequibilidade da Lei Tributária e os direitos do contribuinte*. São Paulo: Malheiros, 2007. p. 53.

[110] COSTA, Regina Helena. *Op. cit.*, p. 279.

perspectiva, é instrumento de praticabilidade tributária que viabiliza a superação do conflito que impede o cumprimento voluntário da obrigação, outorgando racionalidade ao processo de arrecadação de receitas públicas.

O lançamento seria o momento de surgimento da controvérsia em torno da relação jurídica tributária, tornada litigiosa com o não cumprimento voluntário pelo sujeito passivo. Essa litigiosidade derivaria de uma discordância na interpretação dos enunciados normativos. Nesse contexto, a transação atuaria como "instrumento apto a possibilitar às partes (Contribuintes e Administração Tributária) a composição dos conflitos interpretativos, sem a necessidade do dispêndio de tempo e de recursos que as discussões administrativas e judiciais proporcionam a ambas".[111]

Uma característica do Direito Tributário que potencializaria o grau de conflito é o emprego corrente de conceitos indeterminados. Em relação a estes, a transação presta-se a proteger ambas as partes contra imprecisões e equívocos na construção do sentido e do alcance dos enunciados normativos. Trata-se da formação de um juízo consensual sobre os conceitos integrantes da norma e sua aplicação ao caso concreto.

Importa esclarecer que a indeterminação dos conceitos jurídicos nem sempre é fruto de imperfeição ou vício de linguagem, mas uma propriedade que permite que eles cumpram "a função de expressar e valorar condutas, relações e objetos materiais, bem como ensejar a mutação evolutiva do direito".[112]

Victor Borges Polizelli defende que a adoção dos "acordos fiscais", grupo em que inclui a transação, se justificaria "pois, em razão da *multivalência dos conceitos jurídicos indeterminados*, os tribunais normalmente chegam a decisões díspares, sem unidade de critério e contribuem para aumentar a incerteza na aplicação de normas tributárias".[113]

Outro flanco de conflitos no Direito Tributário é a utilização de presunções. Elas consistem em "chaves de destravamento decisório" e sua aplicação na tributação visa simplificar a reconstrução de fatos de difícil apuração.[114] Todavia, em que pese a possibilidade de prova

---

[111] SEVERINI, Tiago. Transação em matéria tributária no direito brasileiro? *Revista tributária e de finanças públicas*, v. 17, n. 88, p. 235-268, set./out. 2009. p. 250.

[112] COSTA, Regina Helena. *Op. cit.*, p. 176.

[113] POLIZELLI, Victor Borges. *Contratos fiscais*: viabilidade e limites no contexto do direito tributário brasileiro. 2013. 305 p. Tese (Doutorado em Direito) – Faculdade de Direito, Universidade de São Paulo, São Paulo, 2013. p. 111. Grifos no original.

[114] MARQUES NETO, Floriano de Azevedo. As presunções jurídicas e a negação da jurisdição: a Fazenda Pública em juízo. *Revista Brasileira da Advocacia*, v. 1, p.151-167, abr./jun. 2016. p. 160.

em contrário por parte do contribuinte, se a comprovação dos fatos é dificuldade reconhecida em favor da Administração, a legitimar a própria existência da presunção, sua prova em contrário muitas vezes também é de difícil acesso aos contribuintes.

Ricardo Lobo Torres[115] defende a utilização da transação para a solução de controvérsias relacionadas a presunções e cita como exemplo o caso dos preços de transferência. Diante da dificuldade de estabelecer o que seria o "preço justo" nas transferências de bens entre empresas coligadas e do dever de busca pela verdade material na constituição do crédito tributário, a transação poderia ser ferramenta para a construção de um processo fiscal equitativo, no qual a busca pela solução justa se dá por meio do diálogo entre fisco e contribuintes.

No paradigma proposto pelos autores, no qual o conflito derivaria de normas de simplificação (ou abstrações generalizantes), a transação atuaria como espécie de mecanismo de "conciliação tributária",[116] por meio do qual conflitos instaurados sobre obrigações tributárias unilateralmente constituídas podem ser resolvidos em colaboração entre fisco e contribuinte. Tratar-se-ia de um acordo sobre a interpretação e a aplicação da norma tributária, a resultar em uma nova obrigação.[117]

No polo oposto ao daqueles que entendem ser possível uma regra de transação que autorize a reabertura da discussão sobre o mérito da obrigação tributária, alguns autores levantam críticas calcados na estrutura do instituto prevista no CTN.

Eurico Marcos Diniz de Santi,[118] em trabalho publicado em oposição ao projeto de lei geral de transação da PGFN, critica uma noção ampla de transação. Sustenta que a obrigação tributária é fruto do lançamento enquanto atividade administrativa vinculada, na forma do artigo 142 do CTN, razão pela qual não caberia espaço de

---

[115] TORRES, Ricardo Lobo. Transação, conciliação e processo tributário administrativo. In: SARAIVA FILHO, Oswaldo Othon de Pontes; GUIMARÃES, Vasco Branco (Org.). Transação e arbitragem no âmbito tributário: homenagem ao jurista Carlos Mário da Silva Veloso. Belo Horizonte: Fórum, 2008. p. 89-110. p. 93.

[116] TORRES, Ricardo Lobo. Op. cit., p. 89-110, p. 91.

[117] GUIMARÃES, Vasco Branco. O papel da vontade na relação jurídico-tributária: contributo para a compreensão da possibilidade técnico-legal da conciliação e transação como forma de extinguir o crédito tributário. In: SARAIVA FILHO, Oswaldo Othon de Pontes; GUIMARÃES, Vasco Branco (Org.). Transação e arbitragem no direito tributário: homenagem ao jurista Carlos Mário da Silva Veloso. Belo Horizonte: Fórum, 2008, p. 137-166. p. 165.

[118] SANTI, Eurico Marcos Diniz de. Transação e arbitragem no direito tributário: paranoia ou mistificação? In: SARAIVA FILHO, Oswaldo Othon de Pontes; GUIMARÃES, Vasco Branco (Org.). Transação e arbitragem no âmbito tributário: homenagem ao jurista Carlos Mário da Silva Velloso. Belo Horizonte: Fórum, 2008. p. 167-190.

discricionariedade para a formação de interpretações diferentes sobre o fato jurídico tributário.

Nessa perspectiva, o princípio da legalidade imporia à Administração o dever de utilizar um critério jurídico único para orientar a constituição do fato jurídico tributário em relação a todos os contribuintes. Admitir a transação como regra genérica seria institucionalizar a utilização de critérios diferentes, em uma perspectiva que outorgaria discricionariedade ao administrador no exercício do poder de tributar. Isso porque, nesse paradigma, a Administração Pública "não se limita a avaliar os fatos em função dos quais a consequência jurídica seria inexorável, mas participa na própria escolha da consequência jurídica, no caso o conteúdo da transação".[119]

Abordando a questão a partir de um ângulo diferente, Sergio André Rocha[120] reconhece a complexidade da legislação tributária brasileira e as dificuldades interpretativas impostas pela utilização de conceitos indeterminados e presunções como desafios a serem enfrentados. Todavia, com muita propriedade, defende que esses desafios impõem uma reforma institucional, e não uma mera alteração de procedimentos com a introdução de mecanismos alternativos na resolução de controvérsias em um ordenamento que apresenta problemas estruturais.

Especificamente sobre a transação, o autor aponta que seria impróprio falar em transação como meio de superação da complexidade e da incerteza no âmbito tributário, uma vez que esta ocorre em momento posterior, em que já terá se tornado certo o crédito tributário.

O autor aponta que a redação do artigo 171 do CTN faz referência a uma transação sobre crédito tributário já constituído, ou seja, esta não se prestaria a discutir os contornos da relação obrigacional.

Retornando às origens do instituto, defendeu-se que a transação é negócio jurídico declaratório, que opera sobre uma obrigação já constituída. A manutenção de seu caráter declaratório implica tomar como certa a obrigação originária.

É certo que haverá divergência entre fisco e contribuintes no que tange à interpretação das normas tributárias ou à aplicação de presunções; todavia, a resolução desses conflitos é uma questão de legalidade, que pode ser deduzida no processo administrativo ou judicial tributário.

---

[119] GRECO, Marco Aurélio. *Dinâmica da tributação*: uma visão funcional. 2. ed. Rio de Janeiro: Forense, 2007. p. 204.

[120] ROCHA, Sérgio André. Meios alternativos de solução de conflitos no direito tributário Brasileiro. *Revista dialética de direito tributário*, São Paulo, n. 122, p. 90-106, nov. 2005. p. 106.

A transação, com origem no Direito Civil e incorporada ao Direito Tributário, parte do pressuposto da certeza sobre a obrigação originária. Caso contrário, ter-se-ia novação, hipótese em que a própria obrigação originária é objeto de discussão e repactuação.[121]

O Código Tributário Nacional, no artigo 171, faz referência à necessidade de lei específica para encerrar o litígio sobre uma obrigação tributária já constituída. Nessa linha, defende-se a transação como instrumento específico que visa eliminar a controvérsia que impede o cumprimento de obrigações tributárias especificamente identificadas.

É instrumento pontual, do qual se pode valer a Administração tributária para outorgar racionalidade ao processo de cobrança. Identificado o conflito sobre um conjunto de obrigações tributárias, elabora-se um projeto de transação, submetido à deliberação e à aprovação do Legislativo, por meio do qual se propõe eliminar a controvérsia que impedia o cumprimento das obrigações originalmente constituídas.

A transação pode, sim, ser incluída no contexto dos mecanismos alternativos na resolução de conflitos, todavia não opera retificando uma obrigação, mas criando condições para que o sujeito passivo aceite uma obrigação já existente e cumpra o mandamento a ela atrelado.

Não é uma etapa conciliatória do processo administrativo, destinada a formar nova obrigação consensual, mas um veículo à disposição da Administração para que – identificada uma situação conflituosa – ela possa propor condições que viabilizem o cumprimento das obrigações originárias.

As concessões do ente tributante previstas em lei que regulam transação tributária estabelecem as condições em que a obrigação originária reconhecida será adimplida. Essas concessões podem envolver a redução do montante devido, todavia não é a transação que está a alterar para menos o débito originário, mas as anistias ou as remissões operando seus efeitos típicos. A redução no montante devido é meio para que a obrigação originária seja cumprida, eliminando, assim, o litígio.

---

[121] Convém invocar a lição de Rubens Gomes de Sousa, para quem "a novação, tanto objetiva quanto subjetiva, não pode ocorrer no direito tributário, justamente porque deve ser voluntária, isto é, resolvida de comum acordo entre as partes: ora, os elementos da obrigação tributária, sendo todos fixados por lei, somente poderiam ser substituídos por força de lei, e nunca por acordo das partes" (SOUSA, Rubens Gomes de. *Compêndio de legislação tributária*. 2. ed. Rio de Janeiro: Edições Financeiras, s/d. p. 76).

1.2.3 A abrangência da regra de transação

O questionamento sobre a abrangência da regra que autoriza a transação no Direito Tributário deriva das posições sobre a viabilidade de uma regra geral, aplicável a todas as hipóteses, ou sobre a restrição da possibilidade de transigir, nesse campo, a casos delineados amiúde em regra específica.

Vasco Branco Guimarães faz referência expressa a quatro elementos imprescindíveis na lei que autoriza a manifestação de vontade das partes no Direito Tributário, a saber: 1) autorização; 2) alcance e limites; 3) forma de exercício; e 4) consequências do exercício.[122] Muito embora se entenda que todos esses pontos sejam fundamentais, a consideração do alcance da norma do artigo 171 do CTN impõe a necessidade de agregar mais um elemento: necessidade de especificação do litígio.

Uma norma de transação em caráter geral, aplicável a todos os litígios tributários, estaria em descompasso direto com o Código Tributário Nacional, que faz referência expressa à necessidade de uma norma específica para autorizar a transação. Como ressalta Paulo de Barros Carvalho, os termos da lei que dispuser sobre transação devem ser rigorosos, em nome da indisponibilidade do interesse público, sendo que as concessões poderiam atingir um âmbito muito restrito.[123]

O rigor exigido da norma específica que se faz presente na disposição legal está a indicar que a transação é instrumento excepcional, a ser manejado nos estritos limites da autorização concedida. Pensar o contrário importaria aceitar a possibilidade de uma lei geral de transação que outorgue competência ampla para que a Administração disponha de parte do seu patrimônio.

Pode-se estabelecer um paralelo entre a lei instituidora da transação e a lei que autoriza a alienação de bem imóvel pertencente ao Estado. Seria inconcebível uma lei que, genericamente, autorizasse determinado ente estatal a alienar todos os bens imóveis integrantes do seu patrimônio.

O caráter específico exigido de uma norma que autoriza a alienação de um imóvel público decorre da necessidade de desafetação deste

---

[122] GUIMARÃES, Vasco Branco. O papel da vontade na relação jurídico-tributária: contributo para a compreensão da possibilidade técnico-legal da conciliação e transação como forma de extinguir o crédito tributário. In: GUIMARÃES, Vasco Branco (Org.). *Transação e arbitragem no direito tributário*: homenagem ao jurista Carlos Mário da Silva Veloso. Belo Horizonte: Fórum, 2008. p. 137-166. p. 165.

[123] CARVALHO, Paulo de Barros. *Direito tributário*: fundamentos jurídicos da incidência. 8. ed. São Paulo: Saraiva, 2010. p. 268.

de determinada finalidade pública (art. 100 do Código Civil). Os bens públicos podem ser alienados desde que cumpridas as formalidades previstas em lei, "daí, por conseguinte, estar inalienável o bem enquanto consagrado a um uso de interesse geral que tenha sua continuidade ou a fruição pelos seus destinatários tolhida ou ameaçada pelo ato de alienação".[124]

Como puderam concluir Vitor Rhein Schirato e Juliana Bonacorsi de Palma a partir da análise da jurisprudência do Supremo Tribunal Federal (STF): "a previsão autorizativa expressa apenas será imprescindível à celebração de acordos pela Administração Pública quando o conteúdo dos mesmos importar em renúncia de direitos, alienação de bens ou assunção de obrigações extraordinárias pela Administração".[125] Na mesma toada, tem-se que a transação tributária, como importa na realização de concessões onerosas, impõe a existência de uma autorização específica que delimite de maneira rígida o campo de atuação do gestor na disposição do patrimônio público.

O princípio da legalidade impõe que a disposição dos interesses públicos seja precedida de lei específica. Em seu viés orçamentário, esse princípio condiciona a competência dos gestores para gastar os recursos públicos à indicação específica dos programas implementados e aos limites dos créditos correspondentes (art. 167, I e II, da CF). Como aponta Estevão Horvath,[126] a legalidade, nesse contexto, é um dos "cânones da representatividade", tendo o claro objetivo de submeter ao escrutínio dos representantes do povo as medidas que importarão a disponibilidade sobre os recursos públicos. Com vistas a limitar a discricionariedade, não se admitem dotações genéricas, que autorizem o gestor a escolher de maneira ampla os destinos dos recursos orçamentários.

Pela mesma lógica, não se pode admitir uma autorização genérica de transacionar, que amplie de tal maneira a competência do gestor para aplicar um tratamento excepcional a casos não expressamente autorizados pelo Legislativo. As transações representam uma exceção à regra de obrigações tributárias compulsoriamente impostas, cobradas

---

[124] MARQUES NETO, Floriano de Azevedo. *Bens públicos, função social e exploração econômica*: o regime jurídico das utilidades públicas. Belo Horizonte: Fórum, 2009. p. 293.
[125] SCHIRATO, Vitor Rhein; PALMA, Juliana Bonacorsi. Consenso e legalidade: vinculação da atividade administrativa consensual ao direito. *Revista Brasileira de Direito Público – RBDP*, Belo Horizonte, v. 7, n. 27, out./dez. 2009. Disponível em: http://www.bidforum.com.br/bid/PDI0006.aspx?pdiCntd=64611. Acesso em: 23 jun. 2014.
[126] HORVATH, Estevão. *O orçamento no século XXI*: tendências e expectativas. 2014. 418 p. Tese (Titularidade em Direito) – Faculdade de Direito, Universidade de São Paulo, São Paulo, 2014. p. 129.

mediante atividade administrativa plenamente vinculada, e, portanto, "reclamam o detalhamento acerca dos limites e condições, não sendo admissível uma lei geral que conceda amplos poderes discricionários à Administração nesta seara".[127]

Por outro viés, uma regra de transação genérica poderia representar uma ofensa ao princípio da igualdade. A transação destina-se a eliminar controvérsias criando um ambiente favorável ao cumprimento dos deveres tributários pelo sujeito passivo. O tratamento desigual dos sujeitos recalcitrantes somente pode ser autorizado por lei.[128] Aceitar a possibilidade de uma regra geral de transação seria admitir a institucionalização do tratamento desigual entre os contribuintes.

Nessa toada, é imprescindível que a lei especifique "a matéria litigiosa à qual se aplicará a transação e suas condições".[129] A norma autorizadora da transação deve ser específica, não só para autorizá-la e para definir seus alcances, seus limites, suas formas de exercício e suas consequências, mas também para indicar a situação conflituosa à qual se destina.

É fundamental ressaltar que a delimitação do conflito na norma que autoriza a transação é decorrência necessária do seu caráter específico. Uma regra de transação destinada a gerir todos os conflitos impossibilita uma completa apreensão sobre os custos a serem suportados pela sociedade em função das concessões do Estado.

Eurico Marcos Diniz de Santi evoca como exemplo de transação possível aquela que dispõe sobre a conveniência do pagamento. Em seu escólio, "só lei específica e circunstanciada de transação pode internalizar o 'cálculo econômico', oferecendo seus limites e critérios".[130]

---

[127] SARAIVA FILHO, Oswaldo Othon de Pontes. A transação e a arbitragem no direito constitucional-tributário brasileiro. In: SARAIVA FILHO, Oswaldo Othon de Pontes; GUIMARÃES, Vasco Branco (Org.). *Transação e arbitragem no âmbito tributário*: homenagem ao jurista Carlos Mário da Silva Velloso. Belo Horizonte: Fórum, 2008. p. 167-190. p. 174.

[128] Ao tratar da igualdade entre os contribuintes em face dos "acordos fiscais", Victor Borges Polizelli consigna que: "as particularidades das operações que concretamente pratica devem ser consideradas sempre que este tratamento individualizado se revelar praticável e não resvalar para a arbitrariedade. A fim de evitar um demasiado aumento da discricionariedade, os critérios a serem utilizados para diferenciação dos Contribuintes devem ser legalmente estabelecidos" (POLIZELLI, Victor Borges. *Contratos fiscais*: viabilidade e limites no contexto do direito tributário brasileiro. 2013. 305 p. Tese (Doutorado em Direito) – Faculdade de Direito, Universidade de São Paulo, São Paulo, 2013. p. 67).

[129] SCHOUERI, Luis Eduardo. *Direito tributário*. 3. ed. São Paulo: Saraiva, 2013. p. 623.

[130] SANTI, Eurico Marcos Diniz de. Transação e arbitragem no direito tributário: paranoia ou mistificação?. In: SARAIVA FILHO, Oswaldo Othon de Pontes; GUIMARÃES, Vasco Branco (Org.). *Transação e arbitragem no âmbito tributário*: homenagem ao jurista Carlos Mário da Silva Velloso. Belo Horizonte: Fórum, 2008. p. 167-190. p. 174.

Essa posição é compatível com o caráter declaratório da transação, na medida em que pressupõe a certeza sobre a obrigação originária e reconhece o conflito como uma questão de conveniência econômica do pagamento do débito.

Muito embora existam algumas disposições gerais de transação no ordenamento jurídico brasileiro – como a regra do artigo 1º da Lei nº 9.469/1997 (com a redação outorgada pela Lei nº 13.140/2015), que outorga competência para o advogado-geral da União autorizar transação com vista a encerrar litígios, inclusive referentes a créditos tributários[131] –, essa não é a manifestação mais frequente do instituto. Os programas de parcelamento incentivados (Refis), que condicionam a concessão de reduções do montante devido – por meio de anistias e remissões – ao pagamento das parcelas em dia e à desistência de ações questionando a legalidade do crédito incluído na negociação, são manifestações muito mais presentes na ordem jurídica nacional.

Considerando apenas os programas federais, nos últimos 17 anos houve nove edições do Refis com diferentes configurações.[132] Esses programas são verdadeiras transações tributárias[133] específicas, com prazo determinado e atingindo um conjunto determinado de créditos tributários. Note-se que, ao estabelecer o período de adesão e os créditos elegíveis, tem-se uma norma específica que representa o consentimento objetivo da legislação em relação ao caráter excepcional dispensado a um conjunto de contribuintes, com vistas à eliminação de controvérsias que impedem o cumprimento das obrigações tributárias.

O conflito a ser dirimido com o Refis reside na inadimplência. Na perspectiva do contribuinte, consiste em um juízo sobre a conveniência do pagamento em determinado momento. A lei que institui essa

---

[131] *In verbis*: "Art. 1º O Advogado-Geral da União, diretamente ou mediante delegação, e os dirigentes máximos das empresas públicas federais, em conjunto com o dirigente estatutário da área afeta ao assunto, poderão autorizar a realização de acordos ou transações para prevenir ou terminar litígios, inclusive os judiciais".

[132] Lei nº 9.964/2000 (Programa de Recuperação Fiscal – Refis); Lei nº 10.684/2003 (Parcelamento Especial – Paes); Medida Provisória nº 303/2006 (Parcelamento Excepcional – Paex); Lei nº 11.941/2009 (Refis da Crise); Lei nº 12.073/2014 (Refis da Copa); Lei nº 12.996/2014 (Refis das Eleições); Lei nº 13.043/2014, Lei nº 13.496/2017 (Programa Especial de Regularização Tributária – Pert).

[133] Nesse sentido, ver MACHADO, Hugo de Brito. Transação e arbitragem no âmbito tributário. *In*: SARAIVA FILHO, Oswaldo Othon de Pontes; GUIMARÃES, Vasco Branco (Org.). *Transação e arbitragem no âmbito tributário*: homenagem ao jurista Carlos Mario da Silva Velloso. Belo Horizonte: Fórum, 2008. p. 111-135. p.121; SCAFF, Fernando Facury. Contas à vista: Refis é uma transação tributária e não uma renúncia fiscal. *Consultor Jurídico*. 2 dez. 2014. Disponível em: http://www.conjur.com.br/2014-dez-02/contas-vista-refis-transacao-tributaria-nao-renuncia-fiscal. Acesso em: 28 out. 2015.

transação tem o objetivo de induzir o pagamento voluntário, por meio do estabelecimento de condições favoráveis. Não haveria discussão sobre a constituição do crédito tributário, apenas um acordo que tornou mais conveniente seu pagamento no presente e não no futuro, convenção subordinada a condições estabelecidas pela lei.

Diante de uma transação posterior à constituição do crédito tributário e que disponha especificamente sobre o prazo e as condições de adimplemento do débito, restaria mantida a estrita legalidade na aplicação da regra de tributação, conduzida em uma perspectiva vinculada, bem como seria mantida a igualdade de tratamento dos contribuintes, posto que todos estiveram sujeitos à mesma regra jurídica no momento da constituição do crédito tributário.

Mesmo a Lei nº 13.988, de 14 de abril de 2020, que estabelece em sede legislativa os parâmetros dentro dos quais a PGFN ou a Receita Federal do Brasil podem firmar transação, não configura uma regra geral de competência em nível federal. Dentro desse sistema, a abertura de programas para cada situação depende da publicação de editais, que circunscrevem um conjunto específico de créditos – *já constituídos* – elegíveis. Essa sistemática busca garantir, em um primeiro momento, a legalidade no processo de constituição dos créditos. Caso estes créditos estejam incluídos em um programa de transação, a igualdade de tratamento entre os contribuintes é assegurada no amplo acesso a eventuais condições mais favoráveis de cobrança.

Muito embora alguns defendam uma regra geral de transação, ela desnaturaria o caráter declaratório desse instituto. Em linhas genéricas, a transação assumiria uma posição mais abstrata no sistema tributário, como uma instância institucional de solução de conflitos, o que, de plano, já afastaria sua análise do escopo do presente trabalho. O objetivo perquirido é analisar os programas específicos de transação tributária, estabelecidos com prazo determinado e conduzidos com o objetivo de implementar políticas por meio do sistema fiscal.

Abordam-se as características do instituto jurídico da transação para posicioná-la como instrumento de políticas fiscais específicas, de forma a apresentar aspectos relativos à sua avaliação e ao controle. Nesse contexto, o objeto é aquela transação específica e relativa a créditos tributários delimitados e com prazo determinado.

Não obstante a profundidade das discussões sobre os limites da atividade impositiva do Estado no processo de constituição do crédito tributário, o corte metodológico implementado visa analisar o fenômeno da proliferação dos programas de parcelamento condicionados e propor uma forma de análise destes enquanto instrumento utilizado pela Administração tributária para resolver conflitos que importam no não pagamento de tributos, prejudicando a realização da receita e, em último grau, a atuação do Estado.

A análise até o momento empreendida teve como alvo descrever aspectos importantes para a compreensão da transação e de sua operatividade no Direito Tributário. O enfoque foi objetivo e conceitual. Passa-se agora ao enfrentamento das relações entre a utilização da transação tributária – como ferramenta posta à disposição da Administração – e a atual compreensão do princípio da supremacia do interesse público.

1.3 Transação tributária em um novo contexto de interesse público

Partindo do lastro conceitual construído, pode-se inferir que as discussões sobre a aplicabilidade da transação no âmbito do Direito Tributário envolvem a ideia de interesse público e suas inflexões sobre a disponibilidade do crédito tributário. Daí a importância de analisar algumas questões propostas no estado da arte atual no que tange à supremacia do interesse público, para então propor uma visão sobre o papel da transação.

A discussão sobre os contornos atuais do princípio da supremacia do interesse público remonta ao contemporâneo desvanecimento da própria fronteira entre Direito Público e Privado. Tem-se que a distinção entre Direito Público e Direito Privado tem raízes históricas, e não lógicas.[134] Partindo dessa premissa, Pontes de Miranda reconhece como Direito Privado o "conjunto de regras jurídicas que tratam os homens somente como indivíduos em relações uns com os outros". Para o autor, "desde que o interesse geral, ou algo que se tem como tal, passa à frente, o direito é público, porque admite a situação de poder dos entes coletivos que correspondem àqueles interesses".[135]

Celso Antônio Bandeira de Mello, ao descrever o Direito como conjunto de normas jurídicas dotadas de coercitividade, reconhece a existência de Direito Privado e Direito Público como dois grandes ramos, sujeitos a técnicas jurídicas distintas, sendo o primeiro governado pela autonomia da vontade e o segundo, pela ideia de função, ou seja,

---

[134] ALMEIDA, Fernando Dias Menezes de. Responsabilidade do Estado. In: DI PIETRO, Maria Sylvia Zanella (Coord.). *Tratado de direito administrativo*. São Paulo: RT, 2014. v. 7, Controle da administração pública e responsabilidade do estado. p. 215-244. p. 230.

[135] PONTES DE MIRANDA, Francisco Cavalcanti. *Tratado de direito privado*. Campinas: Bookseller, 1999. tomo 1. p. 121.

do dever de atendimento do interesse público. Para o autor "o Direito Público se ocupa de interesses da sociedade como um todo, interesses públicos, cujo atendimento não é um problema pessoal de quem os esteja a curar, mas um dever jurídico inescusável".[136]

Essa ideia de função pública como critério para definir o campo de incidência das normas de Direito Público é forte nas lições de Renato Alessi ao conceituar o Direito Administrativo como o conjunto de normas destinadas a regular a função administrativa. Assim, tanto a organização da própria função quanto seu exercício o insere no âmbito do Direito Público, "que assim se contrapõe ao direito privado, conjunto de normas que regulam ordinariamente as relações jurídicas entre as pessoas privadas e só excepcionalmente a administração pública e a atividade por ela desenvolvida".[137]

Também cabe advertir que a condição jurídica do emissor do ato não é suficiente para qualificá-lo como de Direito Público ou Privado, uma vez que do Estado podem emanar atos com ambas as características. O regime jurídico aplicável depende da natureza dos direitos envolvidos, ou seja, "a diferença está na qualidade em que se tem o direito".[138]

Ricardo Luiz Lorenzetti relata que "no *Corpus Iuris* (Digesto, I, I, 1, 2) define-se o Direito Privado como *quod ad singulorum utilitatem*, como aquele que concerne à utilidade do indivíduo".[139] O autor reconhece a mitigação na aplicabilidade desse critério no Estado contemporâneo, no campo do Direito Privado, em razão da insuficiência da proteção das pessoas em consequência da desigualdade horizontal identificada entre elas.[140]

Essa mitigação no conceito de Direito Privado deriva da expansão das normas constitucionais, em um fenômeno denominado "constitucionalização", no qual os valores e os fins públicos contidos nas normas constitucionais passam a condicionar a validade e o sentido

---

[136] LORENZETTI, Ricardo Luis. *Fundamentos do direito privado*. São Paulo: Revista dos Tribunais, 1998. p. 27.
[137] Tradução livre. No original: "contraponiéndose así al Derecho Privado, conjunto de normas que regulan ordinariamente relaciones jurídicas entre las personas privadas y sólo excepcionalmente a la Administración pública y a la actividad desarrollada por la misma" (ALESSI, Renato. *Instituciones de derecho administrativo*. Barcelona: Bosch, 1970. p. 14).
[138] PONTES DE MIRANDA, Francisco Cavalcanti. *Tratado de direito privado*. Campinas: Bookseller, 2003. tomo 25. p. 122.
[139] LORENZETTI, Ricardo Luis. *Op. cit.*, 1998. p. 227.
[140] Nesse mesmo sentido, CANARIS, Claus-Wilhelm. *Direitos fundamentais e direito privado*. Coimbra: Almedina, 2012.

das demais normas infraconstitucionais, repercutindo na atuação dos três poderes e nas relações entre os particulares.[141] No Direito Público, o novo paradigma propõe a "desverticalização das relações entre a Administração Pública e particulares".[142]

A constitucionalização enquanto característica do Direito contemporâneo compreende o espaço constitucional como transcendente às questões relativas à estruturação do poder político e do elenco de direitos e garantias individuais, "consagrando a supremacia de direitos fundamentais de diversa configuração e os instrumentos destinados à sua proteção".[143]

Nessa nova perspectiva trazida pelo neoconstitucionalismo emergem discussões sobre a natureza e o alcance do interesse público, bem como das relações entre os interesses públicos e privados. Nesse contexto, um movimento contemporâneo defende a superação do paradigma da supremacia do interesse público, e a análise de sua argumentação fornece elementos importantes para posicionar a utilização da transação como instrumento de política fiscal que promove o consenso entre fisco e contribuinte como caminho para dirimir conflitos tributários.

1.3.1 Pretensa superação da supremacia do interesse público

Em sua análise da evolução histórica do Direito Administrativo, Diogo de Figueiredo Moreira Neto[144] defende que, por ter surgido na França em momento posterior ao Estado absolutista, o Direito Administrativo teria sido impregnado de uma postura de imperatividade que colocava a Administração em posição assimétrica em relação aos indivíduos ao estabelecer prerrogativas para esse relacionamento.

---

[141] BARROSO, Luís Roberto. A constitucionalização do direito e suas repercussões no âmbito administrativo. In: ARAGÃO, Alexandre Santos de; MARQUES NETO, Floriano de Azevedo (Coord.). Direito administrativo e seus novos paradigmas. Belo Horizonte: Fórum, 2012. p. 31-63. p. 32.

[142] SCHIRATO, Vitor Rhein; PALMA, Juliana Bonacorsi. Consenso e legalidade: vinculação da atividade administrativa consensual ao direito. Revista Brasileira de Direito Público – RBDP, Belo Horizonte, v. 7, n. 27, out./dez. 2009. Disponível em: http://www.bidforum.com.br/bid/PDI0006.aspx?pdiCntd=64611. Acesso em: 23 jun. 2014.

[143] JUSTEN FILHO, Marçal. O direito administrativo de espetáculo. In: ARAGÃO, Alexandre Santos de; MARQUES NETO, Floriano de Azevedo (Coord.). Direito administrativo e seus novos paradigmas. Belo Horizonte: Fórum, 2012. p. 65-85. p. 66.

[144] MOREIRA NETO, Diogo de Figueiredo. O futuro das cláusulas exorbitantes nos contratos administrativos. In: ARAGÃO, Alexandre Santos de; MARQUES NETO, Floriano de Azevedo (Coord.). Direito administrativo e seus novos paradigmas. Belo Horizonte: Fórum, 2012. p. 571-592. p. 573.

Segundo o autor, a ideia de imperatividade deu causa a uma postura de supremacia no Direito Administrativo, que era extremamente difundida em um modelo de Estado hipertrofiado e hegemônico, em um período em que campeirava um rígido modelo de positivismo jurídico. Essa ideia teria influenciado a evolução da disciplina no Brasil.

Na atualidade, o autor identifica um processo de abertura do Direito Administrativo, que aponta para a construção de um conceito jurídico de interesse público como opção do legislador fundada e justificada no momento de aplicação da lei. Prega ser impróprio aceitar "a existência de um interesse público genérico, que possa ser imposto em abstrato pela Administração sobre os interesses individuais, enquanto a realidade do Direito conhece interesses públicos específicos que sejam legalmente definidos".[145]

Marçal Justen Filho, em contundente crítica ao que denominou "Estado do espetáculo", opõe-se à utilização dos instrumentos do Direito Administrativo para a satisfação de interesses políticos daqueles investidos de funções públicas. Essa desconstrução passaria pela superação de uma proposta de supremacia do interesse público que "somente é consagrada em Estados totalitários, que eliminam do ser humano a condição de sujeito de direito".[146] O autor propõe que a atividade administrativa no Estado Democrático de Direito – em um momento anterior a qualquer supremacia ou indisponibilidade do interesse público – se submete à supremacia e à indisponibilidade dos direitos fundamentais,[147] centrados na promoção da dignidade da pessoa humana.

Essa crítica relaciona-se diretamente com a posição de Luís Roberto Barroso, que, em análise sobre a constitucionalização do Direito, parte da essencial diferenciação entre interesses primário e secundário do Estado (o primeiro, referenciável como interesse da sociedade e o segundo, do Estado, enquanto pessoa jurídica de direito público) para defender que, no paradigma atual, não há supremacia abstrata dos interesses do Estado em face do particular: "se ambos entrarem em rota de colisão, caberá ao intérprete proceder à ponderação desses interesses, à vista dos elementos normativos e fáticos relevantes para o caso concreto".[148]

---

[145] MOREIRA NETO, Diogo de Figueiredo. *Op. cit.*, p. 575.
[146] JUSTEN FILHO, Marçal. O direito administrativo de espetáculo. In: ARAGÃO, Alexandre Santos de; MARQUES NETO, Floriano de Azevedo (Coord.). *Direito administrativo e seus novos paradigmas*. Belo Horizonte: Fórum, 2012. p. 65-85. p. 66.
[147] JUSTEN FILHO, Marçal. *Curso de direito administrativo*. 11. ed. São Paulo: RT, 2015. p. 144.
[148] BARROSO, Luís Roberto. A constitucionalização do direito e suas repercussões no âmbito administrativo. In: ARAGÃO, Alexandre Santos de; MARQUES NETO, Floriano de

O constitucionalismo provocou uma mudança na perspectiva da legalidade administrativa, uma vez que a mera existência de lei formal conferindo prerrogativas não basta para legitimar a sua atuação, sendo esta "válida, legítima e justificável quando condizente, muito além da simples legalidade, com o sistema de princípios e regras delineado na Constituição, de maneira geral, e com os direitos fundamentais, em particular".[149]

Também partindo dos efeitos contemporâneos do constitucionalismo no Direito Administrativo brasileiro, Daniel Sarmento ressalta a necessária ponderação nos casos de conflitos entre direitos fundamentais e atuação administrativa pautada no interesse público. Alerta que, em muitos casos, antes de considerar-se a ponderação, deve-se analisar a natureza do interesse público invocado para definir se há verdadeiro conflito. Ao considerar o valor intrínseco dos direitos fundamentais (cuja proteção e promoção considera que não prejudica, mas favorece o bem-estar geral), o autor arroga a dimensão objetiva desses direitos para apontá-los como alicerce jurídico da coletividade e apresenta um Estado cuja atuação não se limita à abstenção de ofensa, mas concretiza-se em ações efetivas para sua promoção. Em seu escólio identifica a convergência entre interesses públicos e direitos fundamentais, uma vez que "o interesse público, na verdade, é composto pelos interesses particulares dos componentes da sociedade, razão pela qual se torna em regra impossível dissociar interesses públicos de interesses individuais".[150]

Como explica Floriano de Azevedo Marques Neto[151] trata-se de uma proposta de abandono de um interesse público abstrato, base para a prática de atos administrativos "autistas", centrados em parâmetros *ex ante*, formais e internos ao próprio direito administrativo, em prol de uma visão prospectiva, aberta a influências de outros sistemas e

---

Azevedo (Coord.). *Direito administrativo e seus novos paradigmas*. Belo Horizonte: Fórum, 2012. p. 31-63. p. 49.

[149] BINENBOJM, Gustavo. O sentido da vinculação administrativa à juridicidade no direito brasileiro. *In:* ARAGÃO, Alexandre Santos de; MARQUES NETO, Floriano de Azevedo (Coord.). *Direito administrativo e seus novos paradigmas*. Belo Horizonte: Fórum, 2012. p. 145-204. p. 151.

[150] SARMENTO, Daniel. Supremacia do interesse público? As colisões entre direitos fundamentais e interesses da coletividade. *In:* ARAGÃO, Alexandre Santos de; MARQUES NETO, Floriano de Azevedo (Coord.). *Direito administrativo e seus novos paradigmas*. Belo Horizonte: Fórum, 2012. p. 97-143. p. 121.

[151] MARQUES NETO, Floriano de Azevedo. A superação do ato administrativo autista. *In:* MEDAUAR, Odete; SCHIRATO, Vitor Rhein (Coord.). *Os caminhos do ato administrativo*. São Paulo: RT, 2011. p. 91-113.

preocupada com a eficiência e a efetividade dos resultados almejados. Uma virada de paradigma centrada na processualidade deve compreender 1) a edição de atos mais permeáveis aos interesses dos administrados; 2) um olhar prospectivo, mediante a ponderação de impactos, a comparação de alternativas e a fundamentação das escolhas; e 3) uma unilateralidade reflexiva, que considera as posições conflitantes no momento da produção do ato.

A partir das críticas dirigidas aos contornos clássicos atribuídos ao interesse público, é possível defender o Estado Democrático de Direito como produto de um processo evolutivo que caminha para o abandono de instituições autoritárias – provenientes de uma estrutura de poder baseada na assimetria – em favor de um modelo aberto, informado pela primazia dos direitos fundamentais, no qual uma pretensa supremacia do interesse público abandona o caráter absoluto e somente é aceitável em um contexto de legitimação, permeável à consideração e à ponderação dos diversos interesses envolvidos.

Em que pese aos razoáveis argumentos expostos, absolutamente relevantes para compreender as inflexões provocadas pelo constitucionalismo nas relações entre Estado e cidadão e, nessa esteira, para entender as atuais relações entre interesse público e direitos fundamentais, não se pode coadunar o Direito brasileiro com uma proposta de desaparecimento completo do princípio da supremacia do interesse público.[152] Propõe-se uma visão contextual, delineada nas linhas que seguem.

1.3.2 Por uma visão contextual da supremacia do interesse público

Analisando as críticas à noção de supremacia do interesse público, Maria Sylvia Zanella Di Pietro empreende, em uma perspectiva histórico-evolutiva, uma volta às origens do princípio da supremacia do interesse público para estabelecer um paralelo com a ideia de bem comum. A autora parte das concepções de bem comum na Antiguidade Clássica (compreendido como critério para definição de uma forma boa de governo em Aristóteles) e na Idade Média (como o bem desejado pelo homem, enquanto ser social, a seu grupo, um verdadeiro elemento

---

[152] Como quer MONTEIRO, Vitor. Interesse público e consensualidade administrativa: o caso dos contratos de parcerias. *Revista Fórum de Contratação e Gestão Pública – RFGP*, Belo Horizonte, v. 12, n. 134, p. 70-80, fev. 2008.

de organização e unificação da sociedade) para analisar a alteração do paradigma no período do Estado contratualista, no qual a noção de bem comum foi afastada em favor de um Estado cuja visão de interesse comum seria a satisfação dos interesses particulares, em um modelo de liberdade e igualdade pressupostas entre homens. Esse paradigma individualista do Estado liberal somente foi abandonado com a ascensão do Estado Democrático de Direito, no bojo do qual "o interesse público perde o caráter utilitário adquirido no liberalismo e volta a revestir-se de aspectos axiológicos. A nova concepção revela preocupação com a dignidade do ser humano".[153]

Em seu escólio, "a defesa do interesse público corresponde ao próprio fim do Estado".[154] Afirma que sempre existiram e sempre existirão interesses públicos, que merecerão proteção independentemente de interesses individuais nas hipóteses consagradas pelo ordenamento, pois negar sua existência seria negar o próprio papel do Estado como garantidor do bem comum.

Na concepção de Augusto Durán Martinez, noções de interesse privado e interesse público são conceitos que por vezes tomam contornos difusos, mas que não se confundem nem se contradizem, uma vez que se relacionam com as diversas dimensões da experiência humana. Para o autor, essa unidade é contemplada por meio do interesse geral, que engloba os interesses público e privado, sendo

(...) de interesse geral a adequada satisfação do interesse privado e do interesse público, o que se alcança com a criação de uma situação de fato necessária para o desenvolvimento da pessoa humana. Dito de outra forma, é do interesse geral a configuração do bem comum.[155]

A sinergia entre interesses privados e públicos não escapa a Celso Antônio Bandeira de Mello, que define interesse público como "dimensão pública dos interesses individuais, ou seja, dos interesses de cada

---

[153] DI PIETRO, Maria Sylvia Zanella. O princípio da supremacia do interesse público – sobrevivência diante dos ideais do neoliberalismo. *In*: BACELLAR FILHO, Romeu Felipe; HACHEM, Daniel Wunder (Coord.). *Direito administrativo e interesse público*: estudos em homenagem ao professor Celso Antonio Bandeira de Mello. Belo Horizonte: Fórum, 2010. p. 203-219. p. 208.
[154] DI PIETRO, Maria Sylvia Zanella. *Op. cit.*, p. 214.
[155] Tradução livre. No original: "de interés general la adecuada satisfacción del interés privado y del interés público, lo que se logra con la creación de la situación de hecho necesaria para el desarrollo de la persona humana. Dicho en otras palabras, es de interés general la configuración del bien común" (DURÁN MARTINEZ, Augusto. *Neoconstitucionalismo y derecho administrativo*. Buenos Aires: La Ley, 2012. p. 213).

indivíduo enquanto partícipe da Sociedade (entificada juridicamente no Estado), nisso se abrigando também o depósito intertemporal destes mesmos interesses".[156]

Como alerta José dos Santos Carvalho Filho, apesar de considerar os interesses individuais na sua composição, o interesse público não se limita ao somatório dos interesses dos particulares que compõem o todo social, "mas traduz interesse próprio, coletivo, gerador de satisfação geral, e não individual, enfim, busca o bem comum".[157] Eventuais distinções entre interesses primários e secundários estariam a identificar uma corruptela, alheia à configuração do interesse público tomado como aquele cujos benefícios se revertem em favor da coletividade. Nesse contexto, se pode construir a ideia de supremacia do interesse público como base na lógica de que este – enquanto expressão do bem comum – deve preponderar sobre o privado quando estiverem em rota de colisão.

A diferença entre um interesse público de bases autoritárias e um interesse público democrático está em seu conteúdo. Portanto, no cerne, a questão da supremacia – e, por decorrência, da indisponibilidade – está na necessidade de motivação dos atos administrativos, que transcendem uma esfera argumentativa para englobar a necessidade de recurso a outros elementos de prova a embasar determinada decisão.[158]

A noção de interesse público no atual Estado Democrático de Direito transcende uma verticalidade em relação ao particular para assumir uma postura mais democrática. Como relata Irene Patrícia Nohara, "o ideário de uma Administração Pública que impõe seu interesse unilateralmente sem perquirir a vontade do destinatário dos atos administrativos já está sendo ultrapassado por uma práxis administrativa que busca a consensualidade".[159]

Na perspectiva da consensualidade, o Estado figura como "um mediador entre interesses setoriais enfrentados, e as soluções que

---

[156] LORENZETTI, Ricardo Luis. *Fundamentos do direito privado*. São Paulo: Revista dos Tribunais, 1998. p. 57.

[157] CARVALHO FILHO, José dos Santos. Interesse público: verdades e sofismas. In: DI PIETRO, Maria Sylvia Zanella; RIBEIRO, Carlos Vinicius Alves (Coord.). *Supremacia do interesse público e outros temas relevantes do direito administrativo*. São Paulo: Atlas, 2010. p. 67-84. p. 73.

[158] HACHEM, Daniel Wunder. *Princípio da supremacia do interesse público*. Belo Horizonte: Fórum, 2011. p. 357.

[159] NOHARA, Irene Patrícia. Reflexões críticas acerca da tentativa de desconstrução do sentido da supremacia do interesse público no direito administrativo. In: DI PIETRO, Maria Sylvia Zanella; RIBEIRO, Carlos Vinicius Alves (Coord.). *Supremacia do interesse Público e outros temas relevantes do direito administrativo*. São Paulo: Atlas, 2010. p. 120-132. p. 122.

dispõe, não são por império, mas por consenso, transacionais".[160] A moderna tendência do Direito Administrativo absorve a atuação participativa dos administrados, valorizando a cidadania e colocando os indivíduos na presença da Administração Pública "como colaboradores privilegiados na consecução do interesse público".[161]

Como defende Marcos Perez, a participação é princípio implícito na ordem constitucional brasileira, que está conectado com outros princípios – como o princípio do Estado de Direito, o princípio democrático e o princípio da eficiência administrativa – e tem natureza estruturante da atividade da Administração Pública. Alerta o autor que a adoção desse princípio representa um novo padrão de atuar, mas não significa a eliminação da coercitividade, da unilateralidade e da imperatividade das ações administrativas: "acontece que, agora, esses antigos instrumentos convivem com os novos, baseados na incitação, na persuasão, na transparência e na participação".[162]

A introdução do consenso figura como um dos fatores de evolução do Direito Administrativo, com a substituição dos mecanismos de imposição por "mecanismos que propiciem o acordo entre os sujeitos envolvidos na ação administrativa, tanto os governantes como os governados, sobre as bases da ordem a que estarão submetidos, respeitando-se os limites da legalidade".[163]

Tem-se, portanto, que a noção de interesse público, como ocorre com conceitos relativos à realidade social, sofreu alterações ao longo de sua evolução, com fortes inflexões do constitucionalismo e da ascensão dos direitos humanos, que a distanciaram de uma perspectiva autoritária e a conduziram para um modelo democrático de composição e equalização de interesses que, ao mesmo tempo, não perde a premência dos interesses da sociedade como um todo, mas o constrói pela ponderação entre os ditos "interesses públicos e particulares" envolvidos. Trata-se da utilização de instrumentos de consenso para definição do próprio conteúdo do interesse público.

Quando se fala em uma visão contextual da supremacia do interesse público, o foco é admitir a premência da dimensão coletiva –

---

[160] LORENZETTI, Ricardo Luis. *Op. cit.*, p. 225.
[161] TÁCITO, Caio. Direito administrativo participativo. *Revista de direito administrativo*, Rio de Janeiro, v. 209, p. 7-18, jul./set. 1997. p. 18.
[162] PEREZ, Marcos Augusto. *A Administração pública democrática*: institutos de participação popular na Administração Pública. Belo Horizonte: Fórum, 2009. p. 54.
[163] ALMEIDA, Fernando Dias Menezes de. Mecanismos de consenso no direito administrativo. *In*: ARAGÃO, Alexandre Santos de; MARQUES NETO, Floriano de Azevedo (Coord.). *Direito administrativo e seus novos paradigmas*. Belo Horizonte: Fórum, 2012. p. 335-349. p. 337.

todavia, em uma posição dissociada da autoridade do gestor. Trata-se de reconhecer a premência de um interesse público construído em colaboração, fruto do consenso.

A transação tributária, nesse contexto, pode atuar como mecanismo de participação do particular no processo de cobrança dos tributos. Tomados na perspectiva de um instrumento específico de política fiscal, que visa incentivar o adimplemento de débitos tributários em atraso. Os programas estruturados na forma de parcelamentos incentivados atuam como elemento de coordenação dos interesses da Administração, que busca recursos para fazer frente às despesas públicas, e dos administrados, que enxergam nas concessões oferecidas uma oportunidade de reconquistar sua condição de regularidade fiscal.

1.3.3 Transação tributária como mecanismo de colaboração

Pontes de Miranda já defendia que "a finalidade política do direito deve ser a realização da maior soma possível de utilidade para o corpo coletivo".[164] Nessa linha, o Direito, como instrumento de organização social, tem o objetivo de "proteger e assegurar a liberdade de agir do indivíduo, subordinando-a ao interesse coletivo; ele demarca as áreas de liberdade e do interesse coletivo, tendendo à determinação de um ponto de equilíbrio entre esses dois valores".[165]

O papel da atividade administrativa é realizar os fins a que se orienta o Estado Democrático de Direito, sendo o interesse público farol dessa atuação. Contemporaneamente essa tarefa passa a ser realizada mediante uma função ordenadora, na qual a identificação e a escolha dos interesses que serão promovidos passam pela atividade de comparação entre os que serão satisfeitos e os que serão sacrificados em prol de uma dimensão coletiva de bem comum.[166]

Como ensina Odete Medauar, em face da evolução de uma ideia de processualidade no Direito Administrativo, a tendência é a modificação de um entendimento sobre o sacrifício de um interesse

---

[164] PONTES DE MIRANDA, Francisco Cavalcanti. *Sistema de ciência positiva do direito*. Campinas: Bookseller, 2000. tomo 1. p. 267.
[165] GRAU, Eros Roberto. *O direito posto e o direito pressuposto*. 6. ed. São Paulo: Malheiros, 2005. p. 23.
[166] BATISTA JÚNIOR, Onofre Alves. O dever de boa Administração e a transação no direito tributário. *Revista Jurídica*, Procuradoria-Geral da Fazenda Estadual de Minas Gerais, Belo Horizonte, n. 44, p.48-55, out. 2001. p. 49.

em benefício de outro para a necessidade de ponderação dos interesses em confronto, na busca pela compatibilização e pela minimização dos sacrifícios envolvidos.[167] O sacrifício converte-se em *ultima ratio*, aplicável apenas aos casos-limite, sendo imprescindível a existência de fundamentação suficiente a justificá-lo.[168]

A atuação administrativa no Estado de direito material adquire a conotação objetiva de "proporcionar equilíbrio na zona de colisão dos bens, obrigações e interesses públicos (e privados) conflitantes".[169] É nesse sentido que Fernando Dias Menezes de Almeida[170] propõe a adoção de mecanismos de consenso e colaboração na Administração Pública, como veículos de solução consensual para a busca de um equilíbrio entre interesses em rota de colisão.

A transação tributária, como apresentada, representa um mecanismo de intervenção do Estado no sentido de promover a gestão de conflitos emergentes da resistência em relação a um crédito tributário unilateralmente imposto. Representa, assim, um veículo de coordenação de interesses, no qual o consenso é construído em função do objetivo de eliminar a controvérsia e promover a extinção do vínculo tributário pelo pagamento. Em um programa específico de transação tributária, o consenso, que conduzirá ao cumprimento do dever tributário, é induzido pelas vantagens associadas à adesão.

Como é da natureza da atividade administrativa, a realização da transação tributária está adstrita à legalidade como autorização para agir, que estabelece balizas legitimadoras da atuação do agente público na condução dos negócios do Estado. Nessa linha, considera-se que "a possibilidade de se celebrar transação está presa ao desiderato de melhor atender ao bem comum".[171]

Defende-se que a transação tributária é apta a promover um maior grau de participação da sociedade na gestão dos bens públicos. Essa visão opõe-se às vozes que pregam que "no universo do direito tributário não há lugar para a transação, motivo por que seria oportuno suprimi-la do contexto do Código Tributário Nacional",[172] para

---

[167] MEDAUAR, Odete. *O direito administrativo em evolução.* São Paulo: RT, 1992. p. 183.
[168] SCORSIM, Ericson Meister. O processo de evolução do Estado, da Administração pública e do direito administrativo. *Revista Interesse Público*, Porto Alegre, v. 9, n. 42, mar./abr. 2007. p. 138.
[169] BATISTA JÚNIOR, Onofre Alves. *Op. cit.*, p. 49.
[170] ALMEIDA, Fernando Dias Menezes de. *Op. cit.*, p. 346.
[171] BATISTA JÚNIOR, Onofre Alves. *Op. cit.*, p. 52.
[172] JARDIM, Eduardo Marcial Ferreira. *Manual de direito financeiro e tributário.* 8. ed. São Paulo: Saraiva, 2007. p. 80.

sustentá-la como uma nova forma de solução para as controvérsias tributárias, naturalmente guardando-se os cuidados necessários impostos não somente pela legalidade, mas pelo conjunto de princípios que orienta a Administração Pública. Compartilha-se da conclusão de Onofre Batista Junior:

> Não estamos advogando a possibilidade ampla da AP celebrar transações, muito menos dizendo que elas devam ser um procedimento corriqueiro. Isso nunca! Ao contrário, entendemos que muitos cuidados e muitos procedimentos devem ser instituídos para garantir a isenção, imparcialidade e a moralidade na transação, o que nem sempre é tarefa fácil. Entretanto, não podemos também desprezar a validade e a utilidade do instrumento e, exatamente para bem batizá-lo e alinhavá-lo, é que entendemos que seu estudo deve ser aprofundado, porém, sem os costumeiros preconceitos.[173]

Trata-se de aceitar a superação de um paradigma tradicional de Administração Pública solipista em prol da realização de novas exigências sociais, que buscam a concretização de uma ideia de justiça social constitucionalmente parametrizada por meio de políticas eficazes que incorporam a participação dos cidadãos nos centros de poder.[174]

Essa nova proposta condiz com a forma como é defendida a Administração do Estado de direito material (social). Uma administração consensual que não impõe seus interesses em uma perspectiva unilateral. Claro que essa proposta somente será obtida mediante o respeito aos limites já expostos.

A defesa da utilização da transação em Direito Tributário se embasa na posição propositiva que é esperada do jurista, que "não deve conformar-se em estreitos padrões dogmáticos, deixando-se envolver por certa leniência intelectual, fechando seus olhos às realidades tributárias que têm no acordo de vontades seu principal atributo".[175]

Por fim, entabula-se que a implementação da transação no Direito Tributário não representa uma necessária ofensa aos princípios da supremacia e indisponibilidade do interesse público. Trata-se, apenas, de um canal de participação, por meio do qual é aberta ao particular

---

[173] BATISTA JÚNIOR, Onofre Alves. Op. cit., p. 55.
[174] RIBAS, Lídia Maria. Processo administrativo tributário. 3. ed. São Paulo: Malheiros, 2008. p. 25.
[175] MUZZI FILHO, Carlos Victor. A vontade do contribuinte no direito tributário: existem 'contratos fiscais'? Revista Jurídica, Procuradoria-Geral da Fazenda Estadual de Minas Gerais, Belo Horizonte, n. 48/50, p.11-323, out. 2003. p. 32.

a possibilidade de aderir a um programa e extinguir um conflito que impede o cumprimento de obrigações tributárias, em condição de coordenação com a Administração Pública. O resultado da transação – eliminação de controvérsias – consubstancia-se em expressão consensual de interesse público.

O caminho até aqui percorrido visitou aspectos da origem da transação, os pontos de aproximação e distanciamento de suas manifestações no Direito Civil e Tributário, para posicioná-la como canal de diálogo entre Administração e administrado.

O corte metodológico empreendido impunha a observação, a descrição e o enfrentamento de diferentes manifestações do instituto, notadamente como regra geral de solução de conflitos e como disposição específica atinente a um conjunto de créditos determinado, com o objetivo de contextualizar uma análise de sua utilização como instrumento de política fiscal.

No capítulo subsequente, aborda-se o conceito de política fiscal e o modo como políticas públicas podem ser implementadas com instrumentos afeitos à atividade tributária e financeira do Estado, com o objetivo de enfrentar a utilização e a implementação de programas específicos de transação tributária com eficácia indutora.

CAPÍTULO 2

PLANEJAMENTO E POLÍTICA FISCAL: TRANSAÇÃO COMO ESCOLHA DELIBERADA SUJEITA A AVALIAÇÃO

O dever de planejamento, como condicionante da conduta do gestor no momento da elaboração e da implementação de programas de transação tributária manejados no interior da política fiscal, é o tema deste capítulo.

A proposta cravada no título deste trabalho enfoca a transação tributária como *ferramenta* de política fiscal. Trata-se de olhar para esse instituto como instrumento para a busca de objetivos que transcendem os da própria tributação.

A proposta circunscreve, pois, a análise da utilização pontual da transação, por meio de programas específicos, em sua faceta mais comumente retratada nos diversos programas de refinanciamento de débitos tributários instituídos nas diferentes esferas federativas.

Muito diferente – e alheia ao escopo do trabalho – seria a análise de uma supostamente possível regra geral de transação que, como demonstrado no capítulo anterior,[176] não atuaria sobre uma obrigação já constituída e acabaria por converter-se em estágio conciliatório do processo administrativo tributário.

Dentro dos limites propostos, a transação tributária é tomada como uma escolha estatal. Trata-se de uma opção deliberada de política fiscal que visa atingir determinados objetivos.

---

[176] Conforme argumentação plasmada no item 1.2.3.

Pretende-se demonstrar que o ordenamento jurídico brasileiro condiciona essa escolha, em um primeiro momento, pelo dever de planejar. O planejamento definirá os objetivos e os fins a serem atingidos com determinada medida.

Em um segundo estágio, será enfrentada a disciplina dos gastos tributários no ordenamento brasileiro como aspecto orçamentário fundamental no planejamento de programas de transação tributária. Nesse ponto, busca-se, no cálculo prévio dos gastos tributários, um parâmetro para a avaliação e o controle de tais políticas conduzidas via sistema tributário.

2.1 Política fiscal e planejamento

Política fiscal e planejamento são duas perspectivas complementares. Conforme será construído nas linhas que se seguem, a política fiscal é uma das formas de atuação do Estado com vistas a atingir determinados objetivos socioeconômicos. Trata-se da organização de meios – dentre eles, a tributação – para o atendimento de fins.

A atuação por meio da política fiscal, nessa toada, representa uma escolha, um objetivo a ser atingido pelo Estado, que se utilizará dos meios disponíveis para realizá-lo.

O planejamento, enquanto processo que explicita as razões da escolha de determinados meios para o atendimento de fins específicos, é a linha mestra para a atuação do Estado na política fiscal.

2.1.1 Conceito de política fiscal

A transação tributária pode ser utilizada como instrumento para a obtenção de determinados objetivos. Em um primeiro momento, a utilização desse instrumento representa uma escolha do Estado, realizada com vistas à obtenção de resultados.

Identifica-se uma política – no sentido que os povos de língua inglesa dão à palavra *"policy"*, que não se deve confundir com a *"politics"*, política partidária – quando determinada atuação estatal "quer alcançar racionalmente determinados fins sociais, lançando mão de meios supostamente idôneos".[177] Por esse caminho, política fiscal é aquela que se utiliza de instrumentos financeiros, como a gestão dos

---

[177] BALEEIRO, Aliomar. *Cinco aulas de finanças e política fiscal*. Salvador: Universidade da Bahia, 1959. p. 16.

gastos e a disciplina dos ingressos públicos, para promover a modificação em certos aspectos da vida social.

Em uma perspectiva mais abrangente, tem-se a política econômica como "estudo das formas e efeitos da intervenção do Estado na vida econômica visando atingir determinados fins".[178] A política fiscal é um dos meios utilizados pela política econômica, ao lado de outros instrumentos de natureza monetária e creditícia, cambiais, de controle direto, ou mesmo de modalidades diretas de adaptação institucional, que implicam atuação direta do Estado.[179]

Na perspectiva econômica, política financeira e política fiscal são expressões sinônimas. A expressão "política fiscal" foi consagrada com a obra de John Maynard Keynes, que, entre outros, exortava a utilização de instrumentos tributários e financeiros para a conservação do equilíbrio econômico.[180]

Na fase pré-keynesiana, o tratamento da política fiscal na doutrina econômica era meramente acidental. Todavia, com a difusão das ideias do autor sobre esse novo papel do Estado com relação ao sistema econômico, consagrou-se a "utilização do instrumental fiscal como um mecanismo de ação corretiva ou compensatória".[181]

Nos Estados Unidos da América, foi na década de 1930 que novos conceitos de política fiscal surgiram, enfatizando a relação entre o orçamento federal e o desempenho da economia. Naquele momento se compreendeu o impacto da tributação e dos gastos públicos no estímulo ou na contenção da demanda no setor privado.[182] Com o reconhecimento desses efeitos, aceitou-se a "possibilidade de realização de ajustes deliberados nas receitas e nos gastos com o objetivo de obter maior estabilidade econômica".[183]

José Roberto Rodrigues Afonso aponta que, muito embora a expressão "política fiscal" apareça apenas seis vezes no livro *Teoria geral do emprego, do juro e da moeda*, de Keynes, a referida obra apresenta uma

---

[178] BERCOVICI, Gilberto. Política econômica e direito econômico. *Revista Fórum de Direito Financeiro e Econômico (RFDFE)*, Belo Horizonte, v. 1, n. 1, mar./ago. 2012.

[179] NUSDEO, Fábio. *Da política econômica ao direito econômico*. 1977. 197 p. Tese (Livre-Docência em Direito) – Faculdade de Direito, Universidade de São Paulo, São Paulo, 1977. p. 89.

[180] BALEEIRO, Aliomar. *Op. cit.*, p. 19.

[181] SILVA, Gerson Augusto da. *A política tributária como instrumento de desenvolvimento*. 2. ed. Brasília: ESAF, 2009. p. 88.

[182] PECHMAN, Joseph A. *Federal Tax Policy*. 5th ed. Washington (US): The Brookings Institution, 1987. p. 8.

[183] Tradução livre. No original: "(...) has come the realization of the possibility of making deliberate adjustments in revenues and expenditures for the purpose of obtaining greater economic stability". DUE, John F. *Government Finance, an Economic Analysis*. 3rd. ed. Homewood (US): Richard D. Irwin, 1963. p. 508.

reflexão sobre o papel do Estado na economia, tanto em momentos de crise quanto na manutenção da estabilidade. Nesse contexto, a política fiscal é retratada como um arsenal posto à disposição do Estado.[184]

Na perspectiva da economia, são geralmente aceitas como principal objetivo da política fiscal a obtenção e a manutenção da estabilidade econômica, o que significa a manutenção de uma taxa estável de crescimento econômico, sem que com isso sejam identificadas taxas substanciais de desemprego e aumento de preços. Tal estabilidade requer um aumento na demanda agregada e na capacidade produtiva.[185]

Ao final, pode-se definir política fiscal, em sentido amplo, como "instrumento de que dispõe o Governo para modificar as estruturas econômicas, como para corrigir os desequilíbrios econômico-financeiros de seu orçamento" e, em sentido estrito, como "medidas fiscais levadas a efeito pelo Governo no sentido de restabelecer não só o equilíbrio da economia, mas sobretudo também a elevação do nível de emprego".[186]

A política fiscal representa uma forma de atuação do Estado em relação ao processo econômico. Eros Roberto Grau descreve a *atuação estatal* no domínio econômico como fenômeno atrelado a uma ideia de atividade econômica em sentido amplo, que engloba tanto o campo dos serviços públicos quanto o domínio da atividade econômica em sentido estrito.[187]

Em relação ao campo específico das atividades econômicas em sentido estrito, o autor adota o vocábulo *"intervenção"*, diferenciando a *intervenção no* domínio econômico – no qual o Estado desenvolve ação como agente econômico, assumindo integralmente os meios de produção e atuando em regime de monopólio (absorção) ou assumindo parcela dos meios de produção e atuando em concorrência com os particulares (participação) – do fenômeno da *intervenção sobre* o domínio econômico, hipótese na qual o Estado atua como regulador do processo econômico, exercendo pressão por meio de mecanismos compulsórios (direção) ou incentivando comportamentos em "consonância e na conformidade das leis que regem o funcionamento dos mercados"[188] (indução).

---

[184] AFONSO, José Roberto Rodrigues. *Keynes, crise e política fiscal*. São Paulo: Saraiva, 2012. p. 13.
[185] DUE, John F. *Op. cit.*, p. 513.
[186] SAMPAIO, Egas Rosa. *Instituições de ciência das finanças*: uma abordagem econômico-financeira. Rio de Janeiro: Forense, 1991. p. 220.
[187] GRAU, Eros Roberto. *A ordem econômica na constituição de 1988*. 8. ed. São Paulo: Malheiros, 2003.p. 93.
[188] GRAU, Eros Roberto. *Op. cit.*, p. 127.

A atuação do Estado na política fiscal tem natureza indireta. Por meio de estímulos e desestímulos, o Estado busca influir sobre o comportamento do mercado, "introduzindo distorções no sistema de preços com vistas a condicionar as decisões dos particulares".[189] Por essa toada, as medidas de política fiscal identificam-se com hipóteses de intervenção sobre o domínio econômico na modalidade de indução.

Na perspectiva econômica, os ingressos e os gastos públicos exercem, inevitavelmente, influência na economia. Assim, os objetivos da política fiscal, buscados por meio de medidas restritivas ou expansionistas, podem ser obtidos tanto por meio dos gastos quanto pelo lado da tributação.

As técnicas de incentivo econômico são tomadas como as mais comuns e eficazes para o estímulo da atividade privada.[190] Trata-se de modalidade de fomento, na qualidade de ação governamental que visa proteger ou promover atividades dos particulares que atendem a necessidades públicas ou de interesse geral, sem a utilização de coação direta ou da criação de serviços públicos.[191]

Um dos instrumentos-chave para a operacionalização dessas medidas é a política fiscal, referente aos ingressos e aos gastos públicos.[192]

A política fiscal é formada pelos *"ajustes deliberados"* realizados com vistas a promover maior estabilidade econômica.[193] Para fins deste trabalho, abordaremos os ajustes de política fiscal realizados pelo viés tributário.[194]

A intervenção econômica via tributação pode ser classificada como hipótese de intervenção sobre o domínio econômico, que se utiliza da norma tributária para incentivar ou desincentivar comportamentos. Luís Eduardo Schoueri denomina de "norma tributária indutora"

---

[189] NUSDEO, Fábio. *Da política econômica ao direito econômico.* 1977. 197 p. Tese (Livre-Docência em Direito) – Faculdade de Direito, Universidade de São Paulo, São Paulo, 1977. p. 89.

[190] ORTEGA, Ricardo Rivero. *Derecho administrativo económico.* 5. ed. Madri: Marcial Pons, 2009. p. 177.

[191] JORDANA DE POZAS, Luis. Ensayo de una teoría del fomento en el derecho administrativo. *Revista de Estudios Políticos*, n. 48, p. 44-54, 1949. p. 46.

[192] ARIÑO ORTIZ, Gaspar. *Principios de derecho público económico.* Granada: Editorial Comares, 1999.p. 290.

[193] KAUFMANN, Mateo. *El equilibrio del presupuesto.* Madrid: Editorial de Derecho Financiero, 1964. p. 41.

[194] Corte metodológico também empreendido por Aliomar Baleeiro, que, no contexto do Direito, se utiliza da expressão "política fiscal" para designar a atuação do Estado via sistema tributário e política financeira como gênero das medidas interventivas estatais no domínio econômico (BALEEIRO, Aliomar. *Uma introdução à ciência das finanças.* 15. ed. Rio de Janeiro: Forense, 1998. p. 29).

aquela para a qual "o legislador vincula a determinado comportamento um consequente, que poderá consistir em vantagem (estímulo) ou agravamento de natureza tributária".[195]

No campo das receitas, podem-se identificar como elemento de fomento positivo as "medidas de desoneração tributária que geram a redução ou o diferimento de custos de produção, tais como isenção, redução de alíquotas, diferimento ou parcelamento de pagamento de tributos".[196]

A política fiscal envolve uma série de reflexões sobre escolhas, algumas convertidas em regras tributárias com vistas a obter resultados econômicos específicos. Entretanto, a sua implementação por meio da tributação é conduzida no quadro de uma ordem jurídica. A atuação do Estado, nesse contexto, deve considerar não só o resultado que se deseja alcançar, mas o regramento específico aplicável.[197]

As normas tributárias indutoras são a forma de exteriorização de uma escolha de política fiscal. Neste trabalho, a opção pela análise da transação como instrumento de política fiscal visa abordar o conjunto de regras jurídicas que condiciona essa escolha e o controle dos comportamentos desviantes. O foco não está na norma tributária e em seus destinatários, mas na conduta do gestor que escolhe essa modalidade de intervenção.

A política fiscal, pelo viés dos tributos, trata tanto da distribuição da carga tributária quanto dos efeitos do tributo no processo econômico.[198] Na primeira hipótese, o sistema tributário é analisado em sua conformação formal – que está relacionada com a distribuição da carga tributária e a natureza de suas relações com a distribuição social – e estrutural – que se refere à forma de composição do sistema e às características peculiares de cada tributo –, com vistas a promover uma análise ampla de seus impactos na atividade econômica.[199]

---

[195] SCHOUERI, Luis Eduardo. *Normas tributárias indutoras e intervenção econômica*. Rio de Janeiro: Forense, 2005. p. 30.

[196] MARQUES NETO, Floriano de Azevedo. Fomento. *In*: DI PIETRO, Maria Sylvia Zanella (Coord). *Tratado de direito administrativo*. São Paulo: Revista dos Tribunais, 2015. v. 4. p. 31-224. p. 445.

[197] BOUUAERT, Claeys. Reflexões sobre as bases de uma política fiscal. *In*: TAVOLARO, Agostinho Toffoli; MARTINS, Ives Gandra da Silva. *Princípios tributários no direito brasileiro e comparado*: estudos em homenagem a Gilberto de Ulhôa Canto. Rio de Janeiro: Forense, 1988. p. 371-392. p. 382.

[198] SILVA, Gerson Augusto da. *A política tributária como instrumento de desenvolvimento*. 2. ed. Brasília: ESAF, 2009. p. 97.

[199] Como exemplo de atuação nessa perspectiva estrutural, José Roberto Afonso aponta que Keynes defendia a utilização de impostos progressivos com vistas a fomentar a propensão

Sem prejuízo desse recorte, o sistema tributário também pode ser visto como parâmetro instrumental para atuação dos agentes econômicos e, nessa condição, converte-se em um "instrumento nas mãos do Estado, utilizável para influir no ritmo e direção que se deseja imprimir no processo econômico".[200] A utilização do instrumental tributário para o estímulo de determinado setor também pode estimular a demanda, com vistas a promover resultados anticíclicos no enfrentamento das crises.[201]

Podem ser tomadas como ações de política fiscal tanto medidas abrangentes, que promovem reformas no sistema tributário a fim de estimular a atividade econômica, como medidas pontuais destinadas a atingir objetivos específicos. A utilização da transação tributária como medida de estímulo para influir na decisão do agente econômico sobre a conveniência de pagar tributos em atraso[202] estaria inserida nessa última modalidade.

A política fiscal é forma de atuação do Estado na economia informada pela ciência das finanças, disciplina autônoma na economia caracterizada em função de seu sujeito (Estado), seu procedimento (emprego de meios heterogêneos, que apreendem uma riqueza produzida no campo privado) e seu objetivo de coordenar meios para o atingimento dos fins.[203] Muito embora a escolha dos fins a serem atingidos pelo Estado esteja na sua origem, a ciência das finanças parte da assunção acrítica deles para estabelecer quais meios são economicamente mais idôneos a sua perseguição.[204]

---

ao consumo e, como consequência, a demanda na economia (AFONSO, José Roberto Rodrigues. *Keynes, crise e política fiscal*. São Paulo: Saraiva, 2012. p. 64).

[200] SILVA, Gerson Augusto da. *Op. cit.*, p. 98.

[201] Como exemplo de medida pontual e anticíclica, Matheus Carneiro Assunção menciona a redução das alíquotas de imposto sobre produtos industrializados (IPI) e imposto sobre operações financeiras (IOF) implementados no Brasil com vistas a combater os efeitos da crise de 2008 (ASSUNÇÃO, Matheus Carneiro. Incentivos fiscais em tempos de crise: impactos econômicos e reflexos financeiros. *Revista da PGFN*, v. 1, n. 1, p. 99-121, 2011. p.113).

[202] SANTI, Eurico Marcos Diniz de. Transação e arbitragem no direito tributário: paranoia ou mistificação? *In*: SARAIVA FILHO, Oswaldo Othon de Pontes; GUIMARÃES, Vasco Branco (Org.). *Transação e arbitragem no âmbito tributário*: homenagem ao jurista Carlos Mário da Silva Velloso. Belo Horizonte: Fórum, 2008. p. 167-190. p. 609.

[203] Francesco NITTI denuncia que, como em todas as ciências sociais, a ciência das finanças é notadamente difícil de explicar, não só em decorrência da complexidade dos fenômenos, mas também em razão das relações de mútua dependência que existem entre eles (NITTI, Francesco *Principles de science des finances*. Paris: V. Giard et E. Briere, 1904. p. 3).

[204] STEFANI, Giorgio. *Corso di finanza pubblica*. 2. ed. Padova: CEDAM, 1972. p. 8.

A ciência das finanças é uma atividade pré-normativa, que não pertence ao mundo do Direito, mas que fornece elementos para a estrutura da política financeira do Estado, com caráter informativo,[205] [206] ou seja, "municia os agentes públicos para que possam decidir sobre temas os mais variados, inclusive de política fiscal".[207] A política fiscal, por sua vez, tem como característica fundamental sua natureza finalística, sendo definida em função dos objetivos econômicos e políticos a que serve.[208]

O sistema tributário é um aspecto da política fiscal que pode ser utilizado tanto com o objetivo de arrecadar receitas quanto com o objetivo de regular determinadas atividades sociais ou possibilitar a intervenção estatal. Na primeira hipótese, estar-se-ia diante de uma finalidade fiscal e, na segunda, de finalidades extrafiscais, nas quais o Estado leva em conta os efeitos de suas medidas, com vistas a dirigi-los "conscientemente para determinados objetivos que reputa convenientes à coletividade".[209]

Em contraposição à ciência das finanças, que é neutra e se encontra lastreada em considerações econômicas, dispondo "sobre o que deve ser e comporta uma técnica ou arte de como fazer, saber como fazer (*know-how*)",[210] a política fiscal pode ser vista como uma teoria aplicada, assentada sobre uma realidade concreta, que estabelece balizas para sua atuação. Para o autor, "o planejador da política fiscal não tem mãos livres para fazer tudo quanto quer", estando adstrito às balizas estabelecidas pelo "juridicamente possível".[211]

---

[205] Na lição de Aliomar Baleeiro, a "ciência das finanças, entendida como disciplina ontológica, não aprova nem desaprova, não é moral, nem imoral, mas amoral. Diz o que é e porque é" (BALEEIRO, Aliomar. *Uma introdução à ciência das finanças*. 15. ed. Rio de Janeiro: Forense, 1998. p. 29).

[206] No mesmo sentido, Ezio Vanoni esclarece que, apesar de a escolha dos instrumentos a serem utilizados na formulação de determinada política fiscal pertencer ao plano da política, cabe à ciência das finanças fornecer elementos técnicos para a formulação de normas que conduzirão à ação. São os elementos técnicos fornecidos pela ciência das finanças, nessa perspectiva, integrantes do planejamento nas políticas públicas conduzidas no contexto da política fiscal (VANONI, Ezio. *Scritti di finanza pubblica e di politica economica*. Padova: CEDAM, 1976. p. 106).

[207] OLIVEIRA, Regis Fernandes de; HORVATH, Estevão. *Manual de direito financeiro*. 2. ed. São Paulo: Revista dos Tribunais, 1997. p. 19.

[208] SILVA, Gerson Augusto da. *A política tributária como instrumento de desenvolvimento*. 2. ed. Brasília: ESAF, 2009. p. 88.

[209] BALEEIRO, Aliomar. *Cinco aulas de finanças e política fiscal*. Salvador: Universidade da Bahia, 1959. p. 17.

[210] BALEEIRO, Aliomar. *Uma introdução à ciência das finanças*. 15. ed. Rio de Janeiro: Forense, 1998. p. 29.

[211] BALEEIRO, Aliomar. *Cinco aulas de finanças e política fiscal*. Salvador: Universidade da Bahia, 1959. p. 22.

A política fiscal é instrumental. Sua racionalidade aponta para uma eficácia operacional, posto que esta serve à realização de um grande número de objetivos econômicos. A determinação prévia dos objetivos que se pretende atingir com determinada política é "um dado prévio e indispensável para a correta definição de uma dada política fiscal".[212]

Na presente proposta, a transação tributária, tomada como instrumento de atuação específica e pontual do Estado, com vistas a solucionar conflitos derivados do não pagamento de tributos, figura como ferramenta de política fiscal, na medida em que é conduzida dentro do sistema tributário e afeta a conduta dos agentes econômicos.

A elaboração e a implementação de programas de transação tributária, enquanto instrumentos de política fiscal, justificam-se nos objetivos que pretendem ser atingidos. Nessa toada, o planejamento dessas medidas converte-se em dado prévio e indispensável para sua estruturação.

Como se pretende demonstrar a seguir, o planejamento é um dever do gestor na elaboração de medidas de política fiscal, atrelado à necessária motivação derivada de sua atuação no domínio econômico.

2.1.2 Planejamento: aspecto fundamental da política fiscal

O manejo de instrumentos tributários como elementos de política fiscal representa um dos "métodos de ingerência" do Estado na busca de seus objetivos.[213] Trata-se de espécie de intervenção sobre o domínio econômico na qual o Estado utiliza-se de normas indutoras para seduzir o destinatário a aderir ao comportamento sugerido.[214]

A Constituição da República Federativa do Brasil (CRFB) dedicou o título VII à ordem econômico-financeira nacional. No capítulo I, estabeleceu princípios e regras atinentes à atividade econômica.

O delineamento expresso ou implícito de uma ordem constitucional econômica é fenômeno identificado nas constituições posteriores à de Weimar,[215] momento em que elas passaram a consagrar a

---

[212] SILVA, Gerson Augusto. Política fiscal e planejamento. In: SILVA, Gerson Augusto. Estudos de política fiscal. Brasília: ESAF, 1983. p. 57-65. p. 59.
[213] MÉLEGA, Luiz. O poder de tributar e o poder de regular. Revista Direito Tributário Atual, São Paulo, v. 7/8, p. 1771-1813, 1987/1988. p. 1774.
[214] GRAU, Eros Roberto. A ordem econômica na constituição de 1988. 8. ed. São Paulo: Malheiros, 2003. p. 129.
[215] A Constituição de Weimar representa a ascensão do Estado Social e a superação do liberalismo.

"manutenção das instituições próprias da economia de mercado, mas autorizando a atuação do Estado sobre aquelas, com vistas a lhe balizar o desempenho".[216]

Ao estabelecer as bases do sistema econômico, a CRFB define os campos de liberdade dos agentes econômicos – que corresponde ao espaço de exercício da livre-iniciativa – e de atuação estatal – consubstanciado no dever de regulação, prestação de serviço público e exercício do poder de polícia e nas formas de interpenetração e colaboração entre Estado e mercado (fomento de atividades de interesse público) – na realização dos fins estabelecidos pela ordem constitucional econômica.

O Estado de Direito, na atualidade, adota a perspectiva do desenvolvimento e do bem-estar – em um movimento de superação da justiça formal, típica do garantismo de aspirações individuais de liberdade, fundadas na dualidade entre Estado e indivíduo pregada pelo liberalismo –, no sentido de promover condições para a realização da igualdade material entre seus indivíduos. Não se trata de negar as proposições formais de direitos e garantias individuais no campo de atuação do Estado na economia, mas de outorgar-lhes um conteúdo socioeconômico.[217]

Para Paulo Bonavides, o mundo moderno promoveu a preponderância da ideia social no constitucionalismo contemporâneo como "uma necessidade",[218] o que não significa que esse princípio não reconheça a importância de garantir os direitos da personalidade.

A ideia de Estado social está fortemente presente na CRFB, em especial refletida nos objetivos da República presentes em seu artigo 3º. A construção de uma sociedade livre, justa e solidária, a erradicação da pobreza, a redução das desigualdades regionais, a promoção do bem-estar geral em uma perspectiva inclusivista são todos elementos de justiça material que reconhecem no Estado um veículo transformador da realidade. Quanto à promoção do desenvolvimento econômico, tem-se que, ao incluí-lo no rol de deveres do Estado, o constituinte reconhece neste um valor que transcende os benefícios individuais de determinada classe dominante, servindo de alicerce para o atingimento dos demais objetivos constitucionais.

---

[216] NUSDEO, Fábio. A ordem econômica constitucional: algumas reflexões. In: NUSDEO, Fábio (Coord.). O direito econômico na atualidade. São Paulo: RT, 2015. p. 33.

[217] CARVALHOSA, Modesto. Ordem econômica na constituição de 1969. São Paulo: RT, 1972. p. 65.

[218] BONAVIDES, Paulo. Do Estado liberal ao Estado social. 11. ed. São Paulo: Malheiros, 2011. p. 203.

Na ordem econômica da CRFB, identifica-se – como diretriz geral – que a atuação do Estado se legitima nas finalidades gerais que pretende desenvolver.[219] Seus dispositivos visam regular o poder de intervir equilibrando-o com os valores inerentes aos direitos da personalidade, nesse campo fortemente atrelados à livre-iniciativa. Portanto, as divisões entre os espaços do público e do privado (Estado e indivíduo) não são estanques; elas se conformam em uma relação dialética, na medida dos fins estabelecidos, em linhas genéricas, para a ordem econômica.

A ordem econômica constitucional brasileira foi construída a partir de uma ideia de constitucionalismo dirigente, ou seja, está assentada na promoção de objetivos externos ao próprio sistema econômico. Na visão de Gilberto Bercovici, classificar a constituição brasileira como "dirigente" significa reconhecer que os fins estabelecidos valem tanto para o Estado quanto para a sociedade.[220] Trata-se, pois, de um compromisso firmado em torno de determinados valores enumerados como princípios da ordem econômica.

Quer-se ressaltar que a possibilidade de desenvolver políticas fiscais, intervindo no domínio econômico, é característica típica das ideias sociais aplicadas ao Estado e incorporadas por um movimento de constitucionalismo dirigente na CRFB. Analisar esse modelo com vistas a entender a lógica e o papel do planejamento na intervenção do Estado no domínio econômico é compreender, ao fim e ao cabo, a necessária complementaridade das relações entre Estado e indivíduos.

A compreensão do papel do planejamento, no quadro constitucional brasileiro, é de fundamental importância para a análise da utilização da transação tributária como elemento de política fiscal.

2.1.2.1 Planejamento na constituição econômica

A Constituição econômica faz referência ao planejamento no artigo 174 da CRFB: "como agente normativo e regulador da atividade econômica, o Estado exercerá, na forma da lei, as funções de fiscalização, incentivo e planejamento, sendo este determinante para o setor público e indicativo para o setor privado".

Essa disposição reconhece no Estado as funções de fiscalização, incentivo e planejamento da atividade econômica como derivadas de

---

[219] COMPARATO, Fabio Konder. Ordem econômica na constituição de 1988. *Revista de Direito Público*, São Paulo, v. 23, n. 93, p. 263-276, jan./mar. 1990. p. 264.

[220] BERCOVICI, Gilberto. A Constituição Federal e o papel do Estado no domínio econômico. *Revista da Academia Brasileira de Direito Constitucional*, Curitiba, v. 2, p. 117-129, 2002. p. 127.

seu papel de agente normativo e regulador. Como ensina Eros Grau, função implica um poder-dever, ou seja, a atuação do Estado no domínio econômico não se limita à fiscalização e ao incentivo, ela passa também pelo dever de planejar.[221]

A atuação do Estado no domínio econômico tem por fim corrigir falhas de mercado (externalidades negativas),[222] prevenindo efeitos futuros perniciosos em nome de objetivos sociais, e opera com vistas a "ajustar os comportamentos econômicos, visando assegurar operacionalidade, de forma harmoniosa e engrenada"[223] com os objetivos da ordem econômica.

Ao reconhecer a função de agente planejador, a CRFB ressalta a necessidade de *coerência e coordenação* na formulação de políticas implementadas no domínico econômico, buscando a correção de falhas de mercado em nome de fins que podem inclusive transcender o interesse dos agentes econômicos.

Nessa linha, o planejamento é modo de atuação do Estado no domínio econômico. Como ressalta Fernando Facury Scaff, o Estado, atuando enquanto agente normativo no domínio econômico, intervém editando normas diretivas e indutivas que buscam influir – direta ou indiretamente – no comportamento dos agentes econômicos de capital. Nesse contexto, o planejamento impõe que essas normas integrem um conjunto coerente e sistematizado.[224]

O planejamento não é modalidade de intervenção, mas elemento que qualifica a ação intervencionista, que passa a se processar de maneira sistemática. Recorre-se a Eros Roberto Grau para afirmar que, "tendo em vista fins pretendidos, o planejamento – enquanto forma de ação racional sob a qual se dinamiza o intervencionismo – está também vocacionado à preservação da instituição mercado".[225]

Nos termos do artigo 174, o planejamento tem caráter vinculante para o Estado e indicativo para o setor privado. Nessa linha, não é ele (planejamento) espécie de atuação, mas forma de agir condicionante

---

[221] GRAU, Eros Roberto. *A ordem econômica na constituição de 1988*. 8. ed. São Paulo: Malheiros, 2003. p. 262.

[222] STIGLITZ, Joseph. Regulation and Failures. *In*: MOSS, David; CISTERNINO, John (Ed.). *New Perspectives on Regulation*. Cambridge: The Tobim Project, 2009. p. 11-23. p. 22.

[223] CAGGIANO, Monica Herman Salem. Controle de mercado por via de tabelamento. *Revista de Direito Público*, v. 25, n. 100, p. 40-44, out./dez. 1991. p. 43.

[224] SCAFF, Fernando Facury. *Responsabilidade do Estado intervencionista*. São Paulo: Saraiva, 1990. p. 51.

[225] GRAU, Eros. *Planejamento econômico e regra jurídica*. 1977. 262 p. Tese (Livre-Docência em Direito) – Faculdade de Direito, Universidade de São Paulo, São Paulo, 1977. p. 25.

dos instrumentos colocados à disposição do Estado. Pensar de maneira diferente importaria atribuir algum caráter vinculante das diretrizes estabelecidas pelo planejamento ao setor privado, em uma perspectiva incompatível com a preservação da livre-iniciativa.[226]

A CRFB reconhece a livre-iniciativa como alicerce da ordem econômica (art. 170, *caput*, da CRFB), assim como reconhece o dever do Estado de intervir para assegurar a todos existência digna. Ao contrário do que pregam alguns autores, a CRFB não estabeleceu uma "ordem econômica *da* livre iniciativa",[227] em uma perspectiva de preponderância do direito de propriedade. Na ordem constitucional – no artigo 1º, inciso IV, e no *caput* do artigo 170 –, postam-se lado a lado livre-iniciativa e valor social do trabalho, o "que permite reconhecer e reforçar a árdua tarefa de equilibrar os elementos opostos da relação capitalista (capital e trabalho)".[228]

Reconhecer a livre-iniciativa – bem como a liberdade de exercício da atividade econômica (art. 170, parágrafo único, da CRFB) – significa garantir ao máximo a liberdade de escolha dos agentes econômicos, como sublinha Luis Eduardo Schoueri.[229] Assim, qualquer restrição à livre-iniciativa derivada do poder estatal de intervir deve ser fundamentada. O planejamento, enquanto diretriz aplicada à intervenção, é condicionante para essa fundamentação.[230]

A partir da análise do artigo 173 da CRFB, pode-se construir a ideia de que a atuação do Estado no domínio econômico seria excepcional, na medida em que a regra constitucionalmente pressuposta é a atuação dos agentes econômicos no regime da livre-iniciativa.

Calcados nessa ideia de excepcionalidade, alguns autores erigem um princípio constitucional da subsidiariedade como limite à possibilidade de atuação do Estado no domínio econômico. Para Floriano de

---

[226] BARROSO, Luís Roberto. A ordem econômica constitucional e os limites à atuação estatal no controle de preços. *Revista de Direito Administrativo*, FGV, Rio de Janeiro, n. 226, p. 187-2012, out./dez. 2001. p. 205.

[227] MACHADO, Hugo de Brito. Ordem econômica e tributação. *In:* FERRAZ, Roberto (Coord.). *Princípios e limites da tributação 2*: os princípios da ordem econômica e a tributação. São Paulo: Quartier Latin, 2009. p. 375-396. p. 376. Grifo nosso.

[228] ANDRADE, José Maria Arruda de. *Economização do direito concorrencial*. São Paulo: Quartier Latin, 2014. p. 170.

[229] SCHOUERI, Luis Eduardo. *Normas tributárias indutoras e intervenção econômica*. Rio de Janeiro: Forense, 2005. p. 54.

[230] Na lição de José Renato Nalini, "o planejamento não é mera técnica, de que o administrador pode ou não se servir. É processo juridicamente imposto, convertido pela Constituição em tema jurídico, cujas normas são hoje técnico-jurídicas" (NALINI, José Renato. *Constituição e Estado democrático*. São Paulo: FTD, 1997. p. 212).

Azevedo Marques Neto, a "ação estatal só será justificável na medida em que os organismos autônomos sejam incapazes de atender às necessidades sociais".[231] Trata-se de uma perspectiva de Estado médio,[232] capaz de manejar intervenções estritamente necessárias e adequadas com vistas ao atendimento de seus fins públicos, sem que com isso ocupe espaços passíveis de atendimento pela iniciativa privada.

Defendendo tese divergente, Cláudio Pereira de Souza Neto e José Vicente Santos de Mendonça expõem que essa construção do princípio da subsidiariedade – como limite da atuação estatal – deriva de uma interpretação hiperexpansiva do princípio da livre-iniciativa, calcada em uma ideologia neoliberal, e que, por limitar a capacidade de implementação de políticas típicas de ideologias intervencionistas, não se compagina com o princípio republicano, diretriz que estabelece a imparcialidade política como elemento essencial para a construção de qualquer interpretação constitucionalmente legítima.[233]

A interpretação extremada do princípio da livre-iniciativa, identificada pelos autores supracitados como origem dos contornos do dito "princípio da subsidiariedade", pretenderia impor uma lógica liberal como a única alternativa possível. A essa construção poder-se-ia contrapor a necessidade de imparcialidade política – imposta pelo princípio republicano – como elemento de refutação de uma interpretação totalizante e excludente de outros modelos possíveis de atuação estatal na ordem econômica baseados no poder de intervir do Estado.

Identifica-se nessa subsidiariedade da atuação estatal – restritiva por reduzir as potencialidades de atuação do Estado e, portanto, excludente de proposições políticas possíveis – um viés de

---

[231] MARQUES NETO, Floriano de Azevedo. Limites à abrangência e à intensidade da intervenção estatal. *Revista Eletrônica de Direito Administrativo Econômico (REDAE)*, Instituto Brasileiro de Direito Público, Salvador, n. 4, nov. 2005/jan. 2006. Disponível em: http://www.direitodoEstado.com.br/redae.asp. Acesso em: 13 jan. 2015.

[232] CARVALHO FILHO, José dos Santos. Estado mínimo x Estado máximo: o dilema. *Revista Eletrônica sobre a Reforma do Estado (RERE)*, Instituto Brasileiro de Direito Público, Salvador, n. 12, dez. 2007/fev. 2008. Disponível em: http://www.direitodoEstado.com.br/rere.asp. Acesso em: 12 mar. 2015.

[233] SOUZA NETO, Cláudio Pereira de; MENDONÇA, José Vicente Santos de. Fundamentalização e fundamentalismo na interpretação do princípio constitucional da livre iniciativa. In: SOUZA NETO, Cláudio Pereira de; SARMENTO, Daniel. *A constitucionalização do direito*: fundamentos teóricos e aplicações específicas. Rio de Janeiro: Lumen Juris, 2007. p. 709-741.

constitucionalismo liberal,²³⁴ ²³⁵ que não passa no teste republicano, posto que uma Constituição abrangente, democrática e plural é aberta a todas as posições jurídicas que não contrariem sua estrutura básica. O risco de aceitar essa perspectiva restritiva do princípio da subsidiariedade reside na possibilidade de questionamento de políticas públicas interventivas em áreas nas quais determinadas necessidades públicas, potencialmente, pudessem ser supridas integral ou parcialmente pelo mercado. Aceitar essa possibilidade é outorgar ao mercado o poder de decidir se deve ou não fornecer determinada utilidade, excluindo o potencial do Estado como agente capaz de introduzir mudanças por meio da distorção da eficiência dos mercados, como ensina Joseph Stiglitz.²³⁶

Adotar o princípio da subsidiariedade como limite à atuação do Estado é restringir sua possibilidade de intervenção a uma lógica microeconômica – como explicam Gilberto Bercovici e Alessandro Octaviani – incapaz de modificar as estruturas do próprio sistema econômico. Essa lógica, no escólio dos autores, deriva de uma ideologia neoliberal e ignora a capacidade do Estado, em uma perspectiva macroeconômica, de "definir objetivos comuns e coordenar os comportamentos individuais em função desses objetivos, portanto, de um ente capaz de dar eficácia sistêmica a demandas coletivamente organizadas".²³⁷

Por esse caminho, pode-se construir uma perspectiva compatível apenas com alguns recortes do chamado "princípio da subsidiariedade", que o colocam como decorrência da excepcionalidade da atuação

---

[234] Esse fenômeno, desde há muito denunciado por Gilberto Bercovici e Luís Fernando Massonetto, representa a Constituição Dirigente Invertida, na qual a interpretação e a implementação de alguns de seus dispositivos é direcionada ao atendimento dos interesses de uma parcela do capital, aleijando a capacidade do Estado, por meio de políticas públicas, de atingir seus objetivos de caráter programático (BERCOVICI, Gilberto; MASSONETTO, Luís Fernando. A Constituição Dirigente Invertida: a blindagem da constituição financeira e a agonia da constituição econômica. *Boletim de Ciências Econômicas*, Coimbra, n. 49, p. 4-24, 2006.).

[235] No mesmo sentido, André Ramos Tavares critica uma teoria liberal dos direitos fundamentais, na qual a discussão em torno da constituição econômica foi preterida por uma "centralidade nos direitos fundamentais de cunho liberal, impondo limites e instituições que só fazem sentido dentro desses limites estritos, desse espaço de controle e domínio liberal do Direito" (TAVARES, André Ramos. *Direito econômico diretivo*: percursos e propostas transformativas. 2014. 440 p. Tese (Titularidade em Direito) – Faculdade de Direito, Universidade de São Paulo, São Paulo, 2014. p. 89).

[236] STIGLITZ, Joseph. Regulation and Failures. *In*: MOSS, David; CISTERNINO, John (Ed.). *New Perspectives on Regulation*. Cambridge: The Tobim Project, 2009. p. 11-23. p. 22.

[237] BERCOVICI, Gilberto; OCTAVIANI, Alessandro. Direito e subdesenvolvimento. *In*: OCTAVIANI, Alessandro. *Estudos, pareceres e votos de direito econômico*. São Paulo: Singular, 2014. p. 69.

estatal,[238] o que impõe ao Estado o dever de motivar a atuação no domínio econômico. Nessa perspectiva, o Estado mantém sua capacidade de formular políticas fiscais interventivas, mas, em face da dialética constitucional entre o poder de intervir e a garantia da livre-iniciativa, sua compatibilização com a ordem econômica residirá nos fins a serem atingidos por essas políticas.

A superação desse paradigma neoliberal tem o objetivo de suplantar uma visão que restringe a atuação do Estado como mero corretor de falhas de mercado e vetor de eficiência econômica, para colocá-lo como formulador de planos de ação e implementador de políticas públicas. Trata-se da construção de um direito caracterizado por metas substantivas, dotado de uma racionalidade procedimental, facilitadora e descentralizada.[239]

Nesse contexto, a elaboração de programas de transação tributária, como medidas de política fiscal, deve ser devidamente planejada e motivada, sob pena de incompatibilidade com a ordem constitucional econômica.

A função planejadora do Estado no domínio econômico funciona como elemento de transparência dessa atuação, revelando os motivos que levaram à formulação de determinada política, associando fins a objetivos concretos. O ônus de justificação – derivado do caráter excepcional da atuação do Estado no domínio econômico (art. 173 da CRFB) – impõe, por meio do dever de planejar, que sejam revelados os meios que serão utilizados para o atingimento dos fins pretendidos.

Outro aspecto do planejamento – que pode ser depreendido do contexto da atividade de intervenção do Estado no domínio econômico – é a vinculação desse agir a uma racionalidade. Como explica Geraldo Camargo Vidigal, para o atendimento dos fins complexos previstos em constituições como a brasileira, que adotam o desenvolvimento e o bem-estar como linhas diretivas, "impõe-se a permanente definição e redefinição de fins menores, fins de prazo curto, fins instrumentais, subordinados aos fins essenciais".[240] Associar meios à realização de determinados fins no campo da intervenção no domínio econômico, por meio do planejamento, significa adotar uma atuação racional como diretriz para o agir estatal.

---

[238] TORRES, Silvia Faber. *O princípio da subsidiariedade no direito público contemporâneo*. Rio de Janeiro: Renovar, 2001. p. 154.

[239] COUTINHO, Diogo R. O direito nas políticas públicas. In: MARQUES, Eduardo; FARIA, Carlos Aurélio Pimenta de (Org.). *A política pública como campo multidisciplinar*. São Paulo: Unesp, 2013. p. 181-200. p. 186.

[240] VIDIGAL, Geraldo Camargo. *Teoria geral do direito econômico*. São Paulo: RT, 1977. p. 28.

A partir do caminho trilhado até agora, defende-se que a atuação do Estado no domínio econômico, decorrência do papel do Estado no constitucionalismo dirigente, em face de sua excepcionalidade, está adstrita a um ônus de justificação, que visa compatibilizar a atuação com uma perspectiva de planejamento, outorgando racionalidade ao agir.

Na perspectiva da política fiscal, Gerson Augusto da Silva já apontava a necessidade de explicitar os objetivos e as metas que se pretende atingir com a utilização da estrutura tributária como instrumento de ação do Estado no processo econômico.[241]

Somente diante de diretrizes claras sobre o que se quer atingir seria possível caminhar na direção de um modelo institucional que possibilita a avaliação dinâmica dos resultados e a proposição de ajustes para potencializar os resultados de determinada medida.

Defende-se que a transação tributária, quando utilizada para o atingimento de finalidades indutoras, converte-se em elemento de política fiscal destinada à produção de efeitos sobre o domínio econômico. Nessa condição, deve ser precedida de planejamento, como elemento integrante da necessária motivação que justifica a atuação estatal.

Esse dever de motivar imposto à atuação estatal se converte em uma regra constitucional, cujo objeto é garantir a publicidade e a segurança jurídica por meio da transparência dos meios e dos fins pretendidos, o que induz previsibilidade sobre o modo de atuação do Estado para os agentes econômicos.

Essa regra, como decorrência da imposição de racionalidade ao agir estatal, induz também à realização do princípio da eficiência administrativa, ao impor, por meio do planejamento, a adoção dos meios mais adequados à realização das finalidades pretendidas.

Passa-se à análise das características desse comando constitucional e do seu papel na motivação da intervenção e, por consequência, no fornecimento de elementos para o controle das medidas.

2.1.2.2 Planejamento como regra constitucional

O artigo 174 da CRFB faz referência ao exercício, pelo Estado, da "função de planejamento". A partir desse dispositivo, em uma primeira aproximação, questiona-se se esse dever de planejar sua atuação no domínio econômico deriva de uma regra ou de um princípio.

---
[241] SILVA, Gerson Augusto. Política fiscal e planejamento. *In:* SILVA, Gerson Augusto. *Estudos de política fiscal.* Brasília: ESAF, 1983. p. 57-65. p. 80.

Humberto Ávila define princípios como normas de caráter finalístico, com conteúdo deontológico, que visam imediatamente promover um Estado ideal de coisas (fins) e vinculam a adoção das condutas necessárias para a promoção dos fins pretendidos. Os princípios jurídicos impõem um dever de justificação que importa na correlação necessária entre os efeitos da adoção de determinada conduta e os fins que o ordenamento visa promover.[242]

Regras, por sua vez, estabelecem, como dever imediato, a adoção de uma conduta especificamente descrita, buscando a manutenção de fidelidade a uma finalidade subjacente e aos princípios superiores do ordenamento jurídico. A justificação para a aplicação de uma norma deriva de um juízo de correspondência entre o fato identificado e o conceito presente na norma.[243]

A função de planejamento a ser exercida pelo Estado vincula a legalidade das atuações específicas à existência de planejamento. Ao determinar que o planejamento deve ser apenas indicativo em relação ao setor privado, a CRFB veda qualquer tipo de intervenção totalizante no campo da livre-iniciativa.

O agir planejado pretendido pela norma do artigo 174 não significa planificação imperativa da economia, nos moldes do sistema socialista. A CRFB faz referência a um planejamento indicativo, no qual remanesce no setor privado a decisão econômica sobre adesão ou não aos objetivos traçados no plano.[244]

Nessa perspectiva, o planejamento não tem o objetivo imediato de promover um Estado ideal de coisas. Não é ele um fim. A atuação planejada possibilita aos agentes privados uma perspectiva de previsibilidade sobre os fins do Estado e os meios que serão implementados na sua busca.

Sobre esse escólio, defende-se que o dever de planejar não decorre de um princípio constitucional, mas de *regra* que vincula a atuação estatal. A vinculação do agir do Estado ao planejamento, para além de justificar-se nos benefícios deste, visa ao atendimento de outros fins estabelecidos pela ordem jurídica.

O planejamento, como regra constitucional, dispõe sobre o exercício de uma competência,[245] que converte em obrigatório o agir planejado,

---

[242] ÁVILA, Humberto. *Teoria dos princípios*. 12. ed. São Paulo: Malheiros, 2011. p. 78.
[243] ÁVILA, Humberto. *Op. cit.*, p. 78.
[244] GRAU, Eros. *Planejamento econômico e regra jurídica*. 1977. 262 p. Tese (Livre-Docência em Direito) – Faculdade de Direito, Universidade de São Paulo, São Paulo, 1977. p. 29.
[245] ÁVILA, Humberto. *Op. cit.*, p. 81.

sendo vinculantes ao setor público as disposições do plano de ação do Estado. Seu cumprimento (dever imediato) é meio para a realização dos objetivos pretendidos. O agir planejado não se justifica em si mesmo, mas como veículo para o atendimento da finalidade almejada.

Na perspectiva do dever de motivação imposto ao Estado na formulação de programas que representem impacto no domínio econômico, impõe-se ressaltar que essa atuação deve ser necessariamente transparente, em contraste com a opacidade da atuação dos agentes do poder econômico.[246]

Essa transparência visa difundir uma ideia clara sobre os objetivos e as formas por meio das quais o Estado atuará no domínio econômico. Por esse caminho, a regra constitucional do planejamento também pode ser tomada como instrumento que colabora para a realização da transparência, enquanto fim colimado na ordem constitucional brasileira pelo princípio da publicidade (art. 37, *caput*, da CRFB).

O ganho de transparência gerado pode ser traduzido como elemento para a garantia da segurança jurídica em seu viés de previsibilidade da atuação estatal. Como ressalta Geraldo Ataliba, a adoção de instituições republicanas no quadro constitucional torna a atuação estatal absolutamente incompatível com a surpresa e "postula absoluta e completa previsibilidade da ação estatal pelos cidadãos e administrados".[247] Pode-se defender que o planejamento, como a regra, justifica-se também na realização desse fim que lhe é externo, qual seja, na difusão de uma previsibilidade em tributo ao princípio da segurança jurídica.

A previsibilidade está atrelada ao dever do Estado de não agir de modo a surpreender a sociedade. Nesse recorte, a segurança jurídica, vista em seu sentido formal, visa evitar a arbitrariedade. Todavia, com explica Humberto Ávila, a definição de segurança jurídica, no sentido material, circunscreve também aceitabilidade das decisões que levaram à atuação, de modo que o agir estatal seja recebido, pelos destinatários da decisão, como racional pelos seus próprios fundamentos.[248]

O planejamento é método de ação estatal que correlaciona meios para a realização de determinados fins e, enquanto tal, evita atuações aleatórias e *ad hoc*. Justifica-se, nessa medida, como veículo de racionalidade

---

[246] FARJAT, Gérard. *Pour un droit économique*. Paris: Presses Universitaires de France, 2004. p. 26.
[247] ATALIBA, Geraldo. *República e constituição*. 3. ed., São Paulo: Malheiros, 2011. p. 169.
[248] ÁVILA, Humberto. *Teoria da segurança jurídica*. 3. ed. São Paulo: Malheiros, 2015. p. 358.

no agir do Estado,[249] que difunde consistência e aceitabilidade às decisões que lastreiam sua atuação.

A unidade da constituição confere fins para a atuação estatal, e o Estado contemporâneo encontra legitimidade na capacidade de realizá-los.[250] Como ressalta Alexandre Aragão, o princípio da eficiência impõe a adoção de meio de atuação que visa à "eficiente e menos onerosa possível realização dos objetivos constitucionais que estivem em jogo".[251] Por essa toada, a concretização do planejamento, enquanto regra constitucional, obriga o Estado a planejar seu agir – ou seja, vincula a busca e a justificação dos meios escolhidos como mais adequados para potencializar os resultados na realização dos fins pretendidos – e legitima-se também no ganho de eficiência gerado pela ação planejada.

No que tange à sua *eficácia*,[252] trata-se de uma regra cuja *eficácia interna direta* está ligada a uma decisão que determina que o Estado deve agir de maneira planejada, excluindo, *a priori*, a livre ponderação entre o planejar ou não.

Na perspectiva do agente, a disposição do artigo 174 da CRFB retira qualquer possibilidade de ponderar sobre a necessidade ou não de planejar sua ação. Trata-se de uma norma que condiciona à competência, convertendo em obrigatório o agir planejado.

Esse viés é importante, pois permite a identificação da ilicitude de condutas casuísticas, quer pela inexistência de planejamento, quer pela incoerência dos meios colimados para a obtenção dos fins proclamados ou ainda pela incoerência entre os objetivos de determinada política de planejamento estratégico estatal para determinado setor.

Identifica-se ainda, como *eficácia externa indireta*,[253] a função definidora exercida pela regra do planejamento, na medida em que, ao torná-lo elemento obrigatório da atuação estatal, o constituinte escolheu o modo de concretização de outros princípios, como o da eficiência, o da publicidade e o da segurança jurídica.

Por outros torneios, o planejamento foi o método escolhido pelo constituinte para potencializar os resultados de seu agir (racionalidade/eficiência), promover a transparência (publicidade) de sua atuação

---

[249] GRAU, Eros. *Op. cit.*, p. 27.
[250] COMPARATO, Fábio Konder. Juízo de constitucionalidade das políticas públicas. *In*: MELLO, Celso Antônio Bandeira de (Ed.). *Estudos em homenagem a Geraldo Ataliba*. São Paulo: Malheiros, 1997. v. 2. p. 343-359. p. 350.
[251] ARAGÃO, Alexandre Santos de. O princípio da eficiência. *Revista de Direito Administrativo*, Rio de Janeiro, n. 237, p. 1-6, jul./set. 2004. p. 3.
[252] ÁVILA, Humberto. *Teoria dos princípios*. 12. ed. São Paulo: Malheiros, 2011. p. 81.
[253] ÁVILA, Humberto. *Teoria dos princípios*. 12. ed. São Paulo: Malheiros, 2011. p. 81.

e com isso difundir a previsibilidade (segurança jurídica) sobre sua atuação para os agentes privados, concretizando, assim, finalidades que lhe são externas, como a promoção dos princípios da eficiência, da publicidade e da segurança jurídica.

Nesse ponto, impõe-se uma digressão sobre o *âmbito de aplicabilidade* da regra constitucional do planejamento.

Toma-se por premissa que a regra de planejamento estatal remete à necessária coordenação dos meios para o atendimento dos fins pretendidos. Embora topograficamente localizada no capítulo destinado à intervenção estatal no domínio econômico, a regra constitucional do planejamento não se restringe às relações entre Estado e mercado.

A Constituição econômica em si é veículo para a realização dos objetivos estatais. Sua virtude, como ressalta Heleno Taveira Torres, "está no seu alcance integral da Constituição material, ao conferir normalidade, estabilidade, previsibilidade e segurança nas relações jurídicas em toda a extensão da economia".[254]

O agir planejado deve ser tomado não como característica exclusiva da intervenção do Estado no domínio econômico, mas como uma regra aplicável a toda a sua atuação, dado que em todos os domínios a Constituição estabelece fins a serem perseguidos pelo Estado, objetivos esses que igualmente devem ser atingidos de maneira racional (transparente, eficiente, previsível, etc.).

Para o Estado, planejamento pode ser tomado como meio de assegurar previsibilidade e aceitabilidade para as suas decisões políticas, configurando-se ainda como elemento de transparência para as políticas públicas, ao conferir ao setor privado informações suficientes para que este possa organizar seus negócios.[255]

Propõe-se a adoção de uma interpretação interconstitucional, na forma descrita por Heleno Taveira Torres, como método integrativo que toma como base a unidade constitucional para promover a conexão e a integração entre as regras e os princípios integrantes de seus diferentes domínios (constituição econômica, financeira, tributária, social, etc.).[256]

Compreender o planejamento é elemento de integração que permite que a elaboração da política fiscal seja realizada "em função

---

[254] TORRES, Heleno Taveira. *Teoria da constituição financeira*. 2014. 864 p. Tese (Titularidade em Direito) – Faculdade de Direito, Universidade de São Paulo, São Paulo, 2014. p. 183.

[255] TORRES, Heleno Taveira. *Op. cit.*, p. 221.

[256] TORRES, Heleno Taveira. Constituição financeira e o federalismo financeiro cooperativo equilibrado brasileiro. *Revista Fórum de Direito Financeiro e Econômico – RFDFE*, Belo Horizonte, v. 3, n. 5, p. 25-54, mar./ago. 2014. p. 27.

de um conjunto de objetivos gerais, que serão de ordem orçamentária, econômica e social".[257] Nessa condição, figura como elemento indispensável de integração e coerência entre os sistemas constitucionais. Como explica Fábio Nusdeo,[258] o Direito Econômico é fruto do rompimento com uma racionalidade formal individualista, própria do liberalismo, em prol de uma racionalidade material, focada no finalismo e na teleologia das normas. Com base nessa ideia, defende o autor que se trata de técnica que atravessa todos os ramos da árvore jurídica. A transversalidade do Direito Econômico o consolida como sustentáculo ideológico da atuação estatal. Reconhecer que a CRFB impõe o planejamento das medidas de intervenção estatal no domínio econômico, muito mais que posicionar essa necessidade como decorrência do dever de motivação da atuação nesse domínio, é aceitar que toda e qualquer ação estatal deve ser planejada.

O chamado "direito do planejamento" tem a dupla função de definir os fins a serem atingidos com determinada atuação e os meios que serão empregados nessa busca.[259] Nesse desiderato, ele transcende o campo do Direito Econômico para reger toda a atuação estatal, dado que publicidade (transparência) e eficiência (racionalidade entre meios e fins), enquanto fins pretendidos, são imperativos comuns a toda atuação administrativa na forma do artigo 37 da CRFB. Pelo mesmo caminho, o ganho de previsibilidade e aceitabilidade de uma atuação planejada contribui para a promoção da segurança jurídica, sobreprincípio[260] da ordem constitucional brasileira regente de todos os domínios da ciência jurídica.

Assumir o dever de planejamento como vetor de realização dos princípios da eficiência (racionalidade na escolha de meios e fins), da publicidade (como dever de transparência) e da segurança jurídica (enquanto previsibilidade e aceitabilidade) é absolutamente coerente com uma construção do direito fundamental à boa Administração, que, na visão de Juarez de Freitas, implica o "dever de observar, nas relações

---

[257] BOUUAERT, Claeys. Reflexões sobre as bases de uma política fiscal. In: TAVOLARO, Agostinho Toffoli; MARTINS, Ives Gandra da Silva. *Princípios tributários no direito brasileiro e comparado*: estudos em homenagem a Gilberto de Ulhôa Canto. Rio de Janeiro: Forense, 1988. p. 371-392. p. 372.

[258] NUSDEO, Fábio. Modesto Carvalhosa e o direito econômico: um resgate necessário. *Revista de Direito Mercantil Industrial, Econômico e Financeiro*, São Paulo, v. 51, n. 161/162, p. 9-46, jan./ago. 2012. p. 13.

[259] VIDIGAL, Geraldo Camargo. *Teoria geral do direito econômico*. São Paulo: RT, 1977. p. 28.

[260] CARVALHO, Paulo de Barros. *Direito tributário*: linguagem e método. 2. ed. São Paulo: Noeses, 2008. p. 265.

administrativas, a cogência da totalidade de princípios constitucionais e correspondentes prioridades".[261]

A efetividade na concretização desse verdadeiro feixe de princípios que orienta a atuação do Estado-Administração está diretamente associada à possibilidade de combater eventuais arbitrariedades perpetradas, seja por ação, seja por omissão.[262]

Considerar a realização do planejamento como comportamento obrigatório, quer por força da regra constitucional supradescrita, quer por inflexão direta do próprio direito fundamental à boa Administração, significa poder imputar consequências jurídicas aos agentes que se omitirem na realização desse dever.

Ao posicionar o dever de planejamento como decorrente de regra constitucional, quer-se demonstrar que o agir do administrador, ao formular medidas de política fiscal, é absolutamente vinculado à elaboração de estudos prévios, com vistas a estabelecer objetivos e metas a serem atingidos.

Quer-se fixar que a regra constitucional do planejamento condiciona a escolha do gestor público no momento da elaboração de uma medida de política fiscal, implementada por meio do sistema tributário, vinculando um dever derivado dessa opção. Essa norma converte em ilícitas a elaboração e a implementação não planejadas de programas.

O regime atribuído aos gastos tributários indiretos, tanto pela Constituição (art. 165, §6º) quanto pela Lei de Responsabilidade Fiscal (LRF) (art. 14), evidencia o planejamento como elemento indispensável na elaboração de medidas de política fiscal. Esse conjunto de regras refere-se ao dimensionamento do custo, aspecto necessário do planejamento da atuação no âmbito da política fiscal. Todavia, esse critério é insuficiente.

Para possibilitar o controle, é necessária a fixação de metas e objetivos a serem atingidos com determinado programa, bem como de indicadores de acompanhamento de resultados,[263] de forma a viabilizar que o programa seja submetido ao escrutínio dos órgãos de controle

---

[261] FREITAS, Juarez. *Direito fundamental à boa Administração*. 3. ed. São Paulo: Malheiros, 2014. p. 21.

[262] FREITAS, Juarez. *O controle dos atos administrativos e os princípios fundamentais*. 4. ed. São Paulo: Malheiros, 2009. p. 362.

[263] RIBAS, Lídia Maria; SILVA, Hendrick Pinheiro. Reflexões sobre a importância do estabelecimento de limites orçamentários e indicadores de monitoramento na gestão de políticas públicas no Brasil. In: SILVA, Suzana Tavares da; RIBEIRO, Maria de Fátima. *Trajectórias de sustentabilidade, tributação e investimento*. Coimbra: Instituto Jurídico da Faculdade de Direito de Coimbra, 2013. p. 387-405. p. 398.

interno, externo e social, em diferentes momentos, que vão da elaboração até a avaliação de seus resultados.

2.2 Gastos tributários: impactos orçamentários de programas de transação tributária

O planejamento é aspecto essencial da atuação do Estado no domínio econômico. A formulação de medidas que visam interferir no comportamento dos indivíduos por meio da política fiscal, portanto, deve ser necessariamente planejada com vistas à realização dos princípios da publicidade (transparência), da eficiência (racionalidade) e da segurança jurídica (previsibilidade e aceitabilidade).

O aspecto orçamentário é essencial ao planejamento da atuação estatal. A CRFB estabelece alguns fins a serem atingidos pela ordem econômica e atribui meios ao Estado para promover sua busca. O planejamento estatal e o orçamento metabolizam meios para o atingimento de fins.[264]

Nas palavras sempre precisas de Estevão Horvath "o orçamento moderno, sob qualquer de suas feições, constitui-se no plano de governo juridicizado".[265] Assim, a análise dos impactos orçamentários de determinada medida é essencial à construção de uma perspectiva efetiva do planejamento.

A CRFB instituiu um sistema orçamentário moderno, que abre a possibilidade para ampla implantação de um "sistema integrado de planejamento do orçamento-programa".[266] O processo de elaboração do orçamento anual passa a ser uma etapa do planejamento do desenvolvimento econômico-social, devendo ser compatibilizado com as diretrizes, os objetivos e as metas da Administração Pública estabelecidos no plano plurianual.

A integração entre o orçamento público e o planejamento garante a coordenação entre os programas de gastos públicos e as políticas fiscal (forma de intervenção indireta) e econômica (consideradas as

---

[264] OCTAVIANI, Alessandro. Notas sobre direito e planejamento econômico no capitalismo moderno. In: HORVATH, Estevão; CONTI, José Mauricio; SCAFF, Fernando Facury. *Direito financeiro, econômico e tributário*: estudos em homenagem a Regis Fernandes de Oliveira. São Paulo: Quartier Latin, 2014. p. 41-47. p. 44.

[265] HORVATH, Estevão. Orçamento público e planejamento. In: MELLO, Celso Antônio Bandeira de (Org.). *Estudos em homenagem a Geraldo Ataliba*: direito tributário. São Paulo: Malheiros, 1997. p. 119-134. p. 131.

[266] SILVA, José Afonso da. *Curso de direito constitucional positivo*. 36. ed. São Paulo: Malheiros, 2013. p. 743.

modalidades de intervenção direta), configurando a concepção de orçamento-programa em um paradigma de integração.

No que tange ao possível impacto orçamentário de programas conduzidos no interior da política fiscal, a Constituição financeira brasileira encampou a teoria dos gastos tributários (renúncia de receitas), o que atribui ao gestor público o ônus de apurar os custos indiretos da atuação do Estado por meio dos instrumentos tributários.

A considerar que, como regra, as concessões do Estado para levar a termo a transação tributária consistem em abrir mão de parcelas do débito, por meio de anistias e remissões, outorga de condições de parcelamento especial ou mesmo prazo mais favorável de pagamento,[267] reputa-se que a disciplina dos gastos tributários é aspecto fundamental no planejamento das políticas de transação tributária.

Implementadas como elementos de transação tributária, as contrapartidas estatais na forma de renúncias fiscais podem representar custos públicos; gastos a serem realizados na busca do atendimento de metas e objetivos. Daí a relevância da utilização do regime jurídico dos gastos tributários como instrumento de avaliação e controle dos programas de transação enquanto instrumentos de política fiscal.

2.2.1 Origem e noção de gastos tributários

A expressão *"tax expenditure"* surge no final da década de 1960, cunhada por Stanley Surrey, que atuava como secretário-assistente do tesouro americano. O primeiro *tax expenditure budget* americano foi publicado em 1969 e tinha por objetivo medir o custo das perdas de receita com benefícios concedidos no contexto da tributação sobre a renda. Em 1974 o Congresso Americano tornou obrigatória a elaboração de uma lista anual das *tax expenditures*, tomadas como exceções a uma tributação "normal".[268]

A realização de estudos estimando o impacto das *tax expenditures*, locução que pode ser traduzida para o português como "gastos tributários",[269] é prática adotada internacionalmente.

---

[267] OLIVEIRA, Philippe Toledo Pires de. *A transação em matéria tributária*. São Paulo: Quartier Latin, 2015. p. 141.

[268] BROWN, Colin. Tax expenditures in Australia. *In*: BRIXI, Hana Polackova; VALENDUC, Christian N. A.; SWIFT, Zhicheng Li (Ed.). *Tax Expenditures*: Shedding Light on Government Spending through the Tax System. Washington (US): The World Bank, 2004. p. 45-61. p. 45.

[269] VILLELA, Luiz Arruda. *Gastos tributários e justiça fiscal*: o caso do IRPF no Brasil. 1981. 97 p. Dissertação (Mestrado em Economia) – Departamento de Economia, Pontifícia Universidade Católica do Rio de Janeiro, Rio de Janeiro, 1981. p. 1.

A Austrália²⁷⁰ e a Bélgica²⁷¹ publicam estudos sobre gastos tributários desde a década de 1980. A China, em sua ampla reforma fiscal de 1994, adotou o modelo dos gastos tributários como forma de racionalizar e melhorar seus programas de incentivo fiscal.²⁷²

No Brasil, a disciplina dos gastos tributários foi abraçada pela CFRB de 1988, que introduziu a necessidade de controle dos benefícios fiscais por meio de uma estimativa de seu custo (art. 165, §6º, da CRFB). O primeiro estudo sobre gastos tributários no ordenamento jurídico brasileiro foi elaborado pela Receita Federal do Brasil no ano de 1989.²⁷³

O surgimento e o aprimoramento da disciplina dos gastos tributários são posteriores à noção da política fiscal enquanto forma de atuação do Estado, por meio de instrumentos financeiros e tributários, para atingir objetivos no sistema econômico, que remonta à década de 1930, momento em que se identifica o "aumento na disposição dos governos em influenciar escolhas econômico-sociais dos indivíduos e dos negócios".²⁷⁴

Nos últimos 40 anos, países industrializados e em desenvolvimento aprenderam que gastos tributários tendem a erodir lentamente a base tributária e, com isso, enfraquecer o equilíbrio fiscal.²⁷⁵ Daí a necessidade de uma gestão cuidadosa desses programas.²⁷⁶

---

²⁷⁰ SUNLEY, Emil. Tax Expenditures in the United States: Experience and Practice. In: BRIXI, Hana Polackova; VALENDUC, Christian N. A.; SWIFT, Zhicheng Li (Ed.). *Tax Expenditures*: Shedding Light on Government Spending through the Tax System. Washington (US): The World Bank, 2004. p. 155-172. p. 156.

²⁷¹ VALENDUC, Christian. From Tax Expenditure Reporting to Tax Policy Analysis: Some Experience from Belgium. In: BRIXI, Hana Polackova; VALENDUC, Christian N. A.; SWIFT, Zhicheng Li (Ed.). *Tax Expenditures*: Shedding Light on Government Spending through the Tax System. Washington (US): The World Bank, 2004. p. 69-96; SUNLEY, Emil. *Op. cit.*, p. 70.

²⁷² SHI, Yaobin. Establishing a Tax Expenditure Administrative System That Achieves a Sound Fiscal System in China. In: BRIXI, Hana Polackova; VALENDUC, Christian N. A.; SWIFT, Zhicheng Li (Ed.). *Tax Expenditures*: Shedding Light on Government Spending through the Tax System. Washington (US): The World Bank, 2004. p. 173-189. p. 156.

²⁷³ BRASIL. Secretaria Especial de Assuntos Econômicos. *Nota técnica ao ministro da Fazenda*: orçamento de incentivos fiscais. Disponível em: https://idg.receita.fazenda.gov.br/dados/receitadata/renuncia-fiscal/previsoes-ploa/arquivos-e-imagens/dgt-1989. Acesso em: 14 jun. 2017.

²⁷⁴ Tradução livre. No original "(...) Government's increased willingness to influence economic and social choices by individuals" (OLIVER, Philip D. *Tax Policy*: Readings and Materials. New York (US): Thomson-West, 2004. p. 667).

²⁷⁵ BRIXI, Hana Polackova. Managing Tax Expenditures: Policy Options. In: BRIXI, Hana Polackova; VALENDUC, Christian N. A.; SWIFT, Zhicheng Li (Ed.). *Tax Expenditures*: Shedding Light on Government Spending through the Tax System. Washington (US): The World Bank, 2004. p. 227-233. p. 288.

²⁷⁶ Como relata Elcio Fiori Henriques, "durante as chamadas 'décadas de ouro' do século XX (1950 a 1940), concediam-se incentivos e isenções fiscais livremente, não existindo nenhum

Em sua origem nos Estados Unidos da América, o conceito de gastos tributários tinha o objetivo de revelar os incentivos fiscais existentes naquele país, bem como seu custo estimado. Para tanto, no ano de 1968, foi realizado o primeiro levantamento dos programas de incentivo existentes e da correspondente perda de arrecadação que eles implicavam. O custo desses incentivos foi comparado aos gastos diretos realizados em programas de natureza semelhante. Essa circunstância denota que, na origem, o conceito de gastos tributários tem suas raízes em uma análise da estrutura fiscal e na comparação dos incentivos fiscais com a assistência direta.[277]

A adoção, em diversos países democráticos, da necessidade de identificação e do registro dos gastos tributários no processo orçamentário – buscando identificar o quanto deixa de ser arrecadado – demonstra que estes "são vistos como equivalentes a gastos diretos do governo, tendo apenas a particularidade de serem canalizados através do sistema tributário".[278]

Stanley Surrey conceituou gastos tributários, no contexto da tributação sobre a renda, como "aquelas disposições especiais do sistema federal de renda que representam gastos realizados no interior daquele sistema para atingir objetivos sociais e econômicos".[279] Trata-se de um conceito amplo – não está restrito à tributação sobre a renda –, que pode ser estendido a toda espécie de benefícios fiscais.[280]

O conceito de gastos tributários abarca programas formulados, por meio da política fiscal, para o atendimento de objetivos específicos estatais. Os gastos tributários, enquanto apuração do custo estimado

---

controle jurídico formal sobre seus efeitos ao erário público, em vista da convicção de que tais benefícios conduzem ao crescimento econômico" (HENRIQUES, Elcio Fiori. *O regime jurídico do gasto tributário no direito brasileiro*. 2009. 221 p. Dissertação (Mestrado em Direito) – Faculdade de Direito, Universidade de São Paulo, São Paulo, 2009. p. 65).

[277] SURREY, Stanley; McDANIEL, Paul. The Tax Expenditure Concept and the Budget Reform Act of 1974. *Boston College Industrial and Commercial Law Review*, v. 17, n. 5, p. 679-725, June 1976. p. 681.

[278] VILLELA, Luiz Arruda. *Gastos tributários e justiça fiscal*: o caso do IRPF no Brasil. 1981. 97 p. Dissertação (Mestrado em Economia) – Departamento de Economia, Pontifícia Universidade Católica do Rio de Janeiro, Rio de Janeiro, 1981. p. 14.

[279] Tradução livre. No original "(…) those special provisions of the federal income tax which represent government expenditures made through that system to achieve various social and economic objectives". SURREY, Stanley S. Tax Incentives as Device for Implementing Government Policy: A Comparison with Direct Government Expenditures. *Harvard Law Review*, v. 83, n. 4, p. 705-738, Feb. 1970. p. 706.

[280] VILLELA, Luiz. Gastos tributarios: medición de la erosión de la base imponible. *In*: CENTRO INTERAMERICANO DE ADIMINISTRACIONES TRIBUTARIAS – CIAT. *La recaudación potencial como meta de la administración tributaria*. Florianópolis: Instituto de Estudios Fiscales, 2007. p. 1-10. p. 93-98.

da medida, são uma *consequência* do uso do sistema tributário para a promoção de políticas específicas.

Quando de seu surgimento, o objetivo da disciplina dos gastos tributários era fornecer elementos de controle e comparação entre políticas públicas realizadas pela via direta (formal) – implementadas por meio de gastos diretos previstos no orçamento – e aquelas levadas a termo de maneira indireta (informal) – conduzidas por meio de incentivos tributários e sujeitos a menor controle pelos órgãos competentes.[281]

Quer-se, com a disciplina dos gastos tributários, integrar os benefícios fiscais – tomados como regra de tributação que representa sacrifício de recursos do erário passíveis de estimação – ao orçamento de gastos. A premissa utilizada é de que determinados fins podem ser atingidos tanto pela via da despesa pública quanto pela via da renúncia de tributos. A quantificação da intensidade da renúncia, por meio dos gastos tributários submetidos ao processo orçamentário, permite aos órgãos de controle financeiro a análise dos efeitos dos benefícios em comparação com as despesas diretas de mesma finalidade.[282]

O orçamento de gastos tributários possibilita a avaliação dos programas existentes em função:
- da *escolha pública* de realizar o gasto em determinado volume;
- do *desempenho* do programa em relação aos objetivos fixados; e
- da identificação dos *beneficiários da medida*.[283]

Submeter os gastos tributários envolvidos nas políticas de estímulo desenvolvidas por meio do sistema tributário visa promover a transparência e expor as políticas fiscais ao controle, evitando comportamentos oportunistas.[284]

Como bem expõe Edward Zelinsky,[285] não há que demonizar a utilização de políticas de incentivo via sistema fiscal, uma vez que elas

---

[281] MAKTOUF, Lofti; SURREY, Stanley S. Tax Expenditure Analysis and Tax and Budgetary Reform in Less Developed Countries. *Law and Policy in International Business*, v. 15, p. 739-761, 1983. p. 682.

[282] HENRIQUES, Elcio Fiori. *Op. cit.*, p. 31.

[283] VILLELA, Luiz Arruda. *Gastos tributários e justiça fiscal*: o caso do IRPF no Brasil. 1981. 97 p. Dissertação (Mestrado em Economia) – Departamento de Economia, Pontifícia Universidade Católica do Rio de Janeiro, Rio de Janeiro, 1981. p. 14.

[284] BRIXI, Hana Polackova. Managing Tax Expenditures: Policy Options. *In*: BRIXI, Hana Polackova; VALENDUC, Christian N. A.; SWIFT, Zhicheng Li (Ed.). *Tax Expenditures*: Shedding Light on Government Spending through the Tax System. Washington (US): The World Bank, 2004. p. 227-233. p. 227.

[285] ZELINSKY, Edward A. James Madson and Public Choice at Gucci Gulch: A Procedural Defense of Tax Expenditures and Tax Institutions. *In*: OLIVER, Philip D. *Tax Policy*: Readings and Materials. New York (US): Thomson-West, 2004. p. 704-715. p. 705.

podem até ser mais eficientes – dado que seu custo marginal é inferior, a se considerar que se utilizam da estrutura de um sistema tributário já existente – do que programas conduzidos por meio de gastos diretos. O autor argumenta que as políticas de gastos diretos não são imunes aos riscos de captura e ao clientelismo diante das contingências da escolha pública, principal crítica dirigida à utilização dos gastos tributários.

Entretanto, aceitar a equiparação entre gastos diretos e indiretos na implementação de políticas específicas pressupõe a visibilidade de ambos. A defesa dos gastos diretos, em detrimento das políticas que envolvem gastos tributários, está assentada na maior transparência e, com isso, na legitimidade das primeiras em relação às segundas. Aceitar a legitimidade das medidas implementadas por meio da política fiscal, que implicam gastos tributários, demanda a necessária transparência em relação aos objetivos e aos custos envolvidos.

É nesse paradigma de planejamento que a disciplina orçamentária dos gastos tributários se revela como aspecto fundamental para o controle da racionalidade (eficiência), da transparência (publicidade) e da previsibilidade (segurança jurídica) das medidas de política fiscal. Nesse contexto, defende-se que a utilização da transação tributária como ferramenta de política fiscal deve, necessariamente, comportar uma análise sobre o custo das renúncias fiscais envolvidas.

Uma questão relevante relativa às políticas de incentivo fiscal refere-se a sua eficiência: seriam os benefícios sociais superiores aos custos das medidas implementadas?[286]

Diante dessa comparação entre programas que envolvem gastos diretos e medidas de política fiscal, emergem as dificuldades de apuração e quantificação dos custos de determinada renúncia como a principal crítica à disciplina dos gastos tributários.

No plano da quantificação da renúncia, Douglas A. Kahn e Jeffrey S. Lehman apontam que o "calcanhar de Aquiles" da apuração dos gastos tributários é a pressuposição da existência de uma tributação "correta" ou "normativa", que seria aplicável à generalidade dos casos e serviria de base para a apuração das "exceções". Partindo do paradigma da tributação sobre a renda, os autores apontam que o conceito de renda como consumo e acumulação de riqueza é algo tão amplo que,

---

[286] BITTKER, Boris. Accounting for Federal "Tax Subsidies" in the National Budget. *In*: OLIVER, Philip D. *Tax Policy*: Readings and Materials. New York (US): Thomson-West, 2004. p. 724-731. p. 721.

diante de uma dedução específica, seria uma postura de "absolutismo moral" considerá-la normal ou desviante.[287]

No mesmo sentido caminha Gustavo Gonçalves Vettori, que arroga o dito popular que atribui ao observador a faculdade de decidir se o copo – preenchido de líquido exatamente até a metade – está "meio cheio" ou "meio vazio" para explicar o problema da eleição de um critério externo – no caso, uma perspectiva do que seria uma tributação normal – para definir e quantificar o gasto tributário correspondente ao custo de determinada medida implementada via sistema tributário. Para o autor, as críticas à teoria das *tax expenditures* apontam para o seu subjetivismo, uma vez que "diferentes definições do parâmetro implicarão diferentes mensurações dos gastos públicos veiculados por meio de normas tributárias".[288]

Ainda no que tange à apuração dos custos da renúncia fiscal envolvida, pode-se objetar também que o cálculo dos custos de determinada medida, para ser efetivo, não deve considerar apenas, de maneira estática – com base em uma previsão que considera as condições em determinado momento –, o volume de recursos que serão perdidos com sua implementação. Para ser mais realista, o cálculo dos custos de determinado incentivo deve considerar que, se for efetivo, ele influenciará comportamentos que alterarão o próprio cenário inicial que serviu de base para o cálculo do "custo" da medida.[289] Por esse caminho, um cálculo realista dos custos envolvidos deve utilizar uma metodologia que incorpore, em uma perspectiva dinâmica, o impacto do próprio incentivo no cálculo de seu custo.

A crítica dos autores ao que chamam de "caráter arbitrário" dos gastos tributários está assentada, essencialmente, nas características do imposto sobre a renda e na dificuldade de separar disposições de incentivo fiscal daquelas que apenas viabilizam a apuração da capacidade contributiva dos agentes, bem como na metodologia utilizada para a apuração dos custos da medida.

---

[287] KAHN, Douglas A.; LEHMAN, Jeffrey S. Expenditure budgets: a critical review. *In*: OLIVER, Philip D. *Tax Policy, Readings and Materials*. New York-US: Thomson-West, 2004. p. 721-724. p. 721.

[288] VETTORI, Gustavo Gonçalves. *Contribuição ao estudo sobre as influências recíprocas entre tributação da renda e o comércio internacional*. 2011. 212 p. Tese (Doutorado em Direito) – Faculdade de Direito, Universidade de São Paulo, São Paulo, 2011. p. 21.

[289] OLIVER, Philip D. *Tax Policy*: Readings and Materials. New York (US): Thomson-West, 2004. p. 667.

Entretanto, é importante ressaltar que a disciplina dos gastos tributários, no Brasil, considera o impacto de todos os incentivos fiscais e financeiros concedidos no contexto da política fiscal. Isso significa que, não obstante a dificuldade de definição de quais deduções são "incentivos" e quais são apenas critérios de realização da capacidade contributiva no imposto sobre a renda, a definição de uma tributação-padrão nos impostos sobre a propriedade, bem como nos tributos sobre o consumo, pode ser considerada menos problemática.

No que tange à necessidade de uma apuração dinâmica de gastos tributários, impõe-se destacar que existem metodologias que permitem uma aproximação mais fiel do custo e dos impactos da medida. Como exemplo, destaca-se o modelo adotado pelo Canadá, que, para estimar o impacto de uma nova medida, recalcula o montante de tributo pago no sistema padrão (considerando a série histórica), considerando, com base em dados estatísticos, os efeitos da medida que se pretende implementar.[290]

É bem verdade que países se utilizam de diferentes metodologias para a apuração dos gastos tributários. Como destaca Hana Brixi, na tarefa de estimar os custos fiscais dos gastos tributários, "países em desenvolvimento podem favorecer a simplicidade e a transparência em detrimento da exatidão e do rigor acadêmico".[291] Para a autora, considerando que qualquer análise de gastos tributários, em alguma medida, envolve escolhas arbitrárias, presunções e julgamentos assim como dados factuais, a análise de gastos tributários ganharia em credibilidade e utilidade se todas as escolhas envolvidas fossem transparentes e os vários possíveis cenários fossem considerados na sua eleição.

Deve-se acrescentar que, no Brasil, o cálculo dos gastos tributários integra o sistema orçamentário submetido ao processo de discussão e aprovação do Poder Legislativo. Nessa linha, ao aprovar o orçamento, o Poder Legislativo também aprova a metodologia de apuração e consolidação dos gastos tributários. Ao serem submetidas ao escrutínio do Legislativo no processo orçamentário, as escolhas envolvidas no sistema

---

[290] SEGUIN, Marc; GURR, Simon. Federal Tax Expenditures in Canada. *In*: BRIXI, Hana Polackova; VALENDUC, Christian N. A.; SWIFT, Zhicheng Li (Ed.). *Tax Expenditures*: Shedding Light on Government Spending through the Tax System. Washington (US): The World Bank, 2004. p. 97-125. p. 111.

[291] Tradução livre. No original: "(...) developing countries may favor simplicity and clarity to exactness and academic rigor". BRIXI, Hana Polackova. Managing Tax Expenditures: Policy Options. *In*: BRIXI, Hana Polackova; VALENDUC, Christian N. A.; SWIFT, Zhicheng Li (Ed.). *Tax Expenditures*: Shedding Light on Government Spending through the Tax System. Washington (US): The World Bank, 2004. p. 227-233. p. 229.

de apuração dos gastos tributários no Brasil assumem uma perspectiva de transparência e credibilidade em relação tanto aos critérios assumidos quanto à metodologia de cálculo implementada.

É possível advogar que, muito embora sejam imperfeitos os modelos utilizados para a apuração dos reais impactos orçamentários das medidas de renúncia fiscal, em uma perspectiva de *"full accounting"*, como quer Boris Bittker,[292] o processo de apuração de gastos tributários no Brasil pode ser uma ferramenta importante de transparência, racionalidade e previsibilidade a possibilitar o controle dessas políticas.

Os gastos tributários são tomados como uma ferramenta de *"tax evaluation"*, expressão utilizada por Gordon J. Lenjosek[293] para designar a análise de *aspectos de desempenho* de medidas tributárias com base em três critérios:

- *relevância* – que confronta a consistência de determinada medida com as prioridades estabelecidas;
- *efetividade* – que analisa a implementação da medida, para verificar se os objetivos pretendidos estão sendo atingidos, considerando os custos estimados e sem externalidades indesejadas; e
- *eficiência* – que avalia se a ferramenta de política fiscal é a mais adequada e eficiente para atingir os objetivos, em face das opções disponíveis.

Uma perspectiva, ainda que aproximada, dos custos de determinada atuação específica do Estado por meio da política fiscal possibilita uma confrontação dos custos indiretos que serão suportados pelo sistema orçamentário (via renúncia de receitas) com os objetivos que se pretende atingir.

A avaliação de determinada política tributária pode indicar eventual incompatibilidade da medida proposta com os objetivos estabelecidos como prioritários, consubstanciados no processo orçamentário, notadamente nas metas do plano plurianual (PPA). O plano da relevância, enquanto categoria analítica, pode denunciar processos de captura e descortinar a criação de programas destinados a atender interesses específicos.

---

[292] BITTKER, Boris. Accounting for Federal "Tax Subsidies" in the National Budget. *In:* OLIVER, Philip D. *Tax Policy:* Readings and Materials. New York (US): Thomson-West, 2004. p. 724-731. p. 728.

[293] LENJOSEK, Gordon J. A framework for Evaluating Tax Measures and Some Methodological Issues. *In:* BRIXI, Hana Polackova; VALENDUC, Christian N. A.; SWIFT, Zhicheng Li (Ed.). *Tax Expenditures:* Shedding Light on Government Spending through the Tax System. Washington (US): The World Bank, 2004. p. 19-44. p. 227.

No campo da efetividade, a análise do processo de implementação da medida pode indicar eventual desvio das finalidades originalmente estabelecidas ou efeitos perniciosos inicialmente não previstos. No Brasil, tem-se, no programa de desoneração da folha de pagamentos, instituído pela Lei nº 12.546/2011, um exemplo de política que foi originalmente desenhada de forma objetiva, com avaliação das renúncias tributárias envolvidas, mas que, durante sua implementação, descurou da avaliação custo-benefício.[294] Com base na análise do planejamento e da previsão inicial dos gastos tributários, foi possível apurar os desvios provocados na condução da política, o que viabilizou, inclusive, a decisão pelo seu recrudescimento.

Por fim, no campo da eficiência, estimar os gastos tributários envolvidos com determinada proposta a ser implementada por meio da política fiscal possibilita ao gestor confrontar a alternativa com outras propostas disponíveis, quer pela via do gasto direto, quer pela via do gasto indireto. Trata-se, pois, de aspecto relevante à motivação da decisão de implementar determinado programa.

2.2.2 Renúncias fiscais no sistema orçamentário brasileiro

A CRFB, no que tange à juridicização das finanças públicas, adotou o equilíbrio orçamentário como tônica dominante, impondo "que as despesas não devem superar as receitas; as projeções orçamentárias, em que o fenômeno da superação ocorra, devem ter fontes de financiamento compatíveis, com previsão das fontes futuras de receitas".[295]

A disciplina constitucional atual incorporou a teoria dos gastos tributários ao impor ao legislador orçamentário – por meio da disposição do artigo 165, parágrafo 6º, da CRFB – o dever de fazer acompanhar o projeto de Lei Orçamentária Anual do "demonstrativo regionalizado do efeito, sobre as receitas e despesas, decorrente de isenções, anistias, remissões, subsídios e benefícios de natureza financeira, tributária e creditícia".

---

[294] Como demonstra a análise empreendida por José Roberto Afonso e Gabriel Leal de Barros (AFONSO, José Roberto; BARROS, Gabriel Leal de. *Nota técnica*: desoneração da folha: renúncia revisitada. São Paulo: FGV-IBRE, set. 2013. Disponível em: http://bibliotecadigital. fgv.br/dspace/bitstream/handle/10438/11698/Desonera%E7%E3o%20da%20Folha%20(2). pdf?sequence=1. Acesso em: 14 jun. 2017).

[295] MARTINS, Ives Gandra da Silva. Incentivos onerosos e não onerosos na Lei de Responsabilidade Fiscal. *In:* SCAFF, Fernando Facury; CONTI, José Mauricio. *Lei de Responsabilidade Fiscal*: 10 anos de vigência – questões atuais. Florianópolis: Conceito, 2010. p. 29-38. p. 30.

O demonstrativo a que se refere o artigo supracitado tem como foco o cálculo das receitas disponíveis por ocasião da elaboração da proposta orçamentária. O impacto da concessão de benefícios fiscais deve ser quantificado de forma a viabilizar a projeção das receitas e, por consequência, do nível de gastos que poderá ser implementado no exercício correspondente.

Todavia, a quantificação do gasto, na disciplina brasileira, não se limita aos impactos no orçamento anual. A necessidade de previsão, na legislação orçamentária, das alterações capazes de afetar as metas da Administração Pública na Lei de Diretrizes Orçamentárias – preconizada pelo artigo 165, parágrafo 2º, da CFFB – traz outra dimensão à disciplina dos gastos tributários no Brasil: potencialidade do dano da implementação de políticas por meio de renúncias fiscais no planejamento orçamentário estatal.

Outra inflexão que deve necessariamente ser considerada é a necessidade de compatibilização dos programas implementados pela via dos gastos tributários com os objetivos e metas estabelecidos para a Administração Pública como um todo no Plano Plurianual (PPA) (art. 168, §4º, da CRFB).

A partir destes recortes, passa-se a analisar a disciplina dos gastos tributários no que tange a sua necessária previsão e compatibilização com as leis orçamentárias.

2.2.2.1 Renúncias tributárias nas leis orçamentárias

No ordenamento jurídico brasileiro, as leis orçamentárias são instrumentos de planejamento por meio dos quais o Estado busca realizar os objetivos fundamentais a que se propõe (art. 3º da CRFB), "de tal sorte que o gasto público esteja vinculado sempre a um determinado programa ou meta que, em última análise, reflita um plano de ação governamental".[296] Ao outorgar o dever de apurar e quantificar o montante de gastos tributários, a CRFB integrou as renúncias de receitas no sistema orçamentário como um todo.

A peça mais importante do planejamento orçamentário estatal é o plano plurianual (PPA), que tem por objetivo estabelecer, de forma regionalizada, "as diretrizes, objetivos e metas da administração pública

---

[296] HORVATH, Estevão. *O orçamento no século XXI*: tendências e expectativas. 2014. 418 p. Tese (Titularidade em Direito) – Faculdade de Direito, Universidade de São Paulo, São Paulo, 2014. p. 293.

federal para as despesas de capital e outras delas decorrentes e para as relativas aos programas de duração continuada" (art. 168, §1º, da CRFB). Ao estabelecer os rumos da Administração Pública, o PPA tem a importante missão de integrar o orçamento às políticas fiscal e econômica. Isso significa que as diretrizes estabelecidas no plano plurianual atuam como um fio condutor para a atuação estatal como um todo, o que inclui as medidas implementadas via gastos tributários indiretos.

A necessária coerência entre os orçamentos anuais e as diretrizes e as metas do PPA, estabelecida pelo parágrafo 4º do artigo 165 da CRFB, o converte em elemento de coesão de todo o sistema orçamentário brasileiro.[297] Defende-se o *efeito vinculante* do PPA, que, ao ser aprovado como lei pelo Poder Legislativo, passa a condicionar a atuação do Poder Executivo tanto na elaboração da Lei de Diretrizes Orçamentárias quanto na da Lei Orçamentária Anual.[298]

No que tange especificamente aos programas implementados por meio de renúncias de receitas, busca-se uma análise de *coerência* entre os objetivos perseguidos com determinada política e aqueles positivados no PPA.

No campo dos aspectos de desempenho, o contraste entre as políticas específicas e os parâmetros gerais estabelecidos para a atuação de determinado ente federativo é importante instrumento de controle da *relevância* da medida, que visa afastar riscos de captura e identificar políticas clientelistas.

Em um segundo nível, o sistema orçamentário brasileiro também conta com a Lei de Diretrizes Orçamentárias como ferramenta na manutenção de um equilíbrio apoiado em resultados fiscais. Nesse diapasão, ressalta-se o papel da LDO, que estabelece, na forma do artigo 165, parágrafo 2º, metas e prioridades da Administração Pública federal: "orientará a elaboração da lei orçamentária anual, disporá sobre as alterações na legislação tributária (...)".

A Lei de Responsabilidade Fiscal (Lei Complementar nº 101/2000) ampliou sensivelmente o papel da LDO no sistema orçamentário brasileiro. Para além de garantir o equilíbrio entre receitas e despesas

---

[297] Como ressalta José Mauricio Conti, a promulgação do PPA gera efeitos jurídicos, dentre eles o de "condicionar a elaboração da lei de diretrizes orçamentárias e a lei orçamentária anual, criando um vínculo entre todas elas de modo a tornar coeso o sistema de planejamento da ação governamental no âmbito de cada ente federativo" (CONTI, José Mauricio. O plano plurianual – PPA. *In*: MARTINS, Ives Gandra da Silva; MENDES, Gilmar Ferreira; NASCIMENTO, Carlos Valder (Coord.). *Tratado de direito financeiro*. São Paulo: Saraiva, 2013. v. 1. p. 322-339. p. 327).

[298] HORVATH, Estevão. *Op. cit.*

(art. 4, I, "a"), outorgou a esse componente orçamentário o objetivo de estabelecer "normas relativas ao controle de custos e à avaliação dos resultados dos programas financiados com recursos dos orçamentos" (art. 4º, I, "e").²⁹⁹

Ao dispor sobre o anexo de metas fiscais, a Lei de Responsabilidade Fiscal obriga o administrador a incluir nele o "demonstrativo da estimativa e compensação da renúncia de receita" (art. 4º, §2º, V). Essa regra destina-se especificamente ao controle do impacto de medidas tributárias que configurem benefícios nas metas fiscais do governo. Nesse ponto, tem-se a contraposição da estimativa com as medidas de compensação propostas como elemento de manutenção de equilíbrio.³⁰⁰ Para evitar eventuais reveses, a comprovação da conformidade prévia com a LDO é colocada como condição para que os atos de renúncia de receitas ocorram.³⁰¹

No nível da LDO, a disciplina dos gastos tributários tem como objetivo garantir que os impactos negativos na receita derivados de sua implementação não afetem uma perspectiva de equilíbrio positivada no anexo de metas fiscais. A demonstração da existência de medidas de compensação, nesse contexto, representa uma necessária análise de *compatibilidade* entre o programa que se pretende implementar e os patamares de equilíbrio impostos pela Administração Pública por meio da LDO.

---

[299] O rígido equilíbrio orçamentário, expresso em nosso ordenamento pelo sistema de metas fiscais da LDO estabelecido na Lei de Responsabilidade Fiscal, visa à garantia do atendimento dos resultados primário e nominal, refletindo na capacidade do Estado de adimplir suas obrigações perante o mercado, e não passa livre de críticas. Luis Fernando Massonetto reconhece nesse padrão normativo uma contradição permanente entre o dever do Estado de intervir para a proteção da sociedade e a necessidade de se manter inserido em um sistema de captação de recursos externos em um mercado de natureza internacional, no qual imperam a desregulação orientada por princípios liberais e uma lógica político-econômica de acumulação. Nesse paradigma, pode-se construir que, ao estabelecer regras limitando o nível de gastos, sejam diretos, sejam indiretos, em nome de um equilíbrio fundado na obtenção de resultados – superávit primário e nominal – "saudáveis" aos olhos do mercado, o regramento financeiro brasileiro apenas reproduz a relação de dependência do capital externo captado pelo processo de dívida pública típica dos países periféricos (MASSONETTO, Luis Fernando. *O direito financeiro no capitalismo contemporâneo*: a emergência de um padrão normativo. 2006. 145 p. Tese (Doutorado em Direito) – Faculdade de Direito, Universidade de São Paulo, São Paulo, 2006. p. 120).

[300] Nas pegadas de Estêvão Horvath, adotam-se equilíbrio e estabilidade, no domínio orçamentário, como ideais a serem atingidos e não propriamente "princípios sem os quais os orçamentos não existirão ou perecerão" (HORVATH, Estevão. *O orçamento no século XXI*: tendências e expectativas. 2014. 418 p. Tese (Titularidade em Direito) – Faculdade de Direito, Universidade de São Paulo, São Paulo, 2014. p. 169).

[301] NASCIMENTO, Sávio. *Lei de Responsabilidade Fiscal*. Rio de Janeiro: Campus-Elsevier, 2013.p. 26.

Busca-se, com a exigência de medidas de compensação, evitar o desequilíbrio orçamentário como externalidade negativa derivada da redução do volume de receitas disponíveis resultante da implementação de determinado programa, convertendo-se, no campo do desempenho, em importante instrumento de *efetividade*.

Por fim, a Lei Orçamentária Anual é o último estágio no "funil do planejamento".[302] Definidos os objetivos e as metas em caráter geral (PPA), selecionados aqueles que serão realizados no exercício subsequente (LDO), cabe à lei orçamentária, com base em uma previsão de receitas, dimensionar o volume de recursos que será destinado à realização de determinado programa.

A LOA tem a importante função de dimensionar e condicionar a legalidade da realização dos gastos diretos. Em relação a estes, trata-se de aspecto essencial da legalidade. Entretanto, a vinculação de legalidade estrita entre gasto e lei orçamentária é relativizada no que tange às chamadas despesas *off-budget*, como os gastos tributários, os benefícios creditícios e as despesas operacionais das empresas estatais, que não se submetem a algumas limitações impostas pelo direito orçamentário.[303] No caso dos gastos tributários, por exemplo, a periodicidade orçamentária não é um limite à concessão de benefícios fiscais, de forma que a implementação de programas de longo prazo por meio de renúncias fiscais não depende de autorização anual por ocasião da aprovação do orçamento, ao contrário do que ocorreria se estes fossem promovidos via gastos diretos.[304]

A necessidade de elaborar o demonstrativo de gastos tributários por ocasião da elaboração da LOA revela-se um importante instrumento

---

[302] HORVATH, Estevão. *Op. cit.*, p. 313.

[303] GOMES, Emerson Cesar da Silva. *O direito dos gastos públicos no Brasil*. São Paulo: Almedina, 2015. p. 431.

[304] Em paralelo com a classificação criada por Gabriel Loretto Lochagin, que divide os instrumentos de flexibilidade orçamentária com base na intensidade da participação parlamentar, pode-se defender que os programas implementados por meio de gastos tributários guardam semelhança com as hipóteses de *controle parlamentar fraco*, em situação semelhante à abertura, pelo Poder Executivo, de créditos suplementares ou extraordinários dentro dos limites da autorização prévia conferida pela lei orçamentária. Em ambos os casos existe uma autorização prévia para a destinação de recursos públicos, situação que retira o protagonismo do Poder Legislativo no direcionamento desses recursos. Em contraposição, medidas de flexibilização sujeitas a um controle forte (créditos suplementares que ultrapassam os limites de autorização prévia da lei orçamentária, créditos especiais, transferências, transposições e remanejamentos), tendentes a alterar a repartição de recursos estabelecida pelo processo orçamentário, dependem de autorização prévia e específica do Parlamento (LOCHAGIN, Gabriel Loretto. *A execução do orçamento público, flexibilidade e orçamento impositivo*. São Paulo: Blucher, 2017. p. 93).

para dar conhecimento ao Poder Legislativo de uma estimativa quantitativa do impacto dos programas implementados por meio da política tributária, possibilitando sua participação na análise e na revisão destes.

Como ensina Estevão Horvath, essa exigência possibilita, por ocasião da discussão do projeto da lei orçamentária, uma "visão geral não somente sobre as despesas a serem efetuadas, mas também a respeito das receitas". Para o autor, "para planejar é indispensável ter o conhecimento do que se vai e também do que não se vai arrecadar – aqui sob a forma de 'renúncia'".[305]

No nível da LOA, quando a legislação faz remissão à obrigatoriedade de elaboração de um "demonstrativo regionalizado do efeito", quer alcançar o valor da renúncia fiscal, em uma análise que visa conferir *dimensionalidade* aos gastos tributários, ao oferecer uma estimativa do montante de receitas que deixarão de integrar o orçamento.

Na dimensão da avaliação do desempenho do programa, trata-se de um instrumento para aferir sua *eficiência* e possibilitar o confronto do custo estimado de uma determinada escolha que envolve gastos tributários com outras opções disponíveis para a estruturação de uma determinada política.

No que tange aos programas de transação tributária, defende-se que o cálculo dos gastos tributários envolvidos, na perspectiva orçamentária, é de fundamental importância para revelar sua *coerência* com os objetivos estabelecidos para a atuação estatal pelo PPA. Somente por meio da análise de coerência entre o programa de transação proposto e as diretrizes gerais estabelecidas para a atuação estatal é possível efetuar um juízo de *relevância* sobre sua instituição.

Na perspectiva da LDO, a análise de *compatibilidade* das políticas de transação, por meio da avaliação das medidas de compensação propostas para neutralizar os efeitos das concessões envolvidas, é critério que visa à manutenção dos parâmetros de equilíbrio impostos à atuação estatal. Corresponde, na perspectiva do desempenho, a uma análise de *efetividade* da medida, que visa minimizar os possíveis impactos negativos da política.

Estimar e quantificar o impacto de determinado programa de transação para fins da LOA é conferir *dimensionalidade* à escolha de formular o programa. Em um recorte analítico de desempenho, dimensionar os custos de determinada atuação viabiliza uma confrontação

---

[305] HORVATH, Estevão. *O orçamento no século XXI*: tendências e expectativas. 2014. 418 p. Tese (Titularidade em Direito) – Faculdade de Direito, Universidade de São Paulo, São Paulo, 2014. p. 315.

de *eficiência*, que perquire se a modalidade escolhida é aquela que representa o menor custo entre as opções disponíveis.

2.2.2.2 A disciplina do artigo 14 da Lei de Responsabilidade Fiscal

Demonstrou-se, no item anterior, que a disciplina dos gastos tributários no Brasil afeta o processo de elaboração e promulgação das leis orçamentárias, em um processo que estabelece regras para promover a *coerência* com os objetivos e as metas do plano plurianual, a *compatibilidade* com as medidas de equilíbrio da Lei de Diretrizes Orçamentárias e a *dimensionalidade* do impacto das medidas na Lei Orçamentária Anual, o que possibilita uma análise de desempenho da atuação estatal que leva em conta dimensões possíveis de *relevância, efetividade* e *eficiência* da medida.

Para além da perspectiva orçamentária, a Lei de Responsabilidade Fiscal, em seu artigo 14, estabelece regras específicas que condicionam a validade do benefício concedido.

Ressalte-se, a comprovação da observância dos requisitos do artigo 14, em relação aos programas que representam renúncias fiscais, é requisito de validade que tem por objetivo principal a manutenção da responsabilidade fiscal.[306] Descumpridos os requisitos da LRF, serão nulos os benefícios concedidos.

A Lei de Responsabilidade Fiscal, no artigo 14, estabelece um procedimento que congrega os requisitos relativos aos projetos de LDO e LOA em regras específicas a serem cumpridas no momento da elaboração dos programas que implicam gastos tributários. Trata-se de sistema rígido, que vincula o administrador público e está assentado, na visão de Elcio Fiori Henriques,[307] sobre três mandamentos:

1) necessidade de estimar o impacto orçamentário-financeiro no exercício em que deva se iniciar sua vigência e nos dois seguintes;
2) atendimento do disposto na Lei de Diretrizes Orçamentárias;
3) demonstração de que a renúncia foi considerada na estimativa de receita da lei orçamentária e de que não afetará as metas

---

[306] BEVILACQUA, Lucas. *Incentivos fiscais de ICMS e desenvolvimento regional*. São Paulo: Quartier Latin, 2013. p. 177.
[307] HENRIQUES, Elcio Fiori. *O regime jurídico do gasto tributário no direito brasileiro*. 2009. 221 p. Dissertação (Mestrado em Direito) – Faculdade de Direito, Universidade de São Paulo, São Paulo, 2009. p. 88.

fiscais da LDO ou comprovação de que está acompanhada de medidas de compensação, que bem representem o incremento de outras receitas ou que visem eliminar os efeitos negativos da medida.

No que tange ao primeiro mandamento, importa esclarecer que a estimativa de impacto orçamentário da medida no exercício financeiro e nos dois seguintes tem por objetivo garantir um viés de planejamento prospectivo, que considera que as medidas implementadas por meio do sistema tributário implicam custos que tendem a transcender um exercício fiscal e impactar orçamentos futuros (*dimensionalidade*).

O atendimento ao disposto na Lei de Diretrizes Orçamentárias (segundo mandamento) visa garantir compatibilidade do programa tanto com as metas e os setores estratégicos estabelecidos como prioritários para o exercício seguinte – em coordenação com o PPA (*coerência*) –, com projeção para os dois posteriores, quanto com os parâmetros de equilíbrio estabelecidos pelo anexo de metas fiscais (*compatibilidade*).

Ainda no campo dos níveis de equilíbrio fiscal, a necessidade de comprovação da implementação das medidas de compensação (terceiro mandamento) revela-se importante regra para impedir que a perda de arrecadação decorrente da implementação de determinado benefício fiscal venha a comprometer os resultados fiscais (*compatibilidade*).

No que tange ao âmbito de aplicabilidade do procedimento, o parágrafo 1º do artigo 14 da LRF enumera um conjunto de medidas que, deveras, indicam hipóteses de gastos tributários, o que levanta a dúvida: trata-se de um rol taxativo?

No caso da transação tributária, a doutrina divide-se entre aqueles que a excepcionam em relação ao regime rígido das renúncias fiscais – mesmo quando envolvem hipóteses de anistia e remissão – e outros que reconhecem – presentes hipóteses de renúncia de receitas no campo das concessões – sua submissão ao regime próprio dos gastos tributários.

Pela inaplicabilidade do regime jurídico dos gastos tributários aos programas de transação tributária, talvez a posição mais contundente seja a de Hugo de Brito Machado,[308] para quem estaria a indicar o afastamento da transação dessa disciplina o fato de o instituto não estar listado expressamente no artigo 14, §1º, da LRF.

---

[308] MACHADO, Hugo de Brito. Transação e arbitragem no âmbito tributário. *In*: SARAIVA FILHO, Oswaldo Othon de Pontes; GUIMARÃES, Vasco Branco (Org.). *Transação e arbitragem no âmbito tributário*: homenagem ao jurista Carlos Mario da Silva Velloso. Belo Horizonte: Fórum, 2008. p. 111-135. p. 119.

Não há como aceitar um argumento tão reducionista. Como defende José Maria Arruda de Andrade, determinada enumeração de hipóteses pode ser considerada taxativa "quando os fatos descritos não apresentam um traço em comum".[309] Em relação à disposição do artigo 14, parágrafo 1º, da LRF, a enumeração de hipóteses está atrelada ao *caput*, que faz referência expressa a um conceito genérico – benefícios fiscais que importem em renúncia de receita – e traz um rol de casos que se subsumem a este. Importar em renúncia de receitas é o traço comum entre os elementos, portanto a enumeração empreendida no parágrafo 1º adquire ares de exemplificação em relação ao conceito descrito na cabeça do artigo.

Conforme se pretendeu demonstrar, a CRFB e a Lei de Responsabilidade Fiscal inserem os gastos tributários em um contexto de gestão fiscal responsável, que pressupõe equilíbrio entre receitas e despesas. O controle proposto não se restringe apenas ao impacto da medida no momento de sua instituição, mas considera os efeitos para dois orçamentos subsequentes, bem como os possíveis impactos negativos nas metas fiscais estabelecidas para a Administração, em um viés de macrovisão[310] do impacto da renúncia fiscal nas contas estatais.

Daí para concluir que a "enumeração do artigo 14 é apenas exemplificativa, não podendo obscurecer entendimento de que outras práticas dos poderes Executivo com o fito de atrair investimentos possam ser consideradas como renúncia de receitas".[311]

Superada a questão da taxatividade, outro argumento oposto à submissão da transação ao regime dos gastos tributários indiretos (ainda no campo da aplicabilidade da norma) é endereçado por Fernando Facury Scaff,[312] que nem sequer aceita que a transação tributária possa implicar renúncia fiscal. Para o autor, as concessões recíprocas envolvidas podem decorrer de uma mescla de institutos, como o parcelamento, a anistia, a remissão, entre outros. Assim, o fato de que a adesão aos programas é condicional, só perfazendo seus efeitos com

---

[309] ANDRADE, José Maria Arruda de. *Interpretação da norma tributária*. São Paulo: MP, 2006. p. 224.

[310] VIDIGAL, Geraldo. *Fundamentos do direito financeiro*. São Paulo: RT, 1973. p. 260.

[311] NÓBREGA, Marcos. *Renúncia de receita*: guerra fiscal e *tax expenditure*: uma abordagem do art. 14 da LRF. Disponível em: http://www.cepal.org/ilpes/noticias/paginas/6/13526/marcosnobrega1.pdf. Acesso em: 10 nov. 2015.

[312] SCAFF, Fernando Facury. Contas à vista: Refis é uma transação tributária e não uma renúncia fiscal. *Consultor Jurídico*. 2 dez. 2014. Disponível em: http://www.conjur.com.br/2014-dez-02/contas-vista-refis-transacao-tributaria-nao-renuncia-fiscal. Acesso em: 28 out. 2015.

a comprovação do cumprimento de todas as obrigações pelo sujeito passivo, converteria eventual renúncia de receita por parte de Estado em provisória, razão pela qual não poderia ser considerada para fins de apuração da renúncia fiscal.

Muito embora seja pertinente considerar o caráter condicional de eventual renúncia, defende-se que a disciplina dos gastos tributários indiretos inserida no artigo 14 da Lei de Responsabilidade Fiscal tem por objetivo viabilizar o controle dos programas que possam impactar as finanças públicas. Ainda que potencial, o cálculo da renúncia fiscal envolvida em programas de transação tributária é essencial para a construção de uma visão analítica de sua eficiência, bem como para evitar eventuais impactos perniciosos no equilíbrio das finanças públicas (efetividade).

Em nome da proteção de uma perspectiva de equilíbrio e para viabilizar o controle dos gastos públicos indiretos, a disciplina do art. 14 da LRF não pode ser tomada de maneira restritiva. Deve, sim, abarcar todas as hipóteses em que se identifique ônus ao erário público.

Aceitar a ampla aplicabilidade do regime dos gastos tributários é privilegiar o dever de exame da finalidade dos atos administrativos que representam a concessão de um benefício fiscal. Heleno Taveira Torres ressalta que finalidade é objeto a ser alcançado com determinado ato. Concretizada a finalidade, se realiza a legalidade em seu aspecto material. Para o autor, "ato administrativo com finalidade de concessão de incentivo fiscal, portanto, é aquele que atende aos critérios da política pública voltado ao fim pretendido, com custos e riscos assumidos reciprocamente entre Estado e iniciativa privada".[313]

O cálculo dos custos envolvidos, em hipóteses que podem implicar renúncia de receita (como em programas de transação tributária), é essencial para a realização de análise sobre o atendimento do fim pretendido pela Administração com determinada atuação. Nesse contexto, uma interpretação restritiva da aplicabilidade do artigo 14, parágrafo 1º, da LRF em nada contribui para (e mesmo acaba por afrontar) todo um sistema orçamentário baseado no equilíbrio e no controle da atuação do Estado.

Em relação especificamente ao tema deste trabalho, sustenta-se que a implementação de programas de transação com débitos tributários que importem em sacrifício fiscal deve ser realizada em sinergia

---

[313] TORRES, Heleno Taveira. Segurança jurídica dos benefícios fiscais. *Revista Fórum de Direito Financeiro e Econômico – RFDFE*, v. 1, n. 1, p. 57-91, mar./ago. 2012. p. 59.

com o processo orçamentário, refletindo, assim, uma ação planejada e coordenada.

Outro aspecto relevante do artigo 14 da LRF está consubstanciado no seu parágrafo 2º, que traz uma regra que visa garantir a efetividade das medidas de compensação, que devem ser implementadas para contrabalançar o impacto dos gastos tributários.

A disposição condiciona a vigência do benefício à efetiva implantação das medidas de compensação. Tal disposição estabelece uma vinculação normativa condicional, segundo a qual só haverá vigência do programa de benefício fiscal (gasto tributário) se também for efetivamente implementada a medida que deve compensar a perda de arrecadação.

No campo das medidas de compensação, defende-se que a Lei de Responsabilidade Fiscal as restringiu de forma taxativa[314] ao "aumento de receita, proveniente da elevação de alíquotas, ampliação da base de cálculo, majoração ou criação de tributo ou contribuição", nos termos do inciso II do artigo 14 da LRF. Note-se que a taxatividade deriva de disposição literal e implica que hipóteses como eventual "excesso de arrecadação" não poderiam ser arroladas como medida de compensação.[315]

Um último aspecto do procedimento estabelecido pelo artigo 14 da LRF como condicionante de validade dos benefícios fiscais está em seu parágrafo 3º, que excepciona sua aplicação em dois casos, a saber: alterações das alíquotas dos impostos previstos nos incisos I, II, IV e V do artigo 153 da CRFB pelo Poder Executivo; e o cancelamento de débitos cujo montante seja inferior ao dos custos de cobrança.

No primeiro caso, a exceção decorre de uma norma constitucional específica (art. 153, §1º, da CRFB) que autoriza o Poder Executivo a alterar, por meio de decreto, as alíquotas do imposto de importação,

---

[314] A favor da taxatividade do inciso II do artigo 14 da LRF, ver BONFIM, Gilson Pacheco. A Lei de Responsabilidade Fiscal e as limitações orçamentárias ao gasto tributário. *In*: COELHO, Marcos Vinicius Furtado; ALLAMAND, Luiz Claudio; ABRAHAM, Marcus. *Responsabilidade fiscal*: análise da Lei Complementar 101/2000. Brasília (DF): OAB, Conselho Federal, 2016. p. 287-309.

[315] Nesse sentido já se manifestou o Tribunal de Contas da União: "9.10.1 Com relação aos atos que entraram em vigor no exercício de 2008 que usaram como medidas de compensação excesso de arrecadação ou ajustes na execução orçamentária, entende-se que não atenderam o art. 14 da LRF. Isso porque o dispositivo não prevê tais mecanismos como medidas de compensação. As medidas que podem ser utilizadas para compensar renúncias de receitas são somente aquelas expressamente estabelecidas no inciso II do art. 14". (TRIBUNAL DE CONTAS DA UNIÃO (TCU). *Relatório de levantamento n. 015.052/2009- 7*. Relator: min. Augusto Nardes. Acórdão no AC-0747-12/10-P, DOU de 16 abr. 2010).

exportação, sobre produtos industrializados e sobre operações de crédito, câmbio e seguro ou relativas a títulos ou valores imobiliários. Tal hipótese de mitigação do princípio da legalidade tributária estaria a indicar "uma preferência do constituinte no sentido de que esses tributos sejam utilizados como normas tributárias indutoras",[316] servindo como instrumento para facilitar essa atuação. Nessa toada, a submissão da alteração de alíquotas desses impostos ao regime de gastos tributários indiretos inviabilizaria a agilidade, outorgada pela mitigação do princípio da legalidade, conferida pela própria constituição.[317]

No segundo caso (art. 14, §3º, II, da LRF), estaria afastado o procedimento estrito de apuração dos gastos tributários como condição de validade para o cancelamento de débitos cujo montante é inferior aos custos da cobrança.

É importante ressaltar que a exceção em relação aos débitos de pequeno valor, ou cuja cobrança é economicamente inviável ante os seus custos, restringe-se ao procedimento de apuração e cálculo dos gastos tributários como condição de validade para a norma tributária de desoneração. A referida norma não dispensa a Administração de calcular os impactos orçamentários da medida.

Como ressalta Élcio Fiori Henriques, ao analisar hipóteses de remissão que, supostamente, se enquadrariam na exceção supramencionada:

> sendo essas remissões de pequenos débitos efetivamente um benefício fiscal, a exclusão expressa contida no art. 14, §3º, II, da Lei de Responsabilidade Fiscal não exclui a aplicação de outras normas relativas à renúncia de receita decorrente desse tipo de remissão, o que é o caso da obrigatoriedade de tais renúncias constarem no relatório de gastos tributários.[318]

É possível estender a mesma argumentação aos programas de transação tributária que envolvam a concessão de vantagens como anistias, remissões ou parcelamentos favorecidos (gastos tributários).

---

[316] LEÃO, Martha Toribio. *Controle da extrafiscalidade*. São Paulo: Quartier Latin, 2015. p. 79.

[317] Como ressalta Lucas Bevilacqua, nesses casos há o reconhecimento da "preponderância de interesses outros (política cambial, monetária e econômica) sobre a responsabilidade na gestão fiscal em determinada situação, a considerar a concepção atual do rompimento do dogma orçamentário" (BEVILACQUA, Lucas. *Incentivos fiscais de ICMS e desenvolvimento regional*. São Paulo: Quartier Latin, 2013. p. 177).

[318] HENRIQUES, Elcio Fiori. *O regime jurídico do gasto tributário no direito brasileiro*. 2009. 221 p. Dissertação (Mestrado em Direito) – Faculdade de Direito, Universidade de São Paulo, São Paulo, 2009. p. 192.

Mesmo que se entenda que tais programas se enquadram na hipótese excepcional ao regime dos gastos tributários para fins de validade do benefício (art. 14), essa condição não dispensa a necessidade de apuração e inclusão dos gastos tributários envolvidos no relatório de gastos tributários. Tal perspectiva é compatível com a regra constitucional do planejamento, que rege a atuação estatal no manejo de instrumentos de política fiscal.

São duas perspectivas diferentes. De um lado, o tratamento orçamentário de gastos tributários, que determina a apuração dos impactos dos programas de gastos tributários nas leis orçamentárias; de outro, uma condição específica de validade da norma tributária, que atrela a legalidade das normas que criam os programas à efetiva implementação das medidas de compensação.

A exceção prevista no artigo 14, parágrafo 3º, inciso II, da LRF desonera o administrador apenas da comprovação do cumprimento dos requisitos para fins de vigência da norma tributária. Entretanto, caso haja impacto nas contas públicas, permanece a necessidade de apuração dos reflexos orçamentários das medidas.

Mesmo aqueles que entendem que a transação se enquadraria na referida exceção devem aceitar que ela, por si só, não desonera o administrador público do cumprimento da disposição expressa do artigo 165, parágrafo 6º, da CRFB, que determina a obrigatoriedade do cálculo do impacto tributário das renúncias fiscais na LOA.

Mesmo no caso dos débitos de pequeno valor ou daqueles cujos custos de cobrança ultrapassam o montante cobrado, é papel do administrador apurar o valor da renúncia e indicar uma estimativa dos custos de cobrança de modo a justificar a ausência de impacto orçamentário.

O governo federal, por ocasião das sete primeiras edições do chamado "Refis",[319] justificava a não realização do cálculo dos custos de anistias e remissões envolvidos em seus programas alegando que o custo da cobrança seria superior aos valores renunciados, enquadrando-os na hipótese de dispensa prevista no inciso II do parágrafo 3º do artigo 14 da Lei de Responsabilidade Fiscal. Todavia, tal justificativa é apenas mencionada, não sendo apresentado em nenhum momento estudo demonstrando os custos e a cobrança e confrontando os valores renunciados.[320]

---

[319] O primeiro, denominado "Refis", foi instituído em 2000 (Lei nº 9.964/2000); o segundo, "PAES", em 2003 (Lei nº 10.684/03); o terceiro, "PAEX", em 2006 (Medida Provisória nº 303/2006); o quarto foi apenas uma reabertura do programa chamado "Refis da Crise", em 2014 (Lei nº 12.073/2014), que foi reaberto como "Refis das Eleições" (Lei nº 12.996/2014) e prorrogado no mesmo ano (Lei nº 13.043/2014).

[320] A Exposição de Motivos nº 161/2008, referente a uma das prorrogações do programa, assim dispõe: "50. Assim, em relação à Lei Complementar nº 101, de 4 de maio de 2000 – Lei de

Esses programas previam, como contrapartida da União, anistia parcial de juros e multas, eventuais remissões, além de novo prazo para pagamento, representando, portanto, gasto tributário federal, e, no entanto, o impacto desses custos não foi incluído nos demonstrativos de gastos tributários para os anos de 2000,[321] 2006[322] e 2014,[323] bem como não consta menção a sua implementação nas Leis nº 9.811/1999 (LDO para LOA de 2000), nº 11.178/2005 (LDO para LOA de 2006) e nº 12.919/2013 (LDO para LOA de 2014).

Essa situação fragiliza a análise da efetividade desses programas pela perspectiva orçamentária. Tais programas são claros exemplos de atuações estatais que, por meio da figura da transação tributária, importam em gastos tributários indiretos representados pelos valores renunciados a título de anistia e remissão.

Identifica-se uma evolução institucional em nível federal, posto que os programas instituídos em 2017 (Medidas Provisórias nº 766/2017[324] e nº 783/2017[325]) já trouxeram, em suas exposições de motivo, uma estimativa prévia e genérica dos custos das medidas. Todavia, por ocasião da elaboração do demonstrativo de gastos tributários que integrou o Projeto de Lei Orçamentária de 2017, não são considerados

---

Responsabilidade Fiscal, a renúncia será compensada por meio do Decreto de execução orçamentária de forma a não afetar o cumprimento da meta fiscal já estabelecida na Lei de Diretrizes Orçamentárias. Ademais, tais créditos enquadram-se na exceção prevista no inciso II do §3º do Art. 14 da Lei de Responsabilidade Fiscal" (BRASIL. *Exposição de Motivos Interministerial nº 161/2008 – MF/MP/MAPA/AGU*. 3 out. 2008. Disponível em: http://www.planalto.gov.br/ccivil_03/_ato2007-2010/2008/Exm/EMI-161-MF-MP-MAPA-AGU-mpv449.htm. Acesso em: 15 nov. 2015).

[321] BRASIL. Secretaria da Receita Federal. *Demonstrativo dos benefícios tributários*: 2000. Brasília, 16 ago. 1999. Disponível em: http://idg.receita.fazenda.gov.br/dados/receitadata/gastos-tributarios/previsoes-ploa/arquivos-e-imagens/dgt-2000/view. Acesso em: 12 nov. 2015.

[322] BRASIL. Ministério da Fazenda. Secretaria da Receita Federal do Brasil. Coordenação-Geral de Política Tributária *Demonstrativo dos gastos governamentais indiretos de natureza tributária (gastos tributários)*: 2006. Brasília, set. 2005. Disponível em: http://idg.receita.fazenda.gov.br/dados/receitadata/gastos-tributarios/previsoes-ploa/arquivos-e-imagens/dgt-2006/view. Acesso em: 12 nov. 2015.

[323] BRASIL. Ministério da Fazenda. Secretaria da Receita Federal do Brasil. *Demonstrativo dos gastos governamentais indiretos de natureza tributária (gastos tributários)*: Ploa 2014. Brasília, [2013?]. Disponível em: http://www.receita.fazenda.gov.br/publico/estudotributario/BensTributarios/2014/DGT2014.pdf. Acesso em: 12 nov. 2015.

[324] BRASIL. *Exposição de Motivos n. 00152/2016 MF*. Brasília, 30 dez. 2016. Disponível em: http://www.planalto.gov.br/ccivil_03/_ato2015-2018/2017/Exm/Exm-MP-766-17.pdf. Acesso em: 17 jun. 2017.

[325] BRASIL. *Exposição de Motivos n. 00060/2017 MF*. Brasília, 31 maio 2017. Disponível em: http://www.planalto.gov.br/ccivil_03/_ato2015-2018/2017/Exm/Exm-MP-783-17.pdf. Acesso em: 17 jun. 2017.

os impactos das referidas medidas.[326] Também não há a previsão de medidas de compensação relativas aos impactos dos aludidos programas na Lei de Diretrizes Orçamentárias para o orçamento de 2017 (Lei nº 13.408/2016).

A Lei nº 13.988, de 14 de abril de 2020, ao condicionar a transação à observância de normas orçamentárias e financeiras (art. 9º), está a reconhecer que, em alguns casos, os programas oferecidos pela União importarão em impacto no orçamento federal. A existência de renúncias de receitas associadas às concessões oferecidas aos contribuintes para adesão é uma das formas possíveis de impacto orçamentário.

Retomando o objetivo da disciplina dos gastos tributários, afastar os programas de transação da sua regência, alegando seu enquadramento na exceção do artigo 14, parágrafo 3º, inciso II, da LRF para não realizar nenhum tipo de apuração de custos estimados da medida é inviabilizar um importante instrumento de controle do desempenho desses programas.

Mesmo nos casos em que os custos de cobrança sejam superiores ao valor do débito cobrado, eventual exoneração deve ser precedida tanto de uma estimativa dos valores renunciados quanto de uma projeção sobre os custos da efetiva cobrança. Do contrário, a referida hipótese excepcional converte-se em regra aplicável a todos os benefícios fiscais concedidos sobre débitos já constituídos, como nos casos de anistia, remissão ou transação. Bastaria alegar que os custos de cobrança são superiores à renúncia – mesmo sem dizer o quanto foi renunciado ou quanto custaria cobrar – que estaria o gestor autorizado a dispor do patrimônio público.

Essa interpretação hiperexpansiva da exceção do artigo 14, parágrafo 3º, inciso II, da LRF é incompatível com todo o sistema orçamentário brasileiro, o que inclui as disposições da própria Lei de Responsabilidade Fiscal, que visa manter o equilíbrio e viabilizar o controle na gestão fiscal por meio do planejamento da atuação estatal.

Nessa linha, defende-se que os programas de transação tributária devem ser integralmente submetidos ao procedimento do artigo 14 da LRF, para fins de validade da medida, bem como ter seus impactos incorporados ao sistema orçamentário como um todo.

---

[326] BRASIL. Ministério da Fazenda. Secretaria da Receita Federal. *Demonstrativo dos gastos governamentais indiretos de natureza tributária (gastos tributários)*: Ploa 2017. Brasília, ago. 2016. Disponível em: https://idg.receita.fazenda.gov.br/dados/receitadata/renuncia-fiscal/previsoes-ploa/dgt-ploa-2017-versao-1-1.pdf. Acesso em: 17 jun. 2017.

Somente dessa forma, os programas poderiam ser submetidos a exames de *coerência*, por meio do confronto dos objetivos buscados pelos programas de transação, assim como pelos setores atingidos, com as metas e os setores estratégicos definidos no PPA; *coordenação*, de forma a demonstrar a compatibilidade da atuação com as medidas de equilíbrio da LDO (evitando impactos negativos a prejudicar os resultados fiscais); e *dimensionalidade*, a conferir uma perspectiva do custo do programa de transação que se pretende implementar e seu impacto na LOA, o que viabilizaria uma análise de desempenho capaz de medir a *relevância*, *efetividade* e *eficiência* dos programas.

CAPÍTULO 3

CONTROLE DOS PROGRAMAS DE TRANSAÇÃO TRIBUTÁRIA

O planejamento é meio que viabiliza o exercício do controle. Somente diante de objetivos claros e de um plano de ação definido é que os contornos da escolha pública podem ser submetidos ao escrutínio dos órgãos habilitados pelo sistema para controlar a atuação do administrador.

Toma-se a expressão "controle administrativo" em seu sentido amplo, como gênero que "materialmente abrange não apenas os atos administrativos (assim formalmente considerados pelo Direito Administrativo), mas também os atos e atividades da administração".[327]

Na tentativa de delinear as características do controle das políticas de transação, serão enfrentados dois aspectos possíveis, a saber: o controle como instrumento de evolução institucional, em um contexto em que elaboração, implementação, governança executiva e avaliação de resultados são relacionadas como momentos em que a complexa estrutura de controle estatal é exercida com vistas a promover racionalidade, transparência e previsibilidade à atuação estatal; e a responsabilização de gestores, como meio de reprimir atuações temerárias de gestores públicos na formulação e condução dessas políticas públicas.

---

[327] GUALAZZI, Eduardo Lobo Botelho. *Regime jurídico dos tribunais de contas*. São Paulo: RT, 1992. p. 23.

3.1 Controle como instrumento de evolução institucional

Retomando as marcas iniciais deste trabalho, tem-se que os programas de transação tributária implementados como medida de política fiscal constituem-se em verdadeiras políticas públicas,[328] com metas e objetivos específicos a serem atingidos.

O planejamento, no contexto dessas políticas, atua como elemento integrante do dever de motivação associado à intervenção do Estado sobre o domínio econômico, que outorga racionalidade ao agir, promovendo a transparência (publicidade) dos objetivos (fins) e instrumentos (meios) utilizados, difundindo a previsibilidade e a aceitabilidade das medidas (segurança jurídica) em relação aos particulares e favorecendo a racionalidade (eficiência) no emprego dos recursos públicos.

Planejar, portanto, é regra construída a partir da constituição econômica e aplicável a toda atuação do Estado, em grau último, como decorrência do direito fundamental à boa administração, que implica necessária submissão do agir administrativo ao controle.

A deficiência no planejamento é perniciosa tanto por impossibilitar o atingimento de objetivos quanto por gerar gastos de má qualidade. Nesse diapasão, "sem planejamento, chegar a algum objetivo torna-se tanto menos possível, quanto mais provável se torna o desperdício de recursos".[329]

A atuação planejada da Administração na implementação de programas governamentais instrumentaliza e viabiliza a atuação dos órgãos de controle. Como ressalta Estevão Horvath, "o planejamento é o mecanismo de aferição das metas traçadas pelo governo",[330] ou seja,

---

[328] Nas pegadas de Maria Paula Dallari Bucci, entende-se política pública como uma *atividade*, um conjunto organizado de normas e atos unificado pela sua finalidade. Deve-se distinguir a política dos atos, das decisões e das normas que a compõem, que possuem uma natureza heterogênea e estão submetidos a um regime jurídico próprio. Encarar os programas de transação tributária como políticas públicas significa conferir-lhes um tratamento estrutural, que parte dos objetivos estabelecidos por planejamento cogente, para acompanhar seu desempenho e medir seus resultados. Muito embora seja um recorte interessante, o trabalho não pretende apresentar uma extensiva análise dos programas de transação como políticas públicas (BUCCI, Maria Paula Dallari. *Fundamentos para uma teoria jurídica das políticas públicas*. São Paulo: Saraiva, 2013. p. 104).

[329] ALMEIDA, Carlos Otávio Ferreira de. O planejamento financeiro responsável: boa governança e desenvolvimento no Estado contemporâneo. *In*: CONTI, José Mauricio; SCAFF, Fernando Facury. *Orçamentos públicos e direito financeiro*. São Paulo: RT, 2011. p. 577-599. p. 582.

[330] HORVATH, Estevão. Orçamento público e planejamento. *In*: MELLO, Celso Antônio Bandeira de (Org.). *Estudos em homenagem a Geraldo Ataliba*: direito tributário. São Paulo: Malheiros, 1997. p. 119-134. p. 131.

é a partir dos objetivos e das metas fixadas no momento da elaboração da medida que o controle pode ser exercitado.

Propõe-se que o exercício do controle na elaboração e na implementação de programas de transação se dê em quatro momentos, na linha de José Maria Arruda de Andrade:
1. *a elaboração da política*, concernente aos estudos que precederam a sua formulação;
2. *a implementação*, como processo legislativo de debate democrático e conversão do programa em um conjunto de normas jurídicas destinadas a regular comportamentos com vistas ao atendimento do fim buscado;
3. *a governança executiva*, representada pela Administração e pela condução dos programas durante seu período de vigência (execução); e
4. *a análise de eficiência e efetividade*, que confronta os objetivos a que o programa se propunha em relação aos resultados atingidos.[331]

Nessa proposta, o exercício do controle encontra sinergia com as fases do ciclo orçamentário,[332] a saber: 1) a elaboração, produto do planejamento administrativo concernente na fase de preparação de uma proposta orçamentária que guarde coerência com as metas e os objetivos a serem atingidos pela Administração; 2) a aprovação, momento em que os projetos de leis orçamentárias são submetidos ao Poder Legislativo, que tem competência para discutir e deliberar sobre eles; 3) a execução, que se refere aos atos efetivos de realização de receitas e gastos previstos no orçamento; 4) o controle, destinado à averiguação tanto do cumprimento das metas da Administração quanto da efetividade dos programas específicos; e 5) a fiscalização, na qual o Tribunal de Contas, enquanto órgão de controle externo, emite parecer sobre as contas apresentadas pelo chefe do Executivo e o submete ao julgamento pelo Legislativo.

Considerando que o objetivo é confrontar as possibilidades de controle capazes de induzir o aprimoramento institucional das atividades administrativas, a análise será restringida aos quatro primeiros

---

[331] ANDRADE, José Maria Arruda de. A política econômica e a governança dos gastos tributários indiretos. Consultor Jurídico. 30 ago. 2015. Disponível em: http://www.conjur.com.br/2015-ago-30/Estado-economia-politica-gastos-tributarios-indiretos. Publicado em 30 ago. 2015. Acessado em 11 jun. 2017.

[332] CAMPOS, Dejalma. *Direito financeiro e orçamentário*. São Paulo: Atlas, 1995. p. 74.

estágios,³³³ uma vez que o último, não obstante ser elemento democrático de controle da atuação do Executivo, consiste em uma modalidade específica de sanção política sobre a atuação do administrador. A eleição dos momentos tem por objetivo demonstrar aspectos relevantes do planejamento como instrumento de evolução institucional, compreendida como o fenômeno do aprimoramento da atividade administrativa, em seus diversos aspectos, com vistas ao atingimento dos resultados pretendidos.³³⁴

3.1.1 Elaboração: do planejamento à criação dos programas

No momento da elaboração dos programas, a definição de objetivos (fins) e instrumentos (meios) para sua implementação deriva do próprio dever de motivação imposto ao Estado, em face da excepcionalidade de sua atuação no domínio econômico. Nesse ponto, impõe-se destacar a necessidade de coordenação entre os objetivos que se pretende atingir com o programa e as metas e as áreas estratégicas fixadas para o setor público como um todo.³³⁵

Gilberto Bercovici³³⁶ defende que o planejamento macroeconômico, perspectiva ampla que envolve a atuação governamental como um todo, deve ser compreendido no campo da legitimação das atividades do Estado, coordenando sua atuação e refletindo escolhas guiadas por valores políticos e ideológicos. Por meio dele o Estado desenvolve sua função diretiva, fixando objetivos para os setores público e privado. Nessa perspectiva, a discricionariedade para elaborar programas governamentais está vinculada, em um primeiro momento, aos termos do

---

[333] José Afonso da Silva também circunscreve sua análise do ciclo orçamentário aos quatro primeiros estágios (SILVA, José Afonso da. *Orçamento-programa no Brasil*. São Paulo: Revista dos Tribunais, 1973. p. 233).

[334] COUTINHO, Diogo R. *Direito econômico e desenvolvimento democrático*: uma abordagem institucional. 2014. 380 p. Tese (Titularidade em Direito) – Faculdade de Direito, Universidade de São Paulo, São Paulo, 2014. p. 301.

[335] Para Marco Aurélio Greco, "o debate tributário – posto que focado no desempenho de uma função – supõe necessariamente a inserção da exigência pecuniária no âmbito dos instrumentos para o atendimento a certa política pública, consagrada no Plano Plurianual, o qual deve ter coerência com a plataforma eleitoral escolhida democraticamente pela via eleitoral" (GRECO, Marco Aurélio. Do poder à função tributária. *In*: FERRAZ, Roberto Catalano Botelho (Coord.). *Princípios e limites da tributação 2*: os princípios da ordem econômica e a tributação. São Paulo: Quartier Latin, 2009. p. 165-176. p. 175).

[336] BERCOVICI, Gilberto. A Constituição Federal e o papel do Estado no domínio econômico. *Revista da Academia Brasileira de Direito Constitucional*. Curitiba, v. 2, p. 117-129, 2002.

planejamento macroeconômico, que estabelece parâmetros e diretrizes do que será feito.

Em uma perspectiva internacional, Gaspar Ariño Ortiz[337] relata o crescente abandono dos grandes planos de desenvolvimento nacional como elementos de política econômica, todavia ressalta a importância do estabelecimento de diretrizes estratégicas e setoriais como vetores de coordenação entre os diversos programas que se pretende implementar. Na realidade brasileira,[338] apesar de algumas tentativas de implementação do planejamento estratégico, pode-se constatar um quadro de subutilização de ambas as técnicas na Administração Pública, considerada uma perspectiva macroeconômica.

Entretanto, mesmo nesse cenário desfavorável, pode-se identificar no sistema orçamentário brasileiro um modelo que obriga o administrador a: 1) eleger as diretrizes de médio prazo e as áreas estratégicas por ocasião da elaboração e aprovação do PPA; 2) eleger as metas que serão realizadas no exercício seguinte e estabelecer parâmetros de equilíbrio fiscal na LDO; e 3) escolher e quantificar estimativamente as medidas que serão implementadas no exercício subsequente na LOA. Para além de um sistema formal de controle e contabilidade pública, o orçamento no Brasil estabelece, em uma perspectiva jurídica,[339] um conjunto de linhas mestras e setores prioritários para o setor público.

A vinculação jurídico-sistemática entre planejamento macroeconômico e orçamento é percebida por Eros Grau[340] como condição para o atingimento dos objetivos travados para a política econômica. Trata-se de um elemento de racionalidade[341] na coordenação dos meios para a obtenção dos fins na busca da eficiência da atuação estatal.

---

[337] ARIÑO ORTIZ, Gaspar. *Princípios de derecho público económico*. Granada: Editorial Comares, 1999.

[338] CORRÊA, Izabela Moreira. Planejamento estratégico e gestão pública por resultados no processo de reforma administrativa do Estado de Minas Gerais. *Revista de Administração Pública*, Rio de Janeiro, v. 41, n. 3, p. 487-504, maio/jun. 2007. Disponível em: http://www.scielo.br/scielo.php?script=sci_arttext&pid=S0034-76122007000300006. Acesso em: 18 jul. 2017.

[339] OCTAVIANI, Alessandro. Notas sobre direito e planejamento econômico no capitalismo moderno. In: HORVATH, Estevão; CONTI, José Mauricio; SCAFF, Fernando Facury. *Direito financeiro, econômico e tributário*: estudos em homenagem a Regis Fernandes de Oliveira. São Paulo: Quartier Latin, 2014. p. 41-47. p. 44.

[340] GRAU, Eros. *Planejamento econômico e regra jurídica*. 1977. 262 p. Tese (Livre-Docência em Direito) – Faculdade de Direito, Universidade de São Paulo, São Paulo, 1977. p. 150.

[341] HORVATH, Estevão. Orçamento público e planejamento. In: MELLO, Celso Antônio Bandeira de (Org.). *Estudos em homenagem a Geraldo Ataliba*: direito tributário. São Paulo: Malheiros, 1997. p. 119-134. p. 291.

Reconhecer juridicidade às diretrizes estabelecidas pelo sistema orçamentário brasileiro significa que a elaboração de programas passa pela compatibilização destes com os objetivos gerais e as áreas estratégicas estabelecidos para o setor público, em máxima expressão positivados no PPA (*coerência*). O planejamento estrutural que lhes é inerente tem o papel de coordená-los com os objetivos estabelecidos para a Administração Pública como um todo.[342]

Aplicando essas considerações aos programas de transação tributária, tem-se que sua elaboração deve, em seus estudos prévios, estabelecer objetivos específicos, guardando *coerência* com os objetivos gerais estabelecidos para a Administração no PPA. Cabe ainda demonstrar a *coordenação* dos custos públicos implicados (na forma de gastos tributários indiretos) com as metas de equilíbrio fiscal estabelecidas na LDO. É importante, ainda, que esses custos sejam *dimensionados* e que seu impacto seja regionalizado na LOA.

Merece especial atenção a falta de consideração, na fase de elaboração da medida, da *coerência* dos objetivos de determinado programa de transação com as áreas estratégicas e os objetivos estabelecidos pelo PPA, o que pode indicar uma medida casuística e, portanto, juridicamente incompatível com o ordenamento.

O dever de planejar, justificando a adequação do programa em relação aos demais objetivos da Administração Pública, confere a transparência, a previsibilidade e a aceitabilidade indispensáveis para o estabelecimento de um ambiente favorável à atuação dos particulares no regime de livre-iniciativa. Por outro lado, uma atuação não planejada e não coordenada com os demais objetivos da Administração Pública pode configurar uma intervenção conjuntural casuística no domínio econômico, não legitimada constitucionalmente, portanto.

Na perspectiva do planejamento, o teste de *coerência*, que aponta se determinado programa é fruto de uma atuação coordenada, passa pela necessária justificação do enquadramento dos objetivos e das metas específicos dele com as diretrizes e as áreas estratégicas estabelecidas no PPA para a Administração Pública como um todo.

A formulação de programas governamentais casuístas, destinados a beneficiar ou prejudicar determinados grupos, em descompasso com diretrizes e áreas estratégicas fixadas pelo processo orçamentário, é absolutamente incompatível com o ordenamento jurídico brasileiro. Pode, portanto, ser classificada como conduta dirigista, na medida

---

[342] Quando este trabalho faz menção a "planejamento", sem uma qualificação específica, quer-se referir ao planejamento estrutural do próprio programa.

em que, carecendo de coerência, converte-se em um instrumento de desigualdade injustificada pelo sistema.[343]

Analisando os programas de transações federais, em suas diversas reedições, Stephan Righi Boechat[344] denuncia o processo de deterioração técnica de uma medida que nasceu com objetivos específicos e determinados e acabou convertendo-se em uma intervenção e sem objetivos claros definidos. De um instrumento legítimo de intervenção do Estado sobre o domínio econômico, esse exemplo de transação tributária viu-se convertido em instrumento de utilização casuística pelo governo federal.

A Lei de Responsabilidade Fiscal incorporou o planejamento como "vetor de conduta dos agentes públicos na medida em que somente uma ação planejada e transparente pode ser considerada como responsável em termos de gestão fiscal".[345] A sinergia necessária entre o processo orçamentário e a fase de implementação das políticas fiscais conduzidas por meio de gastos tributários é evidenciada pela necessidade, determinada pelo artigo 14 da Lei de Responsabilidade Fiscal, de comprovação de que a medida esteja prevista na Lei de Diretrizes Orçamentárias, bem como de que não prejudique os resultados da Administração e tenha seu impacto estimado na Lei Orçamentária Anual.

A iniciativa exclusiva do Poder Executivo para propor as leis orçamentárias indica seu "protagonismo"[346] na coordenação dos meios disponíveis para o atendimento dos resultados almejados. O planejamento transparente dos programas de transação viabiliza o controle da coerência entre o objetivo específico que se pretende atingir, as metas mais abstratas e os setores estratégicos eleitos como prioritários para a atuação da Administração como um todo.

---

[343] Na visão de João Ricardo Catarino, os governos são, a um só tempo, agentes e vítimas de um processo empreendido por grupos específicos com vistas à elaboração de medidas fiscais. Para o autor, "profusão, desarticulação e eternização" dos benefícios fiscais são aspectos dos mais criticáveis dos sistemas fiscais (CATARINO, João Ricardo. *Para uma política do tributo*. Lisboa: Centro de Estudos fiscais, 2009. p. 439).

[344] BOECHAT, Stephan Righi. Direito e políticas públicas: uma visão jurídica para os Programas de Parcelamento Especial (REFIS). *Revista Fórum de Direito Financeiro e Econômico (RFDFE)*, Belo Horizonte, v. 4, n. 7, p. 101-118, mar./ago. 2015. p. 115.

[345] HORVATH, Estevão. *O orçamento no século XXI*: tendências e expectativas. 2014. 418 p. Tese (Titularidade em Direito) – Faculdade de Direito, Universidade de São Paulo, São Paulo, 2014. p. 321.

[346] Este protagonismo desenvolve um importante papel na preservação dos direitos das gerações pósteras, em uma perspectiva intergeracional (SILVEIRA, Alexandre Coutinho da. Orçamento e planejamento: tensões entre poderes. *Revista Fórum de Direito Financeiro e Econômico – RFDFE*, Belo Horizonte, v. 4, n. 6, p. 31-58, set. 2014/fev. 2015. p. 58).

A fim de acessar o planejamento que orientou a formulação de determinado programa, assumem posição de destaque os estudos que precederam a elaboração da medida,[347] como elementos que permitem a reconstrução[348] dos objetivos que se pretende alcançar, bem como seu custo estimado.

No caso dos programas de transação tributária, o planejamento se revela em aspectos como a circunscrição do potencial grupo de agentes atingidos, o cálculo do custo da medida (com eventual detalhamento dos gastos tributários) e o estabelecimento prévio dos objetivos a serem buscados com o programa.

Tais aspectos podem ser reconstruídos por meio da exposição de motivos e da publicação dos estudos prévios que orientaram sua elaboração. Entretanto, é de fundamental importância a atuação dos órgãos de controle para induzir o planejamento como mecanismo de "legitimidade procedimental"[349] para esse tipo de programa.

O controle que visa à manutenção da regra de obrigatoriedade de estudos prévios na elaboração de programas de transação tributária pode ser exercitado, nos termos do artigo 70 da CRFB, tanto pelos órgãos de controle interno como pelos de controle externo.

No âmbito do controle interno, a fiscalização da obrigatoriedade do planejamento na elaboração de programas de transação tributária pode ser implementada pela via da procedimentalização da atuação estatal e pelo estabelecimento de arranjos institucionais, medidas que podem ser capitaneadas pelos órgãos de fiscalização interna, abrindo caminho para a evolução da máquina administrativa em direção a uma cultura de planejamento.

No âmbito federal, a Lei nº 10.180/2001 estabelece um sistema de planejamento que vincula a elaboração de planos, programas e

---

[347] ANDRADE, José Maria Arruda de. A política econômica da desoneração da folha de pagamento. *Consultor jurídico*. 27 set. 2015. Disponível em: http://www.conjur.com.br/2015-set-27/Estado-economia-politica-economica-desoneracao-folha-pagamento. Acesso em: 14 nov. 2015.

[348] A consideração dos objetivos e das metas veiculados pelos estudos prévios que orientaram a elaboração dos projetos de lei deriva da implementação de argumentos institucionais genéticos como meio para a reconstrução da finalidade que se pretendia atingir com determinado programa (ÁVILA, Humberto. Argumentação jurídica e a imunidade do livro eletrônico. *Revista Eletrônica de Direito do Estado (REDE)*, Instituto Brasileiro de Direito Público, Salvador, n. 21, jan./mar. 2010. Disponível em: http://www.direitodoestado.com/revista/REDE-21-JANEIRO-2010-HUMBERTO-AVILA.pdf. Acesso em: 21 ago. 2016. p. 16).

[349] COUTINHO, Diogo R. *Direito econômico e desenvolvimento democrático*: uma abordagem institucional. 2014. 380 p. Tese (Titularidade em Direito) – Faculdade de Direito, Universidade de São Paulo, São Paulo, 2014. p. 174.

orçamentos à elaboração de estudos prévios (art. 3º). Essa norma também atribui aos responsáveis pelos programas em nível federal o dever de avaliar sua coordenação com as ações do governo (art. 7º). Diante da existência dessa norma, cabe ao controle interno da Administração Federal fiscalizar o processo de elaboração de programas de transação tributária, de forma a garantir sua coordenação com os objetivos e as metas da Administração. Na realidade dos estados, do distrito federal e dos municípios, na falta de regra específica para regular o planejamento (estrutural) dos programas, reputa-se aplicável o princípio geral de planejamento, insculpido no artigo 7º do Decreto-Lei nº 200/1964.

Em todos os casos, entende-se que o controle externo pode ser responsável pela criação de rotinas, protocolos, pareceres normativos ou outros instrumentos de padronização da atividade administrativa com vistas a introduzir uma cultura de planejamento estrutural que deságue, em relação aos programas de transação, em medidas mais coerentes, coordenadas e com custos previamente dimensionados.

Pela via do controle externo, poderia o Tribunal de Contas da União (TCU), forte na regra constitucional do planejamento e na disciplina da Lei nº 10.180/2001, exigir que os programas de transação tributária que forem elaborados pelo governo federal no futuro sejam precedidos de estudos detalhados, conduzidos em caráter público e transparente. Caberia ainda à corte assinar prazo para que o Poder Executivo implemente medidas que viabilizem o planejamento e a coordenação dos programas já existentes, podendo até responsabilizar os agentes públicos que descumprirem o dever de elaborar os estudos prévios que devem lastrear as medidas (art. 71, VIII e IX, da CRFB).[350]

Tanto pela via do controle interno quanto pela via do controle externo, a procedimentalização da atuação estatal em favor da promoção de uma cultura de planejamento, desde o momento da elaboração dos programas de transação, possibilita maior coerência entre eles e as metas e os setores estratégicos estabelecidos do PPA (*coerência*), viabiliza a produção de um programa coordenado com as diretrizes gerais do equilíbrio estabelecidas pela LDO (*coordenação*) e permite fazer projeções sobre os custos envolvidos, a serem refletidos na LOA (*dimensionalidade*) do exercício em que começar sua vigência.

---

[350] Em uma perspectiva de simetria, também caberia aos Tribunais de Contas estaduais e municipais fiscalizar a implementação de uma cultura de planejamento por parte do Poder Executivo.

3.1.2 Implementação: transparência e participação no processo legislativo

Defendeu-se que o planejamento é um veículo de difusão de transparência, por meio do qual os objetivos e os instrumentos dos programas de transação tributária são descortinados.

Em face do império da legalidade no Direito Tributário (art. 150, I, da CRFB), a instituição e a cobrança de tributos dependem de lei (formal e material), assim como o exercício negativo de competência para desonerar determinados fatos tributáveis (art. 97, II, do CTN).[351]

Em face dessa expressa reserva, a elaboração de programas de transação tributária é materializada por meio de projetos de lei, que são resultados de atos e procedimentos administrativos e, como tal, produtos de uma atuação necessariamente motivada. É pela porta da motivação que o controle é viabilizado ou, nas palavras de Paulo Ayres Barreto, o "controle do exercício da função administrativa, interna ou externamente (Legislativo), ou ainda por intermédio de revisão judicial, pressupõe sua motivação".[352]

A motivação, enquanto fundamentação de uma decisão, há de ser justificante, ou seja, "as razões de um acto administrativo, sendo este uma decisão programada normativamente (pelo menos) quanto ao fim, constituem sempre um 'juízo justificativo' (...) ou um 'discurso justificativo' (...) desse acto".[353] Nessa linha, a exposição de motivos desses projetos, enquanto elemento que expõe a motivação que conduziu à elaboração dos programas, deve revelar o planejamento que lhes dá suporte, viabilizando sua deliberação ampla pelo Poder Legislativo.

Ter acesso aos estudos que justificaram a elaboração de programas de transação tributária propostos na forma de projetos de lei viabiliza o juízo do Poder Legislativo sobre sua conveniência. Rememorando lição de João Maurício Adeodato, todo direito é produto de uma opção ética, sendo que algumas opções triunfam sobre outras. Nesse paradigma, "as escolhas vencedoras são impostas a todos, mesmo àqueles que com elas não concordam. Por isso que, diferentemente da moral, o direito vive às voltas com necessidades de legitimação".[354]

---

[351] BORGES, José Souto Maior. *Teoria geral da isenção tributária*. 3. ed. São Paulo: Malheiros, 2001. p. 42.

[352] BARRETO, Paulo Ayres. Princípio republicano e a motivação dos atos administrativos em matéria tributária. In: BOTALLO, Eduardo Domingos. *Direito tributário*: homenagem a Geraldo Ataliba. São Paulo: Quartier Latin, 2005. p. 101-110. p. 106.

[353] ANDRADE, José Carlos Vieira de. *O dever da fundamentação expressa de actos administrativos*. Coimbra (Portugal): Almedina, 1992. p. 230.

[354] ADEODATO, João Maurício. *Uma teoria retórica da norma jurídica e do direito subjetivo*. São Paulo: Noeses, 2011. p. 351.

A transparência implementada pela divulgação dos estudos prévios que integraram o planejamento da medida promove uma elevação da possibilidade de participação na discussão sobre sua pertinência e viabilidade.[355] O Brasil adota o regime de democracia participativa, que tem por aspecto essencial (ao lado das possibilidades de participação direta) a possibilidade de influir na formação das decisões estatais pela via representativa.[356]

Marcos Augusto Perez destaca o processo legislativo como campo aberto à participação da sociedade:

> Na função legislativa, a participação dos cidadãos se dá, primordialmente, através da escolha de legisladores pelo sufrágio universal, "participação na atribuição do poder", mas também a veremos na atuação dos chamados grupos de pressão e, particularmente no caso brasileiro, no funcionamento das Comissões que realizam audiências públicas com entidades da sociedade civil (art. 58, §2º, II, da CF) e, ainda, na possibilidade de iniciativa popular do processo legislativo (art. 61, *caput* e §2º, da CF) para matérias que não sejam da competência reservada de determinado titular, plebiscito e referendo (art. 14, incisos I e II, da CF).[357]

O ordenamento jurídico nacional tem positivada a democracia participativa como cláusula constitucional (parágrafo único do artigo 1º da CRFB). Com a contundência que lhe é peculiar, Paulo Bonavides denuncia que "acerca destes dispositivos, não há nada a acrescentar. Mas há tudo a realizar".[358]

Da participação no processo de elaboração e aprovação das leis que consubstanciam políticas públicas, nesse corte representadas pelos programas de transação tributária, nasce uma "legitimidade fruto da adesão racional da sociedade a um conjunto de medidas concretas, políticas ou programas que ajudou a formular, decidir e muitas vezes

---

[355] *"Planejamento responsável exige um conjunto de ações transparentes*, focadas no equilíbrio das contas, obedientes a limites e condições para renunciar receitas e despender recursos públicos" (ALMEIDA, Carlos Otávio Ferreira de. O planejamento financeiro responsável: boa governança e desenvolvimento no Estado contemporâneo. *In:* CONTI, José Mauricio; SCAFF, Fernando Facury. *Orçamentos públicos e direito financeiro.* São Paulo: RT, 2011. p. 577-599. p. 582, grifo nosso).

[356] SILVA, José Afonso da. *Curso de direito constitucional positivo.* 36. ed. São Paulo: Malheiros, 2013. p. 148.

[357] PEREZ, Marcos Augusto. *Institutos de participação popular na Administração pública.* 1999. 211 p. Dissertação (Mestrado em Direito) – Faculdade de Direito, Universidade de São Paulo, São Paulo, 1999. p. 48.

[358] BONAVIDES, Paulo. *Teoria constitucional da democracia participativa.* 3. ed. São Paulo: Malheiros, 2008. p. 346.

implementar".³⁵⁹ Daí a necessidade de informação aos representantes e à sociedade como forma de orientar o processo de participação, legitimando, assim, as medidas implementadas.

A transparência em relação aos estudos que orientaram a produção dos projetos de lei que tramitam no Legislativo, no caso específico dos programas de transação tributária, tem a função – senão de evitar completamente o estabelecimento arbitrário de benefícios fiscais em benefício de uma minoria³⁶⁰ – de viabilizar o controle social sobre os critérios de discriminação estabelecidos por esses projetos.

Em último grau, a transparência dos projetos de lei de transação tributária se dá com a divulgação, por ocasião da exposição de motivos, dos estudos prévios inerentes ao planejamento de um programa e visa estabelecer uma via de controle da consistência entre o critério de discriminação escolhido e os objetivos almejados, em uma perspectiva de igualdade formal. Como ressalta Hans Gribnau, preferências desprovidas de fundamentação podem ser atribuídas às legislações com défice de imparcialidade. Para o autor, o controle focado nos critérios de desigualdade fixados (igualdade formal) visa proteger o "contribuinte contra preferências escancaradas".³⁶¹

Nesse contexto, a existência de planejamento transparente é condição que viabiliza o debate legislativo anterior à implementação dos programas de transação tributária, possibilitando o confronto dos objetivos que se pretende atingir por meio de determinado programa com os objetivos e as metas estabelecidos pelo processo orçamentário para a Administração como um todo (*coerência*). Trata-se da possibilidade de controle político e social de programas casuísticos e orientados para o atendimento de interesses de grupos específicos.

Também é papel do Poder Legislativo, nos termos do artigo 59, inciso I, da Lei de Responsabilidade Fiscal, zelar pelo cumprimento das metas fiscais. Assim, a *coordenação* entre o programa proposto e os

---

³⁵⁹ PEREZ, Marcos Augusto. *A Administração Pública democrática*: institutos de participação popular na Administração Pública. Belo Horizonte: Fórum, 2009. p. 221.

³⁶⁰ Carlos Augusto Daniel Neto, lastreado nas lições de Kenneth Arrow, denuncia as inconsistências do sistema majoritário de votação, que, em decorrência de falhas próprias do sistema de representação, está exposto a riscos de captura, que podem descambar na aprovação de medidas tendentes a privilegiar o interesse de uma minoria (DANIEL NETO, Carlos Augusto. *Dialética da tolerância fiscal*. 2014. 259 p. Dissertação (Mestrado em Direito) – Faculdade de Direito, Pontifícia Universidade Católica de São Paulo, São Paulo, 2014. p.117).

³⁶¹ GRIBNAU, Hans. Equality, Consistency and Impartiality in Tax Legislation. *In:* GRIBNAU, Hans (Ed.). *Legal Protection Against Discriminatory Tax Legislation*: the Struggle for Equality in European Tax Law. London: Kluwer Law International, 2003. p. 7-32. p. 32.

parâmetros de equilíbrio trazidos no anexo de metas fiscais da LDO é um importante critério. Cabe ao planejamento a demonstração dessa perspectiva, franqueando ao Poder Legislativo os critérios utilizados para demonstrar a compatibilidade da medida.

O planejamento, na fase de deliberação no Poder Legislativo, também possibilita – pelo cálculo dos gastos tributários indiretos (*dimensionalidade*) – o confronto entre os objetivos que se pretende atingir e os custos da medida, representados pelos programas de transação tributária.

Como destaca Estevão Horvath, "a Lei das Leis fornece a ambos os poderes (Executivo e Legislativo) a possibilidade de discutirem os destinos da sociedade e, em termos de recursos financeiros, deliberarem quanto a sua destinação".[362] O regime de obrigatoriedade do cálculo dos gastos tributários envolvidos nos programas de transação tributária, necessariamente integrantes do planejamento nessa modalidade de programa, possibilita uma decisão mais informada sobre a eficácia dos programas. Na fase legislativa, tanto os meios quanto os fins pretendidos são submetidos ao escrutínio do processo legislativo, espaço em que podem ser sugeridas correções de rumo ou alterações com vistas a potencializar os resultados obtidos.

Impõe-se ainda ressaltar o papel do Tribunal de Contas (art. 71, *caput*, da CRFB), que, no exercício de sua função consultiva, pode e deve fornecer apoio técnico aos membros do Poder Legislativo na compreensão dos reais impactos dos programas de transação propostos.

Por esse caminho, o órgão auxiliar de controle externo poderia ajudar o Poder Legislativo fornecendo subsídios técnicos para confrontar a fundamentação consubstanciada nos estudos prévios que integram seu planejamento. Novamente, a atuação do Tribunal de Contas somente seria viável em uma cultura de planejamento, na qual as razões integrantes da motivação dos projetos de transação podem ser efetivamente objeto de discussão e análise pelo Poder Legislativo e, em última análise, pela sociedade.

Somente diante de uma motivação efetiva, que engloba estudos prévios e transparentes sobre os impactos dos programas de transação tributária, é que o Poder Legislativo pode exercer sua função de controle prévio dos aludidos programas.

---

[362] HORVATH, Estevão. *O orçamento no século XXI*: tendências e expectativas. 2014. 418 p. Tese (Titularidade em Direito) – Faculdade de Direito, Universidade de São Paulo, São Paulo, 2014. p. 67.

O cálculo prévio do custo da desigualdade, que confronta os custos de determinado programa com os objetivos pretendidos, é atribuição do Poder Legislativo em matéria tributária. A discriminação realizada em favor dos contribuintes recalcitrantes em detrimento dos bons pagadores, com o objetivo de conduzi-los a uma situação de conformidade, deve estar calcada em informações sólidas, e não apenas em suposições.[363]

3.1.3 Governança executiva: o controle no desenvolvimento dos programas

Na fase da governança executiva, o planejamento fornece elementos para avaliação dos programas de transação tributária durante sua execução, o que possibilita uma eventual correção de rumos, se for constatada alguma inconsistência durante seu período de vigência.

É uma tarefa conjunta do Executivo e do Legislativo traçar o planejamento e colocá-lo em prática no sistema brasileiro.[364] Na perspectiva das despesas diretas, "a execução orçamentária é um conjunto de atividades destinadas ao cumprimento dos programas estabelecidos para alcançar os objetivos propostos".[365] A fase de execução orçamentária representa a implementação da autorização contida no orçamento.[366]

A execução da despesa, nos gastos diretos, está sujeita a um procedimento específico de positivação (art. 58 e seguintes da Lei

---

[363] Destaca-se aqui a severa crítica de André Ramos Tavares ao primeiro Refis federal, na qual o autor sustentava potencial ofensa ao princípio da isonomia, uma vez que o programa propõe uma discriminação entre sujeitos que cumpriram seus deveres tributários em detrimento dos recalcitrantes, "uma vez que concede um tratamento mais benéfico aos inadimplentes que deixaram de cumprir as obrigações, sem considerar que, nas mesmas condições adversas, os demais esforçaram-se para cumpri-las" (TAVARES, André Ramos. Refis: aceitação das cláusulas pactuadas e os limites do acordo bilateral em face dos direitos individuais. In: VERGUEIRO, Guilherme von Müller Lessa (Coord.). Refis: aspectos jurídicos relevantes. Bauru: Edipro, 2001. p. 27-53. p. 51). Entretanto, tal crítica merece obtemperação. Aceitar a transação como ferramenta de política fiscal significa entender possível que o Estado se utilize do seu poder de indução para equilibrar a capacidade de pagamento do setor privado com a necessidade de um fluxo constante de recursos ao sector público.

[364] SILVEIRA, Fernando Secaf. Problemas e diagnósticos na execução do planejamento orçamentário. *Revista Fórum de Direito Financeiro e Econômico – RFDFE*, Belo Horizonte, v. 4, n. 6, p. 59-78, set. 2014/fev. 2015. p. 64.

[365] SILVA, José Afonso da. *Orçamento-programa no Brasil*. São Paulo: Revista dos Tribunais, 1973. p. 306.

[366] SILVA, Isabela Morbach Machado e. O sistema orçamentário brasileiro: planejamento e políticas públicas. *Revista Fórum de Direito Financeiro e Econômico – RFDFE*, Belo Horizonte, v. 4, n. 6, p. 109-122, set. 2014/fev. 2015. p. 118.

nº 4.320/1964), ao cronograma estabelecido pela programação financeira do desembolso (art. 8º da LRF) e ao regime de limitação de empenho e movimentação financeira (art. 9º da LRF), caso a evolução na arrecadação das receitas não comporte o cumprimento das metas estabelecidas. Todo esse sistema visa promover um sistema de controle de legalidade, garantindo que as metas fiscais sejam atingidas de forma sustentável.[367]

O Tribunal de Contas, na forma do artigo 71 da CRFB, enquanto órgão auxiliar do Poder Legislativo, tem por função acompanhar a execução das despesas, dispondo de poderes para solicitar informações e realizar diligências com vistas a averiguar a legalidade e a legitimidade dos atos de aplicação de recursos públicos, podendo, inclusive, determinar a adoção de medidas necessárias à correção de condutas.

O rígido sistema ao qual estão submetidos os gastos diretos viabiliza, por meio da procedimentalização, a implementação do controle antes, durante e depois de seu encerramento pelos órgãos habilitados pelo sistema. Em paralelo, a proposta de José Maria Arruda de Andrade[368] destaca a necessidade de uma governança executiva dos gastos tributários indiretos que privilegie a atribuição de responsabilidades e procedimentos na condução dos programas, medidas que possibilitam também o acompanhamento dos programas desenvolvidos por meio de renúncias de receita.

A partir dessa proposta pode-se conceber a necessidade de adoção de um procedimento[369] para a governança dos programas de transação tributária, com o objetivo de impor aos responsáveis por sua implementação o dever de acompanhar o cumprimento dos objetivos, adrede estabelecidos pelo planejamento, não apenas no encerramento, mas durante sua execução.[370]

---

[367] OLIVEIRA, Regis Fernandes de. *Curso de direito financeiro*. 5. ed. São Paulo: RT, 2013. p. 533.
[368] ANDRADE, José Maria Arruda de. A política econômica da desoneração da folha de pagamento. *Consultor jurídico*. 27 set. 2015. Disponível em: http://www.conjur.com.br/2015-set-27/Estado-economia-politica-economica-desoneracao-folha-pagamento. Acesso em: 14 nov. 2015.
[369] Como explica Vasco Pereira da Silva, o procedimento, no Estado pós-social, não se limita a um instrumento de defesa dos cidadãos, mas se legitima como fio condutor das relações entre órgãos e entidades administrativas (PEREIRA DA SILVA, Vasco. *Em busca do acto administrativo perdido*. Coimbra: Almedina, 2003. p. 357).
[370] Para Paul A. Sabatier e Daniel Mazmanian a existência de um conjunto de objetivos claro que se pretende atingir com determinado programa funciona como um importante recurso para que os atores, dentro e fora das instituições responsáveis pela sua aplicação, possam perceber discrepâncias entre os resultados parciais identificados e estes objetivos (SABATIER, Paul A.; MAZMANIAN, Daniel. A Conceptual Framework of the Implementation Process. *In:* THEODOULOU, Stella Z.; CAHN, Matthew. *Public Policy*: the Essential Readings. Upper Saddle River (US): Prentice Hall, 1995. p. 153-173. p. 157).

No que tange à transação tributária, objeto específico deste estudo, defende-se que sua implantação deve ter objetivos específicos, figurando meio para o atendimento de determinados resultados. Como decorrência do princípio republicano, a governança executiva do programa deve estabelecer competências para avaliar o cumprimento das condições estabelecidas e acompanhar a evolução dos resultados, como explica Guilherme Bueno de Camargo:

> O pleno funcionamento de um sistema articulado de controle dos atos da Administração é fundamental para a democracia e é indispensável para a garantia dos direitos republicanos. Ademais, os sistemas de controle, além de possibilitarem a prestação de contas e responsabilização do agente público, podem servir de poderoso instrumento de aprimoramento da gestão, na medida em que os resultados nas atividades de controle podem servir como subsídio para a tomada de decisões e para ajustes na execução de políticas públicas.[371]

A legislação sobre o acompanhamento e a gestão de programas estruturados por meio de gastos tributários é vaga e escassa em âmbito federal, conclusão que também pode ser estendida aos níveis estadual e municipal no Brasil. Como constata Josué Alfredo Pelegrini, "na ausência de regras gerais dirigidas aos gastos tributários, eles operam dos mais variados modos, alguns mais propensos ao monitoramento e avaliação, outros menos".[372] O autor ressalta, ainda, que a designação formal de um gestor para esses programas é ferramenta necessária, mas não suficiente para seu monitoramento.

A necessidade de designação de responsável para o acompanhamento de programas que envolvem gastos tributários indiretos também é reconhecida pelo Tribunal de Contas da União, que, ao avaliar um grupo de programas federais de desonerações tributárias, determinou, entre outras medidas, que a Secretaria da Receita Federal defina uma metodologia para elaboração do impacto orçamentário-financeiro das renúncias de receita e, ainda, que "promova a sistematização

---

[371] CAMARGO, Guilherme Bueno de. *Governança republicana como vetor para interpretação das normas de direito financeiro*. 2010. 239 p. Tese (Doutorado em Direito) – Faculdade de Direito, Universidade de São Paulo, São Paulo, 2010. p. 167.

[372] PELLEGRINI, Josué Alfredo. *Gastos tributários:* conceitos, experiência internacional e o caso do Brasil. Brasília: Senado Federal, Consultoria Legislativa. out. 2014 (Texto para discussão nº 159). Disponível em: http://www2.senado.leg.br/bdsf/handle/id/503102. Acesso em: 14 out. 2014.

dos procedimentos a serem adotados na avaliação das propostas que envolvam a concessão de renúncia de receitas, assim como a definição de competências dos vários órgãos envolvidos nesse processo".[373]

O objetivo dessa determinação é conferir racionalidade à gestão dos gastos tributários indiretos, sistematizando um procedimento de governança que se inicia ainda na fase de avaliação das propostas e, desde o início, define os responsáveis e estabelece os critérios para o acompanhamento da medida.[374]

Identifica-se, no plano federal, uma evolução institucional nesse sentido, à medida que programas mais recentes, como o Regime Especial Tributário para a Indústria de Defesa (Retid), que estabelece regras de incentivo à área de defesa (Lei nº 12.598/2012), já estão sendo criados atrelados a um órgão específico – no caso, o Ministério da Defesa –, responsável pela fiscalização e pela concessão dos incentivos. Esse programa revela um modelo institucional que atribui a responsabilidade pela gestão a órgão específico da Administração, o que favorece o acompanhamento dos resultados tanto durante a execução quanto após o encerramento da política, e poderia ser replicado nas próximas medidas. É bem verdade que não se trata de um programa de transação tributária, todavia esse modelo pode ser replicado para todas as medidas que implicam gastos tributários indiretos.

A definição de responsáveis institucionais por programas de transação tributária viabiliza o exercício do controle interno durante a execução da medida, conforme determina o artigo 74, inciso I, da CRFB. Acompanhar tais programas durante seu desenvolvimento torna possível a correção dos rumos inicialmente fixados, para promover, em grau máximo, seus fins.

Os órgãos de controle interno podem atuar como veículo de aperfeiçoamento institucional, analisando a efetividade dos programas de transação durante sua implementação e propondo novas regulamentações ou arranjos de forma a melhorar sua gestão. Podem atuar, ainda, em uma perspectiva de controle hierárquico de legalidade, analisando a legalidade dos atos expedidos pelos comitês gestores estabelecidos para

---

[373] TRIBUNAL DE CONTAS DA UNIÃO (TCU). *Relatório de levantamento n. 015.052/2009- 7*. Relator: min. Augusto Nardes. Acórdão no AC-0747-12/10-P, DOU de 16 abr. 2010.

[374] Mais recentemente, em 2014, o TCU recomendou a eleição de responsáveis não só pela avaliação periódica, mas pelo monitoramento do processo de execução de políticas instrumentalizadas por meio de gastos tributários indiretos (TRIBUNAL DE CONTAS DA UNIÃO (TCU). *Relatório de levantamento de auditoria*: processo no TC 018.259/2013-8. 2014. Disponível em: http://www.tcu.gov.br/Consultas/Juris/Docs/judoc/Acord/20140516/AC_1205_16_14_P.doc. Acesso em: 20 ago. 2016).

a condução de programas de transação. Nesse contexto, é fundamental o papel do planejamento estrutural na demonstração clara de que objetivos se pretende atingir e qual caminho será trilhado para tanto.

Sob a ótica do controle externo, essa postura também abre um canal de diálogo, na medida em que tanto o Poder Legislativo quanto o Tribunal de Contas – no exercício da competência a que faz referência o artigo 71, inciso IV, da CRFB – podem direcionar eventuais atos de fiscalização e pedidos de informação diretamente para os órgãos responsáveis pela gestão de determinado programa.

Pela via do controle social, a atribuição de um modelo institucional de gestão e governança executiva dos programas de desoneração fiscal possibilitaria, em paralelo com o que já ocorre com as despesas – por força do artigo 48, inciso II, da LRF –, a divulgação, em tempo real, de informações pormenorizadas sobre o custo estimado da implementação desses programas.

A atividade dos órgãos de controle, nesse estágio, tem a importante função de confrontar os resultados de fato atingidos com os parâmetros integrantes do planejamento. A forma como o programa é conduzido pode indicar falhas na justificativa inicial. Exemplificativamente, pode-se citar a possibilidade de identificação de falhas de *coerência*, quando ele atinge um grupo de contribuintes diverso daquele que se pretendia inicialmente afetar; de *coordenação*, quando os impactos nas metas fiscais são superiores aos esperados; ou mesmo de *dimensionalidade*, quando o custo efetivo se revela superior ao projetado. Identificado qualquer desvio ainda durante a execução do programa, o gestor pode tomar as medidas necessárias para a correção de rumo, que podem ser desde sua extinção até a alteração das projeções orçamentárias de impacto.

3.1.4 Avaliação de resultados: controle posterior

Em relação aos gastos diretos, o controle posterior da execução orçamentária tem por objetivo, para além de uma análise formal de legalidade, confrontar os gastos efetuados com os resultados obtidos. Para José Afonso da Silva, no controle do orçamento-programa "predomina o fim substancial no sentido da verificação dos resultados em face dos objetivos que se propôs alcançar".[375]

---

[375] SILVA, José Afonso da. *Orçamento-programa no Brasil*. São Paulo: Revista dos Tribunais, 1973. p. 350.

A presença de objetivos claros e precisos "serve como apoio indispensável na avaliação dos programas".[376] Na perspectiva do Direito, é fundamental à boa Administração o controle retrospectivo e prospectivo das políticas públicas, como base no "estabelecimento pactuado de metas e resultados monitoráveis em horizonte ampliado".[377] O acompanhamento e a análise dos resultados viabilizam, para além da sindicância da legalidade, um controle material de legitimidade a partir da confrontação dos resultados com os objetivos estabelecidos pelo planejamento.

O controle em momento posterior à realização do gasto está ligado a uma ideia de qualidade. José Mauricio Conti e André Castro Carvalho correlacionam qualidade de gasto e a atividade do controle que obriga a Administração à avaliação do efetivo cumprimento das metas em uma perspectiva de eficiência orçamentária. Na visão dos autores, essa avaliação depende de indicadores que levam em consideração os objetivos que se pretende atingir.[378]

Todavia, não é tarefa fácil o estabelecimento de indicadores de resultados para a avaliação de políticas públicas. Como explica Guilherme Bueno de Camargo:

> De fato, nas empresas o monitoramento de resultados limita-se quase que exclusivamente aos aspectos econômicos e financeiros. Na gestão pública, nem sempre é possível estabelecer critérios objetivos e mensuráveis para avaliação. Porém, para o cidadão é tão importante medir os gastos quanto medir a qualidade dos serviços prestados. Daí a importância da adoção dos indicadores que possam avaliar qualitativamente e quantitativamente os serviços públicos prestados pelo Estado, ou seja, que sirvam de instrumentos de aferição permanente da eficácia, eficiência, economicidade e qualidade na prestação de serviços públicos.[379]

Defendeu-se o planejamento como veículo que explicita os objetivos e as metas, bem como os meios a serem utilizados na implementação

---

[376] SABATIER, Paul A.; MAZMANIAN, Daniel. A Conceptual Framework of the Implementation Process. In: THEODOULOU, Stella Z.; CAHN, Matthew. Public Policy: the Essential Readings. Upper Saddle River (US): Prentice Hall, 1995. p. 153-173. p. 157 (tradução livre).

[377] FREITAS, Juarez. Direito fundamental à boa Administração. 3. ed. São Paulo: Malheiros, 2014. p. 19.

[378] CONTI, José Mauricio; CARVALHO, André Castro. O controle interno na administração pública brasileira: qualidade do gasto público e responsabilidade fiscal. Direito Público, Porto Alegre; Brasília, v. 8, n. 37, p. 201-220, jan./fev. 2011. p. 213.

[379] CAMARGO, Guilherme Bueno de. Governança republicana e orçamento: as finanças públicas a serviço da sociedade. In: CONTI, José Mauricio; SCAFF, Fernando Facury. Orçamentos públicos e direito financeiro. São Paulo: RT, 2011. p. 769-784. p. 771.

de programas de transação tributária. Todavia, apenas planejar não basta. O próximo passo para a construção de uma perspectiva de eficiência dessas políticas de fomento depende da fixação de critérios para a avaliação do atingimento desses objetivos.

Como ressalta Juarez de Freitas, a competência administrativa para elaborar políticas públicas está ligada a avaliação e eleição das "melhores consequências diretas e indiretas (externalidades) de determinados programas preliminarmente estabelecidos, com observância justificada (interna e externamente) de prioridades constitucionais, no uso pertinente e eficaz dos recursos disponíveis".[380] Por essa medida, tem-se que o controle prospectivo deve comportar juízos tanto sobre o atingimento dos objetivos traçados no planejamento quanto sobre o custo associado ao programa.

Além de um controle relativo à realização dos objetivos, a implementação de programas de transação também impõe a necessidade de avaliação constante dos resultados em relação aos custos envolvidos. A ausência de controles sobre gastos tributários "gera diversos problemas para a gestão responsável e planejada das finanças públicas, na medida em que tais transferências de recursos públicos são efetuadas sem muita transparência".[381]

Luis Eduardo Schoueri chama atenção para o fato de que programas que eventualmente impliquem gastos tributários "podem gerar desequilíbrio na alocação dos recursos dada a impossibilidade de se conhecer, *ex ante*, quantos serão seus beneficiários e qual será o montante exato da renúncia fiscal".[382] Todavia, essa dificuldade para avaliação dos custos não pode ser desculpa para que o gestor descure da gestão da coisa pública.

O estabelecimento de uma metodologia de avaliação dos gastos tributários indiretos passa pela eleição, realizada por ocasião do planejamento, de indicadores que revelam o atendimento dos objetivos pretendidos com sua implementação.[383] A confrontação do custo com

---

[380] FREITAS, Juarez. As políticas públicas e o direito fundamental à boa Administração. *NOMOS Revista do Programa de Pós-Graduação em Direito da UFC*, v. 35, n. 1, p. 195-217, jan./jun. 2015. p. 203.

[381] HENRIQUES, Elcio Fiori. *O regime jurídico do gasto tributário no direito brasileiro*. 2009. 221 p. Dissertação (Mestrado em Direito) – Faculdade de Direito, Universidade de São Paulo, São Paulo, 2009. p. 31.

[382] SCHOUERI, Luis Eduardo. *Normas tributárias indutoras e intervenção econômica*. Rio de Janeiro: Forense, 2005. p. 67.

[383] RIBAS, Lídia Maria. Efetivação da justiça e gestão descentralizada de conflitos: mecanismos sustentáveis de solução. *In*: MIRANDA, Jorge (Coord.). *Diálogo ambiental*: constitucional e internacional. São Paulo: Lumen Juris, 2015. v. 3, tomo 1. p. 164.

a realização dos objetivos e das metas previamente estabelecidos – por meio dos indicadores de resultado adrede fixados – estabelece uma perspectiva de eficiência, eficácia e efetividade necessária ao controle do programa.

Nesse sentido, em relatório de 2014,[384] o TCU recomendou à Casa Civil da Presidência da República que, quando da análise de novas propostas de atos normativos instituidores de renúncias tributárias, verifique se há prazo de vigência previsto, de forma a garantir revisões periódicas dos benefícios tributários. Trata-se de uma perspectiva de evolução institucional de forma a viabilizar a aferição da realização dos objetivos do programa estabelecidos no planejamento.

Reconduzindo a questão à transação tributária, defende-se que a implementação de programas desse tipo tome o gasto tributário como critério a ser confrontado com outros indicadores de resultados próprios que indiquem o atendimento das metas que se pretende atingir com a medida. Nessa picada, encarando a medida pelo viés de sua necessária avaliação de resultados, pode-se estabelecer uma relação entre custo – representado pelo sacrifício de direitos patrimoniais na forma de anistias e remissões concedidas – e resultados que justificam a implementação da medida.

Limitar-se a mencionar que os gastos tributários envolvidos em programas de transação tributária são inferiores aos custos de cobrança e por isso se inserem na exceção do artigo 14, parágrafo 3º, inciso II, da LRF, sem apresentar estudo específico confrontando o custo de cobrança e o custo efetivo da medida, é jogar por terra todo o sistema de controle estabelecido pelo ordenamento jurídico brasileiro e inviabilizar uma efetiva avaliação de seus resultados.

Para concluir, retoma-se uma perspectiva de Marco Aurélio Greco, para quem o debate sobre a utilização de instrumentos tributários é mais que meramente técnico; é um debate predominantemente cívico, que remonta a uma visão de cidadania na contribuição para as despesas públicas.[385] Em suas pegadas, podemos construir que somente uma utilização fiscalmente responsável da transação tributária, com o cálculo efetivo e a positivação jurídica de seu custo, possibilita

---

[384] TRIBUNAL DE CONTAS DA UNIÃO (TCU). *Relatório de levantamento de auditoria*: processo no TC 018.259/2013-8. 2014. Disponível em: http://www.tcu.gov.br/Consultas/Juris/Docs/judoc/Acord/20140516/AC_1205_16_14_P.doc. Acesso em: 20 ago. 2016.

[385] GRECO, Marco Aurélio. Do poder à função tributária. In: FERRAZ, Roberto Catalano Botelho (Coord.). *Princípios e limites da tributação 2*: os princípios da ordem econômica e a tributação. São Paulo: Quartier Latin, 2009. p. 165-176. p. 174.

uma análise efetiva dos resultados obtidos, franqueando aos órgãos de controle e à sociedade um juízo sobre eficiência, eficácia e efetividades desses gastos, ou seja, conferindo ares de cidadania ao tratamento dos gastos indiretos envolvidos.

A existência de objetivos predefinidos (acompanhados de indicadores de resultados) – *coerentes* com aqueles estabelecidos para a Administração como um todo –, aliada a uma projeção do custo – que demonstra que a implementação do programa não prejudica o atingimento das metas fiscais (*coordenação*) nem o impacto regionalizado do efeito do programa no orçamento anual (*dimensionalidade*) –, bem como a designação formal de responsáveis pelo acompanhamento do desenvolvimento de programas de transação tributária são peças-chave para a implementação de um controle interno focado nos resultados (atividade-fim).

O controle interno tem por finalidades: auxiliar a realização do controle externo; garantir a regularidade na execução das receitas e das despesas públicas; monitorar a implementação do orçamento e a consecução das metas da Administração; avaliar o desempenho gerencial e verificar a correção das relações entre os setores público e privado. Nesse contexto, é papel do controle externo a adoção de uma cultura de *accountability*,[386] com vistas a superar um controle formal e limitado (calcado na eficiência econômica), para promover uma fiscalização com base em resultados.

Já no que tange ao controle externo, sua análise pode transcender a perspectiva da avaliação da realização dos objetivos – por meio dos indicadores estabelecidos – e, a partir do regime dos gastos tributários, construir uma perspectiva de economicidade entre o custo e os resultados atingidos.

Economicidade significa avaliação qualitativa, que sopesa custos e resultados para o conjunto da sociedade, sendo que estes transcendem uma perspectiva de eficiência econômica, para abrigar outros valores instrumentais (externalidades).[387] É papel do controle externo promover esse juízo concomitante entre eficiência e razoabilidade,[388] ao qual também devem ser submetidos os programas de transação tributária com vistas a evitar a malversação de recursos públicos.

---

[386] CAMPOS, Anna Maria. *Accountability*: quando poderemos traduzi-la para o português? *Revista de Administração Pública*, v. 24, n. 2, p. 30-50, 1990.
[387] WEIMER, David L.; VINING, Aidan R. *Policy Analysis*: Concepts and Practice. 3rd. ed. Upper Saddle River (US): Prentice Hall, 1998. p. 141.
[388] LIMA, Luiz Henrique. *Controle externo*. Rio de Janeiro: Elsevier, 2011. p. 33.

No recorte do controle social, ressalta-se o papel do Demonstrativo de Gastos Tributários em Bases Efetivas, elaborado pela Receita Federal do Brasil, como instrumento para a prestação de contas que oferece uma imagem quantitativa mais definida do volume e da evolução da renúncia, com base em dados da arrecadação. Trata-se de um importante instrumento de informação para implementar o debate sobre essas políticas na sociedade, afinal "apenas quando for compreendido e aceito que um voto favorável a um gasto tributário é, em muitos aspectos, semelhante a um voto que aprova uma despesa direta, o processo orçamentário será efetivo".[389]

3.2 Controle como mecanismo de responsabilização

Um derradeiro aspecto atrelado ao controle dos programas de transação refere-se à possibilidade de responsabilização do gestor pela elaboração e pela implementação de programas que descuram do dever de planejamento ou conduzem à malversação de recursos públicos.

A responsabilização do gestor é importante aspecto do controle por resultados na Administração Pública. Falar em controle de resultados não se esvai na estipulação de resultados e metas a atingir, mas engloba também a definição dos meios que serão empregados nessa busca, a exigência de estudos ou estimativas de impacto, o desenho dos mecanismos de monitoramento e, por fim, o estabelecimento de consequências para o descumprimento das diretrizes traçadas.[390] Nesse contexto, planejamento e sanção pelo descumprimento daquilo que foi planejado estão umbilicalmente atrelados.

O controle de resultados nasceu com a expansão das despesas públicas, situação que exigiu a superação de um paradigma "legalista", no qual a atividade administrativa era controlada nos primeiros momentos de sua execução[391] (com foco nos requisitos e no mérito do ato

---

[389] Tradução livre. No original: "only when it is understood and accepted that a vote for a tax expenditure is in many ways the same as a vote for a direct expenditure will the budget process work effectively". PECHMAN, Joseph A. *Federal Tax Policy*. 5th ed. Washington (US): The Brookings Institution, 1987. p. 357.

[390] SOUZA, Rodrigo Pagani. Em busca de uma administração pública de resultados. *In*: PEREZ, Marcos Augusto; SOUZA, Rodrigo Pagani de (Coord.). *Controle da Administração Pública*. Belo Horizonte: Fórum, 2017. p. 39-61. p. 40.

[391] Como bem aponta Irene Patrícia Nohara, a superação de um paradigma "legalista" significa apenas a superação de um excesso de formalismo burocrático, e não o abandono dos procedimentos e dos controles prévios de legalidade (NOHARA, Irene Patrícia. *Reforma administrativa e burocracia*: impacto da eficiência na configuração do direito administrativo brasileiro. 2011. 268 p. Tese (Livre-Docência em Direito) – Faculdade de Direito, Universidade de São Paulo, São Paulo, 2011. p. 233).

administrativo), para olhar para os frutos finais dessa atividade.[392] Nesse contexto, surge a necessidade de responsabilização dos agentes – em uma perspectiva denominada "*accountability*"[393] – pelas decisões tomadas no desenvolvimento da atividade administrativa.

Não é à toa que a edição de dois dos principais mecanismos de responsabilização do gestor público no Brasil, a Lei de Improbidade Administrativa (Lei nº 8.429/1992) e a Lei Orgânica do Tribunal de Contas da União (Lei nº 8.443/1992), se dá na década de 1990, em um movimento que, para além da moralização do setor público, foi o germe de uma ampla reforma administrativa orientada pela busca de "administração por resultados", que culminou na Emenda Constitucional nº 19/1998, que, dentre outras medidas, inseriu a eficiência como valor constitucional da atividade administrativa.

A aplicação de sanções ao gestor que deixa de realizar ou tornar público o planejamento de programas de transação é aspecto importante para a efetividade do controle destes. Todavia, é importante destacar, com base nas lições de Rodrigo Pagani de Sousa,[394] que a eficiência depende de padrões e metas juridicamente definidos para que sirva de parâmetro de controle da atuação do administrador. Na ausência de planejamento, a atuação do gestor público no campo de sua discricionariedade para elaborar e implementar políticas públicas fica exposta e sujeita aos critérios definidos *ex post* pelo controlador.

O planejamento revela-se, pois, como elemento integrante da motivação do Estado na elaboração e na implementação de medidas de intervenção no/sobre o domínio econômico.[395] O planejamento não é, portanto, apenas um veículo de racionalidade (eficiência), transparência (publicidade) e previsibilidade (segurança jurídica) para a sociedade, mas importante ferramenta que garante critérios seguros para o julgamento da conduta do gestor.

A busca de um controle que não troque a discricionariedade pelo arbítrio ou pelo capricho das autoridades controladoras, almejada por Marcos Augusto Perez,[396] passa por uma postura dos gestores (e dos

---

[392] GUALAZZI, Eduardo Lobo Botelho. *Regime jurídico dos tribunais de contas*. São Paulo: RT, 1992. p. 55.

[393] CAMPOS, Anna Maria. Accountability: quando poderemos traduzi-la para o português? *Revista de Administração Pública*, v. 24, n. 2, p. 30-50, 1990.

[394] SOUZA, Rodrigo Pagani. *Op. cit.*, p. 40.

[395] Conforme defendido no item 2.1.2.1.

[396] PEREZ, Marcos Augusto. Controle da discricionariedade administrativa. *In:* PEREZ, Marcos Augusto; SOUZA, Rodrigo Pagani de (Coord.). *Controle da Administração Pública*. Belo Horizonte: Fórum, 2017. p. 63-82. p. 40.

futuros agentes controlados) de tornar explícito o planejamento como elemento integrante da motivação dos atos incluídos no seu campo lícito de escolhas políticas para a elaboração de políticas públicas.

É bem verdade que assistimos a um conjunto de impasses na cultura do controle no Brasil atual.[397] Porém, uma reforma do controle que reafirme o papel fundamental da burocracia na elaboração e na condução de programas governamentais, estabelecendo limites ao controle, passa pelo reconhecimento, por parte desses agentes integrantes do corpo técnico estatal, da importância de uma atuação planejada e transparente que torna públicas as razões que orientam sua atuação.

Na ausência de planejamento, a exposição do gestor aos critérios estabelecidos unilateralmente pelo controlador é muito maior, haja vista que sua omissão não pode afastar uma decisão pública do escrutínio dos órgãos legitimados pelo sistema para avaliar sua atuação.

No caso da responsabilidade financeira, a competência do Tribunal de Contas para fiscalizar a atividade do controlador está plasmada no artigo 70 da CRFB, que engloba expressamente as renúncias de receita. Assim, a elaboração e a implementação de programas de transação, quando implicarem renúncia de receitas, certamente podem ser objeto de auditoria desse órgão do controle externo.

Diante de um programa de transação que não estabelece os objetivos e as metas que pretende atingir, enquanto medida de política fiscal, ou mesmo que não explicita os custos associados, não cabe outra conduta do órgão controlador que sancionar o gestor responsável por via da responsabilidade financeira.

Este trabalho não tem a pretensão de esgotar o tema das sanções aplicáveis ao gestor público em decorrência da deficiência no planejamento de programas de transação, apenas demonstrar algumas

---

[397] Floriano de Azevedo Marques Neto e Juliana Bonacorsi de Palma apontam sete impasses criados pelo controle no modelo atual: 1) a captura de competências administrativas pelos órgãos controladores; 2) uma tendência a predileções pessoais do funcionário controlador; 3) o desvirtuamento das atividades-fim em razão de um excesso de demandas dos controladores; 4) uma eficácia relativa dos órgãos de controle no combate à corrupção; 5) a posição de refém de um administrador de boa-fé em face dos riscos que lhe são impostos; 6) a competição institucional entre os órgãos de controle; e 7) a instabilidade das decisões e dos critérios adotados pelos órgãos de controle. Para os autores, esses dilemas poderiam ser minimizados com ações tendentes à definição clara dos limites das competências institucionais, ao extermínio da corrupção – bem como de um discurso de combate à corrupção que torna reféns os administradores de boa-fé – e ao aprimoramento do estudo do papel e dos limites do controle nas faculdades de Direito (MARQUES NETO, Floriano de Azevedo; PALMA, Juliana Bonacorsi de. Os sete impasses do controle da Administração Pública no Brasil. In: PEREZ, Marcos Augusto; SOUZA, Rodrigo Pagani de (Coord.). *Controle da Administração Pública*. Belo Horizonte: Fórum, 2017. p. 21-38. p. 37).

consequências previstas como instrumento do controle. O objetivo, nesse ponto, é apresentar características da possível responsabilização do gestor em três aspectos: responsabilidade financeira, atos de improbidade e crimes de responsabilidade. A partir do quadro das hipóteses de responsabilização apresentado, apontar-se-ão pontos em que o administrador, que elabora e propõe programas de transação, pode ser responsabilizado em razão da deficiência no seu planejamento.

3.2.1 A responsabilidade financeira

A responsabilidade financeira atinge todos aqueles encarregados da administração de bens, dinheiros e valores públicos, compreendendo os agentes públicos, em sentido amplo, e também os particulares aos quais foi confiada a gestão de parcela do patrimônio público (art. 5º da Lei nº 8.443/1992[398]).

Consiste em uma esfera autônoma de responsabilização, sujeita a um regime jurídico com princípios próprios, mas que também se vale de princípios do Direito Penal, Civil e do Direito Administrativo Sancionador.[399] Quando se fala em responsabilidade financeira, o objetivo é reportar uma modalidade específica de sanção pessoal do agente público, decorrente de infrações a normas de Direito Financeiro.

A identificação de um conjunto de hipóteses de responsabilização em caráter financeiro não prejudica outras esferas de natureza cível, administrativa, penal ou política.

Essa modalidade se aproxima da responsabilidade cível decorrente de danos em razão de seu caráter patrimonial, mas, na esfera cível, o dever de indenizar deriva de um dano causado por ato ilícito genérico praticado por determinado agente (art. 186 combinado com o art. 927 do Código Civil), já na esfera financeira os ilícitos puníveis (danos) decorrem de condutas especificamente detalhadas. A modalidade financeira não exclui, por exemplo, a possibilidade de imputação, ao agente público, do dever de indenizar a Administração por danos morais derivados de sua conduta ou mesmo lucros cessantes

---

[398] Utilizar-se-á como parâmetro a Lei Orgânica do Tribunal de Contas de União. Todavia, é importante ressaltar que cada Estado pode prever condutas passíveis de responsabilização financeira.
[399] LEBRÃO, Roberto Mercado; GOMES, Emerson Cesar da Silva; MOURÃO, Licurgo. Fiscalização financeira e orçamentária. In: OLIVEIRA, Regis Fernandes de et al. (Coord.). Lições de direito financeiro. São Paulo: RT, 2015. p. 119-151. p. 145.

emergentes dos atos ilícitos praticados, hipóteses – a princípio – não abarcadas pela responsabilidade financeira.[400]

No campo da responsabilidade administrativa, a independência de instâncias se manifesta pelo fato de que a responsabilidade financeira pressupõe infração às normas de Direito Financeiro, ao passo que, na esfera administrativa, o agente pode ser responsabilizado, em caráter disciplinar, em razão do vínculo que mantém com o Estado por exercer uma função pública.[401]

Em relação à modalidade penal, identifica-se que a responsabilização financeira admite tipos abertos e visa à recomposição patrimonial da administração. Nos crimes financeiros – previstos nos artigos 359-A a 359-A do Código Penal, na Lei nº 1.079/1950, no Decreto-Lei nº 201/1967 e na Lei nº 8.429/1992 –, a cominação de pena restritiva de liberdade e direitos tem por objetivo separar um conjunto de condutas específicas – previstas em rol exaustivo – e cominar penas privativas de liberdade e restritivas de direito de forma a desestimular o comportamento desviante dos agentes.

É importante destacar que na responsabilidade penal exige-se dolo dos agentes,[402] ao passo que na responsabilização financeira a imputação de sanção depende apenas da demonstração do caráter culposo do agir. No que tange ao bem jurídico protegido, a materialidade dos crimes financeiros poderia ser resumida em duas afirmações: "é proibido gastar mais do que se arrecada" e "é proibido comprometer o orçamento mais do que está permitido pelo (controle do) Poder Legislativo".[403] Assim, a ofensa material passível de tipificação penal

---

[400] Como ressalta Emerson Cesar da Silva Gomes, "a responsabilidade financeira reintegratória não é o instrumento jurídico adequado para o ressarcimento dos danos de natureza moral, ambiental, histórica ou cultural. Aquele que causar danos desta natureza ao Poder Público estará sujeito a outras modalidades que não a financeira" (GOMES, Emerson Cesar da Silva. *Responsabilidade financeira*: uma teoria sobre a responsabilidade no âmbito dos tribunais de contas. 2009. 344 p. Tese (Doutorado em Direito) – Faculdade de Direito, Universidade de São Paulo São Paulo, 2009. p. 184).

[401] Como ensina Maria Sylvia Zanella Di Pietro, "o servidor responde administrativamente pelos ilícitos administrativos *definidos em legislação estatutária*" (grifo nosso). Ou seja, a responsabilização administrativa está atrelada ao caráter estatutário, conjunto de regras que rege o exercício do cargo público (DI PIETRO, Maria Sylvia Zanella. *Direito administrativo*. 27. ed. São Paulo: Atlas, 2014. p. 685).

[402] Ao tratar dos crimes financeiros, Marcos Abrahan ressalta que "são todos crimes dolosos e, em sua maioria, independem da produção de resultado danoso, classificando-se como crimes formais" (ABRAHAM, Marcos. *Curso de direito financeiro brasileiro*. 4. ed. São Paulo: Forense, 2017. p. 411).

[403] GOMES, Luiz Flávio; BIANCHINI, Alice. *Crimes de responsabilidade fiscal*: lei 10.028/00. São Paulo: RT, 2001. p. 37.

depende do dolo e da prova material do excesso de gastos ou da infração aos parâmetros orçamentários. A responsabilização financeira, por seu turno, adota um parâmetro formal para caracterização do ilícito.

No que toca à interface entre responsabilidade financeira e improbidade administrativa, importa ressaltar que a principal diferença entre os atos de improbidade e a responsabilidade financeira está na origem da competência sancionatória. No caso da responsabilidade financeira, a competência para punir os agentes é atribuída ao Tribunal de Contas (art. 71, VIII, da CRFB), ao passo que os atos de improbidade são passíveis de julgamento perante o Poder Judiciário (art. 37, §4º, da CRFB).

A fronteira entre a responsabilidade financeira e os chamados "crimes de improbidade" também está na competência do órgão julgador. No caso destes, o julgamento é conduzido pelo Poder Legislativo, nos termos dos artigos 51, inciso I, e 52, inciso I, da CRFB.

A responsabilidade financeira divide-se em responsabilidade sancionatória e reintegratória e está atrelada à competência do Tribunal de Contas para aplicar sanções previstas em lei pelo descumprimento de normas de Direito Financeiro (art. 71, VIII, da CRFB). Tanto na responsabilidade reintegratória quanto na sancionatória exige-se culpa em sentido amplo como pressuposto subjetivo para a responsabilização do agente, constituindo-se em hipótese de responsabilidade subjetiva.[404]

No campo da *responsabilidade financeira reintegratória*, tem-se a possibilidade de imputação de débito aos responsáveis por pagamento indevido, desvio de recursos ou outras condutas que provoquem dano ao erário. Tem por finalidade a recomposição do patrimônio estatal e engloba tanto condutas omissivas em relação ao dever de prestar contas quanto aquelas comissivas que implicam prejuízo ao erário (débito).[405]

De maneira semelhante ao que ocorre com as modalidades de responsabilidade civil extracontratual, para a configuração dessa modalidade de responsabilidade é necessário identificar: 1) uma conduta humana voluntária desenvolvida na gestão do patrimônio público; 2) o efetivo prejuízo ao erário público; 3) a existência de nexo de causalidade entre a conduta e o dano; e 4) a ausência de excludentes de ilicitude.[406]

---

[404] LEBRÃO, Roberto Mercado; GOMES, Emerson Cesar da Silva; MOURÃO, Licurgo. Fiscalização financeira e orçamentária. In: OLIVEIRA, Regis Fernandes de et al. (Coord.). *Lições de direito financeiro*. São Paulo: RT, 2015. p. 119-151. p. 145.

[405] LEBRÃO, Roberto Mercado; GOMES, Emerson Cesar da Silva; MOURÃO, Licurgo. *Op. cit.*, p. 143.

[406] LEBRÃO, Roberto Mercado; GOMES, Emerson Cesar da Silva; MOURÃO, Licurgo. *Op. cit.*, p. 145.

Assim, nas hipóteses de responsabilidade financeira reintegratória o ordenamento jurídico busca proteger o patrimônio público, cominando multas que visam a obrigar o agente a prestar contas dos valores sob sua responsabilidade e, caso seja identificado o prejuízo, recompor o dano causado, podendo ainda sofrer sanção pessoal cabível.

A deficiência de planejamento na implementação de programas de transação pode implicar o reconhecimento de dano ao erário público, consubstanciado na renúncia efetiva implementada sem transparência, em sede reintegratória.

Como se defendeu, o dever de planejar é verdadeira regra constitucional, que orienta a atuação do administrador na implementação de ações no contexto da política fiscal. No que tange a políticas que possam implicar gastos tributários, esse dever se desdobra em um procedimento específico e prévio que condiciona a validade dos programas à apuração do custo estimado da medida.

Na ausência do planejamento, os programas de transação tributária, que importam em custos públicos na forma de renúncias fiscais, poderiam ser tomados como prejuízo injustificado do erário. Assim, o prejuízo poderia ser levantado a partir do custo efetivo das renúncias efetuadas pela Administração apurado em momento posterior à implementação de um programa não planejado, momento em que o montante da renúncia não é uma projeção, mas o valor que efetivamente deixou de ser arrecadado pelos cofres públicos.

Assim, por meio da responsabilidade financeira reintegratória, o Tribunal de Contas, com base no artigo 71, inciso VIII, da CRFB, poderia compelir o gestor responsável por executar o planejamento de programa de transação a recompor o prejuízo que o manejo da medida em desconformidade com as normas que regem sua atividade provocou ao erário.

A *responsabilidade financeira sancionatória*, por sua vez, engloba a competência dos Tribunais de Contas para aplicar sanção pecuniária – multa – pessoal no caso de infrações financeiras (*latu sensu*).[407] São hipóteses previstas no ordenamento:

---

[407] Alguns autores dividem as infrações englobadas pela responsabilidade financeira em infrações essencialmente financeiras e infrações não essencialmente financeiras. Todavia, não abordaremos a sutileza dessa diferenciação e se tratam todas as transgressões possíveis como "infrações financeiras", em sentido genérico (GOMES, Emerson Cesar da Silva. *Responsabilidade financeira*: uma teoria sobre a responsabilidade no âmbito dos tribunais de contas. 2009. 344 p. Tese (Doutorado em Direito) – Faculdade de Direito, Universidade de São Paulo São Paulo, 2009).

1) multa proporcional a até 100% do dano causado ao erário público, independentemente da obrigação de ressarcir o prejuízo (art. 57 da Lei nº 8.443/1992);
2) julgamento irregular de conta da qual não resulte débito (art. 58, I, da Lei nº 8.443/1992);
3) grave infração à norma financeira, orçamentária ou contábil (art. 58, II, da Lei nº 8.443/1992);
4) ato ilegítimo ou antieconômico de que resulte injustificado dano ao erário (art. 58, III, da Lei nº 8.443/1992);
5) não atendimento a diligência ou a decisão do Tribunal de Contas (art. 58, IV, da Lei nº 8.443/1992);
6) obstrução ao livre exercício do controle (art. 58, V, da Lei nº 8.443/1992);
7) omissão de informações ou sonegação de documentos (art. 58, VI, da Lei nº 8.443/1992);
8) reincidência no descumprimento de determinação do Tribunal de Contas (art. 58, VII, da Lei nº 8.443/1992);
9) ausência de divulgação do relatório de gestão fiscal (art. 5º, III, da Lei nº 10.028/2000);
10) proposição de LDO sem as metas fiscais (art. 5º, III, da Lei nº 10.028/2000);
11) não expedição de ato de limitação de empenho e movimentação financeira (art. 5º, III, da Lei nº 10.028/2000); e
12) não ordenação de medidas de redução da despesa total com pessoal (art. 5º, IV, da Lei nº 10.028/2000).

A multa por dano ao erário pode chegar a 100% do prejuízo causado e é aplicada ao agente responsável independentemente do dever de ressarcimento. Nas hipóteses previstas no artigo 58 da Lei nº 8.443/1992, as multas sujeitam-se ao teto estabelecido no próprio artigo. Nos casos trazidos pelo artigo 5º da Lei nº 10.028/2000, a multa pode chegar a até 30% da remuneração anual do agente.

Importa esclarecer que a aplicação de multa por dano ao erário pressupõe a comprovação do dano e, em relação às demais condutas, basta o enquadramento do agir do administrador nos tipos previstos.

Nesse campo, identificam-se diversas condutas que poderiam ser sancionadas pelo Tribunal de Contas por falta de planejamento ou por planejamento ineficiente.

O gestor responsável pelo planejamento de uma medida de transação tributária poderia ser multado pessoalmente, em valor equivalente a até 100% do valor da renúncia ocorrida e não incluída no orçamento, caso esta seja entendida como prejuízo suportado injustamente pelo erário público (independentemente de sua responsabilidade reintegratória), nos termos do artigo 57 da Lei nº 8.443/1992.

No caso de multa pessoal proporcional ao dano provocado, reputa-se que ela somente poderia ser aplicada no momento da avaliação dos resultados, instante em que se poderia quantificar o prejuízo suportado em decorrência de uma ação não planejada.

Na hipótese de se identificar um programa de transação que ignorou a obrigatoriedade de observância da disciplina orçamentária dos gastos tributários – em especial com a necessidade de *dimensionamento* do custo estimado da medida na LOA, nos termos do artigo 165, parágrafo 6º, da CRFB –, o gestor poderia sofrer sanção por grave infração à norma financeira e orçamentária (art. 58, II, da Lei nº 8.443/1992). Note-se que a gravidade deriva do descumprimento de norma constitucional que disciplina sua atividade.

A multa em razão da infração ao ordenamento financeiro poderia ser aplicada já no momento da governança executiva do programa, posto que sua execução sem o cálculo dos impactos no orçamento representaria grave ofensa à ordem jurídica orçamentária. Caberia ao gestor, identificada a ausência de estudos de gastos tributários, providenciar o cálculo dos impactos no orçamento vigente e promover as medidas de adequação necessárias, como o cancelamento de créditos (art. 43, III, da Lei nº 4.320/1964), de forma a cumprir a disposição do artigo 165, parágrafo 6º, da CRFB.

O objetivo da disciplina dos créditos adicionais é possibilitar a substituição de uma despesa por outra sem que com isso haja o "aumento da importância das despesas totais do orçamento, não sendo afetado, portanto, seu equilíbrio".[408] *A contrario sensu*, pode-se defender que a criação de programa de transação que importa em gastos tributários depende da compensação de seu impacto com a anulação de despesas correspondentes ao montante de recursos que deixou de ser arrecadado em decorrência do programa. Com a anulação de despesas em patamar equivalente ao que deixou de ser arrecadado, reputar-se-ia integralmente cumprida a obrigatoriedade de previsão regionalizada dos efeitos das renúncias fiscais sobre as receitas e as despesas (art. 167, §6º, da CRFB).

No que tange especificamente à *coerência* dos programas de transação com os objetivos e as metas da Administração consubstanciados

---

[408] LOCHAGIN, Gabriel Loretto. *A execução do orçamento público, flexibilidade e orçamento impositivo*. São Paulo: Blucher, 2017. p. 101.

no PPA, entende-se que a elaboração de uma medida casuísta, descolada dos setores definidos como prioritários para a Administração, poderia ser qualificada como ato ilegítimo, do qual resultou injustificado dano ao erário público, podendo ser sancionada pelo Tribunal de Contas (art. 58, III, da Lei nº 8.443/1992).

Uma vez criado um programa casuísta (não *coerente*), completamente descolado das demais metas e dos setores estratégicos definidos pelo ente federativo, seria possível a aplicação da sanção tanto no momento da execução quanto no momento da avaliação dos resultados.

A consideração dos impactos dos gastos tributários nas metas fiscais da LDO tem por objetivo garantir a manutenção do equilíbrio fiscal. Nas hipóteses em que programas de transação não demonstram sua *compatibilidade* com as metas fiscais da LDO, é possível considerar que a proposição das próprias metas é insuficiente. Assim, poderia o gestor ser multado com base no artigo 5º, inciso III, da Lei nº 10.028/2000.

Novamente, a ausência de compatibilidade entre os impactos financeiros de um programa de transação e as metas fiscais estabelecidas pelo ente na LDO poderia gerar sanção ao gestor responsável já na fase da governança executiva, momento em que seria possível identificar um prejuízo ao erário com base no que deixou de ser arrecadado. Mais evidente seria a possibilidade de responsabilização do gestor na fase de avaliação do resultado do programa.

3.2.2 Os atos de improbidade

A improbidade administrativa é espécie de imoralidade administrativa enquanto desvio de conduta exarado no interior da Administração, mediante a qual o agente público "se enriquece ilicitamente, obtém vantagem indevida, para si ou para outrem, ou causa dano ao erário".[409]

Por outro lado, enxergar a improbidade como uma das formas de ser da imoralidade administrativa significa aceitar que algumas condutas podem ser imorais sem que sejam, necessariamente, ímprobas.[410]

---

[409] ALVARENGA Aristides Junqueira. Reflexões sobre a improbidade administrativa no direito brasileiro. *In*: BUENO, Cassio Scarpinella; PORTO FILHO, Pedro Paulo. *Improbidade administrativa*: questões polêmicas e atuais. 2. ed. São Paulo: Malheiros, 2003. p. 107.

[410] No contexto dos atos de improbidade, Antonio José de Mattos Neto ressalta a independência entre as instâncias. Para o autor, "o ato ímprobo pode causar, e geralmente causa, dano material ao erário, mas também pode gerar lesão de cunho moral contra a administração, porque o agente foi desleal ou desonesto para com o poder público" (MATTOS NETO, Antonio José de. Responsabilidade civil por improbidade administrativa. DI PIETRO, Maria Sylvia Zanella; SUNDFELD, Carlos Ari (Org.). *Doutrinas essenciais*: direito administrativo. São Paulo: RT, 2012. v. 7, Agentes públicos e improbidade).

Assim, em alguns casos, desvios de conduta identificados em relação à aplicação de normas de Direito Financeiro podem se configurar em desvio de moralidade – em muitos casos sancionados na esfera da responsabilidade financeira – sem que com isso se convolem em atos de improbidade. A tipicidade é, pois, característica essencial dos atos de improbidade.

Quando se fala em improbidade, a referência está diretamente ligada a uma modalidade de controle exercido pelo Poder Judiciário por meio de uma ação específica (ação de improbidade), tomada "como o instrumento judicial com o qual se apura a prática de atos de improbidade administrativa e, se for o caso, se aplicam sanções e efeitos destes atos, com vistas à preservação da moralidade administrativa".[411]

Alguns defendem que a improbidade se diferencia das hipóteses de responsabilidade financeira, pois estas exigem apenas culpa enquanto aquela exige dolo. Em que pese às vozes que se pronunciam em favor da necessidade e do dolo para caracterização de todos os atos de improbidade,[412] acompanha-se a arguta diferenciação de José dos Santos Carvalho Filho,[413] que admite a categoria culposa nas condutas previstas no artigo 10 da Lei nº 8.429/1992 que importem lesão ao erário. Nesses casos, o caráter culposo não ofenderia a competência constitucionalmente outorgada para reprimir os atos de improbidade (art. 37, §4º da CRFB), que visa justamente proteger o patrimônio público, dado que algumas condutas culposas poderiam provocar uma repercussão ainda mais severa ao bem jurídico protegido do que comportamentos exclusivamente dolosos. Remanesce o dolo como elemento essencial nas demais hipóteses.

No campo das sanções, os atos de improbidade podem ser punidos com a perda dos bens acrescidos ilicitamente ao patrimônio, perda da função pública, suspensão dos direitos políticos, pagamento de multa civil, proibição do direito de contratar com o Poder Público ou de receber incentivos fiscais (art. 12 da Lei nº 8.429/1992).

---

[411] CARVALHO FILHO, José dos Santos. Controle judicial. In: DI PIETRO, Maria Sylvia Zanella (Coord.). Tratado de direito administrativo. São Paulo: RT, 2014. v. 7, Controle da administração pública e responsabilidade do estado. p. 27-214. p. 119.

[412] Para Aristides Junqueira Alvarenga não haveria como conceber a desonestidade do agente com base em mera culpa, posto que a própria ideia de desonestidade está atrelada à má--fé e deslealdade, a denotar a necessidade do dolo. Faz-se necessário então comprovar a intensão do agente de praticar a conduta específica tipificada improbidade (ALVARENGA Aristides Junqueira. Op. cit., p. 108).

[413] CARVALHO FILHO, José dos Santos. Op. cit., p. 127.

Reputa-se que a omissão do agente público em relação ao planejamento na elaboração de programas implementados por meio da política fiscal pode revelar improbidade administrativa em diferentes níveis. Isso porque, ao deixar de apresentar o planejamento que orientou a sua atuação, o agente está alijando a sociedade de um importante mecanismo de controle. Por outro lado, se atuar de maneira planejada – e, portanto, transparente –, será mais difícil qualificar sua conduta como ímproba, mesmo se os resultados obtidos não forem aqueles inicialmente esperados.

Colocar-se-á foco apenas em alguns atos de improbidade – que causam dano ao erário público ou ferem os princípios da Administração –, que, em tese, seriam configurados com a deficiência no planejamento de programas de transação tributária, o que acarretaria a possibilidade de punição do agente responsável.

No que tange às condutas que importam *prejuízo ao erário*, tomadas como aqueles atos que "são os provocadores de lesão que enseja perda patrimonial, desvio, apropriação, malbaratamento ou dilapidação dos bens ou haveres"[414] públicos, elas estão expressamente descritas no artigo 10 e 10-A da Lei nº 8.429/1992, cabendo destacar as seguintes:

1) agir negligentemente na arrecadação de tributo ou renda, bem como no que diz respeito à conservação do patrimônio público (inciso X) e;

2) conceder benefício de ISS em desconformidade com os limites estabelecidos pela Lei Complementar nº 116/03 (art. 10-A, *caput*).

No caso do "agir negligentemente" na arrecadação das receitas públicas, esse dispositivo engloba situações de "falta de atenção, falta de diligência, pouco caso, falta de cuidado, como também aquelas nas quais, por deliberação intencional, deixa de tomar providências para que determinada receita ingresse".[415]

Essa disposição está diretamente ligada ao planejamento (estrutural e orçamentário) de medidas implementadas via política fiscal. A omissão em relação ao dever de planejar, que pode ser consubstanciada na ausência do cálculo dos gastos tributários envolvidos, pode ser tomada como negligência do gestor público na arrecadação de tributos sob sua curadoria.

---

[414] DELGADO, José Augusto. Improbidade administrativa: algumas controvérsias doutrinárias e jurisprudenciais sobre a Lei de Improbidade Administrativa. *In:* BUENO, Cassio Scarpinella; PORTO FILHO, Pedro Paulo. *Improbidade administrativa*: questões polêmicas e atuais. 2. ed. São Paulo: Malheiros, 2003. p. 268.

[415] DECOMAIN, Pedro Roberto. *Improbidade administrativa*. São Paulo: Dialética, 2014.p. 145.

Nesse caso, o Judiciário poderia ser provocado para reconhecer a elaboração de programas de transação que descuraram do planejamento – em especial, do planejamento orçamentário dos gastos tributários envolvidos – como ato de improbidade que comprometeu a arrecadação de uma parcela de recursos públicos consubstanciados na renúncia envolvida.

Note-se que, nessa hipótese, bastaria que fosse comprovado na ação de improbidade o prejuízo ao erário (por meio da quantificação da renúncia indevidamente conduzida), posto que as hipóteses do artigo 10 da Lei nº 8.429/1992 admitem a modalidade culposa.[416]

A concessão irregular de benefícios de ISS recentemente passou a ser sancionada como ato de improbidade, com vistas a combater a chamada "guerra fiscal dos municípios" por meio da possibilidade de responsabilização pessoal dos prefeitos. Nesse contexto, cabe ressaltar que a concessão de benefícios que importem redução de alíquota de ISS a patamares inferiores a 2% poderia configurar a referida hipótese de improbidade.[417]

Essa disposição específica referenda a importância do planejamento dos benefícios de ISS no âmbito municipal, como forma de demonstrar que as concessões efetuadas pelo fisco não impliquem redução da alíquota efetiva a patamares inferiores a 2%. A conformidade dos benefícios de ISS, a partir dessa disposição, passa a depender da demonstração de adequação deles com os parâmetros da norma geral (Lei Complementar nº 116/2003), sendo o planejamento um importante aliado nesse sentido.

No caso específico das prefeituras, a elaboração de programas de transação que envolvam concessão de remissão (como contrapartida

---

[416] Sobre o tema já se manifestou o Superior Tribunal de Justiça: "Embora mereçam acirradas críticas da doutrina, os atos de improbidade do art. 10, como está no próprio caput, são também punidos a título de culpa, mas deve estar presente na configuração do tipo a prova inequívoca do prejuízo ao erário" (SUPREMO TRIBUNAL DE JUSTIÇA. REsp 842.428/ES. Rel. Min. Eliana Calmon. Segunda Turma, julg. 24 abr. 2007, DJ 21 maio 2007).

[417] Como explica Lucas Bevilacqua, essa disposição está em consonância com a jurisprudência do Supremo Tribunal Federal, que, por ocasião do julgamento da Arguição de Descumprimento de Preceito Fundamental (ADPF) nº 190, ratificou que o manejo de técnicas de incentivo indireto que conduzam à redução da alíquota a patamares inferiores a 2% é incompatível com a ordem constitucional brasileira. Para o autor, a criação de uma hipótese de responsabilização por improbidade atua como importante instrumento de combate a posturas unilaterais no contexto da chamada "guerra fiscal dos municípios" (BEVILACQUA, Lucas. Limitações à concessão de incentivos fiscais no imposto sobre serviços de qualquer natureza (ISS). In: MACEDO, Alberto et al. Gestão tributária municipal e tributos municipais. São Paulo: Quartier Latin, 2017. v. 6. p. 417-432).

estatal para estimular a adesão dos contribuintes), cujo resultado final possa indicar alíquota efetiva cobrada inferior a 2%, poderia ser enquadrada como benefício fiscal em desconformidade com os limites da Lei Complementar nº 116/2003, a legitimar enquadramento na hipótese do artigo 10-A da Lei nº 8.429/1992.

Embora seja uma hipótese muito recente (introduzida pela Lei Complementar nº 157, de 2016), vislumbra-se que essa modalidade só poderia ser configurada mediante dolo, pois a redação do artigo 10-A não traz a possibilidade de modalidade culposa. Nesses casos, seriam necessários: a demonstração do prejuízo, a prova de que as concessões envolvidas na transação representam a redução da alíquota efetiva a patamares inferiores a 2%, o nexo causal e o dolo do agente público que elaborou o programa.

Em ambos os casos, o planejamento, ao tornar transparentes as metas, os objetivos e os custos públicos de determinado programa de transação, submete estes ao escrutínio do Legislativo, em uma perspectiva que envolve também os impactos no processo orçamentário. Seria mais difícil falar em prejuízo ao erário decorrente dos benefícios concedidos em determinado programa de transação se esses custos fossem submetidos a discussão no momento da elaboração e da aprovação do projeto, bem como se fossem efetivamente legitimados e incluídos no processo orçamentário.

No campo das condutas residuais que, em tese, *ferem os princípios da Administração Pública* (art. 11 da Lei nº 8.429/1992), encontram-se condutas que, em tese, não representam prejuízos ao erário público,[418] entre as quais se pode ressaltar:

1) retardar ou deixar de praticar ato de ofício (inciso II); e
2) negar publicidade aos atos oficiais (inciso IV).

Na primeira hipótese se está diante de uma sanção ao descumprimento do princípio da legalidade administrativa.[419] Ao deixar de realizar comportamento que o ordenamento impõe como obrigatório, mesmo que a prática não represente dano ao erário, o agente se expõe ao julgamento desse ato como improbidade administrativa.

A omissão do gestor na realização do planejamento de programas de transação pode ser tomada como ato de improbidade, na medida em que o dever de planejar, em suas perspectivas estrutural

---

[418] CARVALHO FILHO, José dos Santos. Controle judicial. *In*: DI PIETRO, Maria Sylvia Zanella (Coord.). *Tratado de direito administrativo*. São Paulo: RT, 2014. v. 7, Controle da administração pública e responsabilidade do estado. p. 27-214. p. 128.

[419] DECOMAIN, Pedro Roberto. *Improbidade administrativa*. São Paulo: Dialética, 2014. p. 179.

e orçamentária, é imposição do ordenamento jurídico no manejo de medidas implementadas no contexto da política fiscal.

Poder-se-ia vislumbrar a improbidade na própria ausência de planejamento a orientar a elaboração e a implementação dos programas de transação tributária. Como se demonstrou anteriormente, a conduta de planejar vincula a legalidade das medidas de políticas fiscais implementadas no domínio econômico.[420] A ausência de planejamento ou um planejamento insuficiente poderia indicar falha de motivação a legitimar o enquadramento da conduta do administrador como ato de improbidade, nos termos do artigo 11, inciso II, da Lei nº 8.429/1992.

No segundo caso, a proteção é estendida ao princípio da publicidade administrativa,[421] com vistas a induzir o comportamento do agente público na promoção da transparência como valor da Administração. Ao deixar de conferir transparência para seus atos – e, extensivamente, à motivação destes –, o agente público pode ser responsabilizado na esfera política por improbidade, ainda que de sua conduta não resulte dano ao erário ou não se possa identificar enriquecimento ilícito decorrente.

A ausência do planejamento inviabiliza a transparência dos objetivos que se pretende atingir com programas de transação e dos custos sociais atrelados a estes. A falta de planejamento, nesse contexto, poderia ser entendida como improbidade por ofensa ao princípio da publicidade.

Vislumbra-se ainda a possibilidade de ofensa à publicidade nos casos de programas de transação que não apresentam uma perspectiva de custo que viabiliza o exercício do seu controle interno, externo e social. A transparência na apuração dos gastos tributários envolvidos, conforme se demonstrou nas linhas anteriores, é uma decorrência do planejamento e está atrelada à própria estrutura orçamentária da renúncia de receitas no Brasil. A elaboração de programas que descuram de planejamento poderia, sim, ser qualificada como negativa de publicidade, nos termos do artigo 11, inciso III, da Lei nº 8.429/1992.

Por fim, quer-se ressaltar que o planejamento das políticas de transação tributária pode ser um veículo que, para além de promover os princípios da eficiência (racionalidade), da segurança jurídica (previsibilidade) e da publicidade (transparência), garante um conjunto de parâmetros dentro dos quais será pautada a atividade de controle. Planejando tornam-se claros os motivos que orientam a elaboração do

---

[420] Conforme argumentação desenvolvida no item 2.1.2.2.
[421] DECOMAIN, Pedro Roberto. *Op. cit.*, p. 182.

programa, bem como os custos sociais envolvidos, o que reduz os riscos de responsabilização do gestor, dado que este se vê amparado por objetivos referendados pelo Poder Legislativo e custos incorporados ao processo orçamentário.

3.2.3 Os crimes de responsabilidade

Uma última modalidade de responsabilização apresentada como decorrência possível da ausência ou da insuficiência de planejamento de programas de transação tributária são os chamados "crimes de responsabilidade".

O Brasil adota um sistema legislativo de responsabilização, que se identifica com o *impeachment* do modelo anglo-saxão,[422] no qual compete à Câmara dos Deputados autorizar a abertura de processo contra o presidente, vice-presidente e ministros de Estado (art. 51, I, da CRFB) e ao Senado processar e julgar os crimes de responsabilidade (art. 52, I, da CRFB).[423]

A própria Constituição traz um rol de condutas tipificadas como crimes de responsabilidade do presidente da República aplicáveis, por simetria, aos governadores e aos prefeitos (art. 85 da CRFB). Nesse contexto, encontram-se inseridos os atos que atentem contra a Constituição, em linhas gerais, e, em especial, entre outras hipóteses, aqueles que ofendem a lei orçamentária (inciso VI).

Sobre o bem jurídico protegido nos crimes de responsabilidade, cabe referência à lição de Geraldo Ataliba:

> Na verdade, sob a modéstia das palavras do texto há um imenso universo de campos abrangidos, cobrindo quase tudo que diz respeito quer à preservação da instituição, quer ao cuidado com seu funcionamento normal, quer com os valores políticos éticos e patrimoniais sob cura.[424]

---

[422] OBREGÓN GARCÍA, Antonio. *La responsabilidad criminal de los miembros del Gobierno*: análisis del artículo 102 de la Constitución española. Madrid: España, 1996. p. 20.

[423] Sobre as competências específicas de cada uma das casas já se posicionou o STF: "(...) 1.1. Apresentada denúncia contra o Presidente da República por crime de responsabilidade, compete à Câmara dos Deputados autorizar a instauração de processo (art. 51, I, da CF/1988). A Câmara exerce, assim, um juízo eminentemente político sobre os fatos narrados, que constitui condição para o prosseguimento da denúncia. Ao Senado compete, privativamente, processar e julgar o Presidente (art. 52, I), locução que abrange a realização de um juízo inicial de instauração ou não do processo, isto é, de recebimento ou não da denúncia autorizada pela Câmara. (...)" (SUPREMO TRIBUNAL FEDERAL. *ADPF 378 MC*. Rel. min. Edson Fachin. Tribunal Pleno, julg. 17 dez. 2015, DJe-043, pub. 8 mar. 2016).

[424] ATALIBA, Geraldo. *República e constituição*. 3. ed. São Paulo: Malheiros, 2011. p. 72.

Trata-se de uma modalidade de responsabilização de natureza eminentemente política.[425] Não são "crimes" propriamente ditos (de natureza penal), mas atos que podem resultar na perda do cargo em decorrência de um julgamento político (e não jurisdicional), como já assentou o STF.[426]

Os crimes de responsabilidade encontram-se regulamentados no Decreto-Lei nº 201/1967 (Prefeitos e Vereadores) e na Lei nº 1.079/1950 (Presidente da República, Ministros de Estado, Procurador-Geral da República, Advogado- Geral da União, e seus equivalentes estaduais, Ministros do STF, Presidentes de Tribunais de Contas, membros do Ministério Público, enfim, todos aqueles que ocupam cargos com natureza de agente político *lato sensu*[427]).

Esses crimes sujeitam os agentes às penas de perda do cargo, com a possibilidade de perda dos direitos políticos por um período de oito anos, nos termos do artigo 52, parágrafo único, da CRFB.

O artigo 10 da Lei nº 1.059/1950 traz um rol de ofensas à lei orçamentária que podem ser classificadas como crimes de responsabilidade. Dentre elas, podemos destacar o enunciado do item 4, que, em caráter amplo, tipifica a conduta de "infringir, patentemente, e de qualquer modo, dispositivo da lei orçamentária".

A amplitude dessa disposição é tamanha que poderia comportar, em tese, qualquer infração ao regime jurídico financeiro, desde que evidente, direta, ou seja, patente. Nesse contexto, poder-se-ia questionar se a elaboração e a implementação de programa de transação tributária em desacordo com o sistema orçamentário dos gastos indiretos poderiam gerar responsabilização por improbidade.

O julgamento do *impeachment* de 2016 pode ser entendido como paradigmático.[428] Entre outras cominações, o processo que resultou no

---

[425] RICCITELLI, Antonio. *Do impeachment.* 2003. 152 p. Dissertação (Mestrado em Direito) – Faculdade de Direito, Universidade de São Paulo, São Paulo, 2003. p. 41.

[426] SUPREMO TRIBUNAL FEDERAL. *HC 70055 AgR*. Rel. min. Ilmar Galvão. Tribunal Pleno, julg. 4 mar. 1993, DJ 16 abr. 1993, p. 06436.

[427] Na lição clássica de Celso Antônio Bandeira de Mello, "agentes políticos são os titulares dos cargos estruturais à organização política do País, ou seja, ocupantes dos que integram o arcabouço constitucional do Estado, o esquema fundamental do Poder" (MELLO, Celso Antônio Bandeira de. *Curso de direito administrativo.* 21. ed. São Paulo: Malheiros, 2002. p. 237).

[428] Por muito tempo, o instituto do *impeachment* foi descreditado no Brasil. A título ilustrativo, é possível citar uma passagem de Carlos Alberto Provenciano Gallo, que, em obra de 1992, assim consignou: "na história do direito constitucional brasileiro, nunca houve a chegada ao fim de um processo de impeachment do Presidente da República. Os dispositivos constitucionais que regem a matéria sempre foram considerados letra morta, inúteis do ponto de vista prático. Há neles um mecanismo ilusório e obsoleto, uma engrenagem bastante emperrada para atingir-se um objetivo prático" (GALLO, Carlos Alberto Provenciano. *Crimes de responsabilidade*: impeachment. Rio de Janeiro: Freitas Bastos, 1992. p. 44).

impedimento da presidente Dilma Rousseff tomou por base a referida infração genérica (art. 10, §4º, da Lei nº 10.79/1950). Julgou-se que as chamadas "pedaladas fiscais" imputadas à mandatária representavam crime de responsabilidade a legitimar sua condenação à perda do cargo de presidente da República Federativa do Brasil, como aponta Marcos Abraham.[429]

Ao considerar crime de responsabilidade infrações à lei orçamentária antes tomadas como meras irregularidades contábeis, a decisão representa a valorização do ordenamento financeiro.[430] Contudo, em que pese a dignidade jurídica da ordem financeira nacional, não se pode conceber que toda e qualquer infração à lei orçamentária possa dar azo à responsabilização por crimes de improbidade.

Um dos aspectos possíveis para a contenção do campo de aplicabilidade do tipo genérico – "infração patente à lei orçamentária" – seria aceitar que os crimes de responsabilidade apenas se configuram mediante comprovação de dolo do agente. Nesse sentido, Gilberto Bercovici aponta que o enunciado do artigo 85 da CFRB fala explicitamente em "atos", não sendo elegíveis "situações que comportam a omissão ou culpa, mas a atuação deliberada (e dolosa) do Chefe do Poder Executivo em contraposição direta à Constituição da República".[431]

Nesse contexto, a elaboração e a implementação de programas de transação tributária com um planejamento deficiente, ainda que representassem ofensa à Lei Orçamentária (em especial ao art. 165, §6º, da CRFB), por descurar da apuração dos gastos tributários envolvidos, somente poderiam dar causa à responsabilização do chefe do Poder Executivo se fosse comprovada uma atuação dolosa, orientada para atender aos interesses de um grupo específico, por exemplo.

Os crimes de responsabilidade integram o sistema de freios e contrapesos da CFRB, atuando como forma de contenção do Pode Executivo pelo Poder Legislativo.[432] Seria irrazoável conceber sua utilização como instrumento ordinário de sanção ao gestor que atenta contra o ordenamento financeiro, em patamar semelhante a uma multa

---

[429] ABRAHAM, Marcos. *Curso de direito financeiro brasileiro*. 4. ed. São Paulo: Forense, 2017. p. 409.

[430] CONTI, José Mauricio. Pedaladas proibidas: desrespeito ao direito financeiro afastou Dilma do cargo de presidente. *Consultor Jurídico*. 12 maio 2016. Disponível em: http://www.conjur.com.br/2016-mai- 12/mauricio-conti-desrespeito-direito-financeiro-afastou-dilma. Acesso em: 15 jul. 2017.

[431] BERCOVICI, Gilberto. O golpe do *impeachment*. In: PRONER, Carol *et al*. *A resistência ao golpe de 2016*. Bauru: Canal 6, 2016. p.142.

[432] ATALIBA, Geraldo. *República e constituição*. 3. ed., São Paulo: Malheiros, 2011. p. 72.

aplicada pelo Tribunal de Contas. Nessa linha, seria possível considerar que a infração à lei orçamentária capaz de gerar responsabilização do gestor não precisaria ser apenas clara, direta e evidente, mas também substancial.

Nesse paradigma, não seria toda e qualquer decisão política de elaborar programa de transação tributária em descompasso com o sistema orçamentário de planejamento sancionável como crime de responsabilidade, cabendo a demonstração de que o programa representou prejuízo relevante (substancial), quer em razão da falta de coerência ou de coordenação, quer em decorrência da falta de uma dimensão do seu impacto no orçamento vigente.

Como se demonstrou ao longo deste trabalho, a elaboração de programas de transação tributária está condicionada ao dever de planejamento e, na perspectiva orçamentária, ao cálculo dos gastos tributários indiretos envolvidos. Muito embora se possa aceitar a ofensa ao regime jurídico dos gastos tributários pelos programas de transação tributária como uma infração direta às normas de Direito Financeiro, não se vislumbra nos crimes de responsabilidade uma hipótese fácil de responsabilização do gestor, ao se enfrentar a dificuldade de comprovação do dolo nessas situações – bem como o caráter não substancial dos prejuízos suportados a legitimar a perda do mandato popularmente conferido.

Todavia, é de bom alvitre lembrar que o juízo sobre o mérito desses "crimes" é de inteira responsabilidade do Poder Legislativo, o que englobaria mesmo o caráter doloso ou substancial da conduta. Infrações patentes ao Direito Financeiro seguem sendo um fator de exposição do chefe do Poder Executivo, que pode colocar em risco seu mandato ao se omitir em razão da não realização do planejamento de medidas pontuais e específicas como os programas de transação tributária, muitas vezes encarados, de maneira irresponsável, como uma saída rápida para um estrangulamento orçamentário.

Ao fim e ao cabo, sem a pretensão de esgotar o tema, buscou-se apenas demonstrar que infrações ao Direito Financeiro decorrentes da deficiência de planejamento nas políticas de transação, para além de responsabilização pessoal do agente responsável perante o Tribunal de Contas e o Poder Judiciário, podem sujeitar o chefe do Poder Executivo ao risco de perda do cargo em julgamento conduzido pelo Poder Legislativo.

CONCLUSÕES

Ao cabo desta pesquisa é possível formular algumas conclusões sem qualquer pretensão de esgotar o tema ou apresentar verdades absolutas. São apenas esforços no sentido de sumarizar as ideias trabalhadas a partir dos referenciais construídos. Os resultados serão descortinados em conclusões parciais, que congregam as principais ideias de cada uma das seções, e conclusões globais, que pretendem analisar a hipótese proposta.

Começando pelas conclusões parciais, é possível defender, com base nas premissas estabelecidas na primeira seção, que a transação é um instituto com raízes civilistas que foi incorporado como causa extintiva do crédito tributário. Em razão dessa origem, a transação tributária mantém algumas notas comuns com a transação civil, tais como o caráter de negócio jurídico bilateral, declaratório, que tem o objetivo de eliminar controvérsias por meio de concessões recíprocas.

Embora, na tributação, tenha sido incorporada como causa extintiva do crédito, é importante ressaltar que a transação é negócio jurídico declaratório, ou seja, que opera sobre uma obrigação já constituída. Assim, a transação não tem o efeito imediato de extinguir a obrigação tributária, ela apenas elimina a controvérsia, abrindo caminho para o adimplemento da obrigação. Pensar o contrário seria converter a transação em novação, instituto cuja característica principal é a substituição de uma obrigação por outra.

Ainda em decorrência de seu caráter declaratório, não seria possível aceitar a transação como mecanismo para discussão dos contornos da obrigação tributária originária. A transação opera sobre um vínculo jurídico já existente e, nessa toada, tem lugar em fase posterior ao processo de constituição da obrigação tributária.

Também não é possível conceber uma regra geral de transação, que acabaria por estabelecer uma nova instância do processo administrativo tributário, *locus* específico destinado aos questionamentos sobre a feição do crédito tributário constituído no lançamento. A transação, no Direito Tributário brasileiro, é remédio pontual para a gestão de conflitos determinados em lei específica, em especial aqueles atinentes à conveniência econômica de adimplir uma obrigação tributária já estabelecida.

Ao final da primeira seção buscou-se demonstrar a compatibilidade da transação com uma visão de interesse público construído por colaboração entre Estado e contribuintes. Nesse contexto, a transação se converte em mecanismo alternativo na resolução de conflitos, que surgem de um crédito tributário unilateralmente imposto. Busca-se, por meio das concessões recíprocas, tornar interessante o cumprimento da obrigação originária pelo contribuinte, eliminando o litígio e abrindo caminho para a extinção espontânea do vínculo tributário.

A partir do referencial construído na segunda seção, é possível defender que a utilização da transação como remédio específico destinado a influir no comportamento dos agentes econômicos, com vistas a induzi-los a adimplir débitos tributários em atraso, a converte em verdadeira ferramenta de política fiscal manejada pelo Estado.

Nesse contexto, sua utilização da transação como ferramenta de política fiscal é regida pelo dever de planejamento, regra constitucional derivada do caráter excepcional da atuação do Estado no domínio econômico. O planejamento, como regra, realiza valores como a publicidade, a segurança jurídica e a eficiência, por meio da difusão de transparência, previsibilidade e racionalidade no agir estatal.

No campo orçamentário, o planejamento das medidas de política fiscal que implicam gastos tributários converte-se numa disciplina específica, que viabiliza a análise de seu desempenho por meio de critérios de relevância, efetividade e eficiência. No sistema brasileiro, o planejamento deve demonstrar a necessária *coerência* entre o programa que se pretende implementar e os objetivos e as metas estabelecidos para a Administração Pública como um todo, consubstanciados no PPA; explicitar a *coordenação* entre a implementação do programa de transação e o atingimento das metas que regem o sistema de equilíbrio da LDO; e possibilitar o adequado *dimensionamento* dos custos do programa, representados pelo montante da renúncia efetuada, na LOA.

Na última seção buscou-se explicitar a importância do planejamento para o controle dos programas de transação tributária. Nesse ponto, empreende-se um esforço para demonstrar a importância do planejamento para a atividade do controle como veículo indutor de evolução institucional e como instrumento de responsabilização dos gestores.

No momento da elaboração dos programas de transação, o planejamento atua como elemento que viabiliza a coordenação dessa política específica com outros programas da Administração Pública. Nessa fase, caberia aos órgãos de controle interno – por meio da procedimentalização – e externo – via fiscalização do cumprimento do dever de planejamento – induzir, como prática institucional, o cumprimento do dever de planejamento por meio da realização de estudos prévios que viabilizem a sindicabilidade dos programas de transação.

Por ocasião dos debates relativos à implementação, o planejamento – em especial, a apuração dos gastos tributários correspondentes – figura como elemento de transparência, que deve integrar a exposição de motivos dos projetos de lei que pretendem instituir programas de transação tributária. Somente diante de estudos prévios transparentes o Poder Legislativo e a sociedade podem formar um juízo sobre a conveniência da medida.

Uma vez implementado, é importante que o planejamento dos programas de transação englobe a eleição de responsáveis que conduzirão sua governança executiva, acompanhando seu desempenho por meio de resultados parciais e confrontando estes com os objetivos que inicialmente se pretendia atingir. Nesse momento, destaca-se o papel dos órgãos de controle interno e externo no acompanhamento concomitante do desempenho, por meio de indicadores de resultados, e dos custos efetivos dos programas de transação. Assim, torna-se possível a realização de eventuais correções de rumo, ainda durante sua vigência, em caso de resultados inesperados ou mesmo de falha no planejamento inicial.

Destaca-se ainda a importância do planejamento como instrumento que possibilita a avaliação dos resultados do programa de transação. Somente diante de uma perspectiva prévia de objetivos e custos confrontada com os resultados efetivamente obtidos é que se torna possível a construção de uma ideia de eficiência na gestão dos recursos públicos. Nessa tarefa, o planejamento converte-se em peça fundamental na atuação dos órgãos de controle interno, externo e social para a construção de um juízo sobre a utilização dos recursos públicos em face dos resultados atingidos.

Em face do dever de planejar, são apresentadas possibilidades de responsabilização do gestor que deixar de observá-lo nas esferas da responsabilidade financeira, dos atos de improbidade e dos crimes de responsabilidade.

No que tange à responsabilidade financeira, destaca-se a possibilidade de responsabilização, pelo Tribunal de Contas, com multa reintegratória equivalente a 100% da renúncia efetuada em desconformidade com a disciplina orçamentária dos gastos tributários, destinada à recomposição do patrimônio público (débito). Seria possível ainda a aplicação de multas pessoais: 1) em patamar proporcional ao dano ao erário provocado; 2) pela falta do dimensionamento da medida na

Lei Orçamentária Anual; 3) em razão da não demonstração da compatibilidade do programa com o atingimento das metas fiscais na LDO; e 4) em razão da falta de coerência desse com os demais objetivos da Administração Pública.

No campo dos atos de improbidade, o gestor que se omite em face do dever de planejar programas de transação tributária poderia ser responsabilizado – no âmbito das condutas que implicam dano ao erário – por negligência na arrecadação de tributos ou na conservação do patrimônio público, ou mesmo, em sede municipal, por concessão de benefício fiscal – ligado ao imposto sobre serviços (ISS) – em desacordo com a Lei Complementar nº 116/2003. Já na seara dos atos de improbidade que representam ofensa aos princípios da Administração Pública, reputa-se que a omissão em relação ao planejamento poderia ser enquadrada como ofensa aos princípios da legalidade e da publicidade.

No domínio dos crimes de responsabilidade, defende-se que a omissão do gestor em relação ao planejamento de programas de transação tributária, em especial na ausência do cálculo dos gastos tributários envolvidos, poderia ser qualificada como infração patente a dispositivo da lei orçamentária, conduta passível de responsabilização política em processo perante o Poder Legislativo.

Passando para as conclusões globais, tem-se que a hipótese desta pesquisa aponta para a necessidade do planejamento para a elaboração de programas de transação tributária. O trabalho buscou demonstrar a tese de que a utilização da transação tributária, como ferramenta de política fiscal, submete o gestor público a um dever de planejamento enquanto necessidade de justificação da intervenção estatal no domínio econômico. Esse agir planejado se desdobra, na perspectiva orçamentária, na necessidade de apuração dos gastos tributários envolvidos nesses programas. Diante de programas de transação planejados torna-se possível o exercício do controle estatal, tanto na perspectiva da evolução institucional para a melhoria da qualidade dos programas quanto no viés da responsabilização dos agentes em caso de desvio.

O trabalho também tenta demonstrar a tese advogada pelo seu avesso. A falta de planejamento torna mais difícil a atividade dos órgãos de controle das políticas de transação tributária, abrindo caminho para a elaboração de políticas de transação casuístas e potencialmente danosas ao erário público e expondo o gestor a riscos de responsabilização pessoal.

Foi empreendido um esforço para apresentar, ainda que sumariamente, algumas consequências atribuíveis ao desvio do gestor público em relação ao dever de planejar a elaboração e a implementação de programas de transação tributária. Como se demonstrou, a falta de planejamento pode dar azo à aplicação de sanções ao gestor nas esferas da responsabilidade financeira, por atos de improbidade e até por crime de responsabilidade.

Por outro lado, é possível defender que a existência de um planejamento sólido e consistente pode atuar como baliza segura para justificar as decisões políticas levadas a termo no momento da elaboração dos programas de transação, reduzindo a margem de discricionariedade da atividade sancionatória dos órgãos de controle para escolher os parâmetros de avaliação das políticas de transação.

Esta pesquisa tem como foco o dever de planejar, inerente à atuação do Estado no domínio econômico, e suas inflexões na elaboração e na implementação de programas de transação tributária. O trabalho tem suas limitações, que se convertem, ao final, em novos horizontes não explorados, tais como uma avaliação sobre as possíveis consequências da transação em relação ao princípio da igualdade tributária; uma análise desses programas pelas lentes da disciplina jurídica das políticas públicas; ou mesmo um estudo específico sobre a responsabilização dos gestores públicos que descuram do dever de planejar.

Ao final, com a apresentação de construções sobre o ordenamento jurídico brasileiro, tomadas como "princípios" destinados a embasar "conclusões", o impulso é questionar a "tirania" da utilização da figura da transação tributária como medida circunstancial, casuísta e até irresponsável. O foco no planejamento visa, em grau mais abstrato, questionar uma cultura de manejo desses programas como "uma necessidade natural", ferramenta sempre utilizada pelas administrações tributárias como fonte emergencial de recursos em face do estrangulamento de seus orçamentos.

REFERÊNCIAS

ABRAHAM, Marcos. *Curso de direito financeiro brasileiro*. 4. ed. São Paulo: Forense, 2017.

ADAMS, Luís Inácio Lucena. *Ofício nº 624/PGFN-PG*. Procuradoria-Geral da Fazenda Nacional, Brasília, 14 mar. 2007. Disponível em: http://www.fazenda.gov.br/portugues/releases/2007/r150307d-oficio-624-PGFN.pdf. Acesso em: 29 ago. 2016.

ADEODATO, João Maurício. *Uma teoria retórica da norma jurídica e do direito subjetivo*. São Paulo: Noeses, 2011.

AFONSO, José Roberto Rodrigues. *Keynes, crise e política fiscal*. São Paulo: Saraiva, 2012.

AFONSO, José Roberto; BARROS, Gabriel Leal de. *Nota técnica*: desoneração da folha: renúncia revisitada. São Paulo: FGV-IBRE, set. 2013. Disponível em: http://bibliotecadigital.fgv.br/dspace/bitstream/handle/10438/11698/Desonera%E7%E3o%20da%20Folha%20(2).pdf?sequence=1. Acesso em: 14 jun. 2017.

ALESSI, Renato. *Instituciones de derecho administrativo*. Barcelona: Bosch, 1970.

ALMEIDA, Carlos Otávio Ferreira de. O planejamento financeiro responsável: boa governança e desenvolvimento no Estado contemporâneo. *In:* CONTI, José Mauricio; SCAFF, Fernando Facury. *Orçamentos públicos e direito financeiro*. São Paulo: RT, 2011. p. 577-599.

ALMEIDA, Fernando Dias Menezes de. *Contrato administrativo*. São Paulo: Quartier Latin, 2012.

ALMEIDA, Fernando Dias Menezes de. Mecanismos de consenso no direito administrativo. *In:* ARAGÃO, Alexandre Santos de; MARQUES NETO, Floriano de Azevedo (Coord.). *Direito administrativo e seus novos paradigmas*. Belo Horizonte: Fórum, 2012. p. 335-349.

ALMEIDA, Fernando Dias Menezes de. Responsabilidade do Estado. *In:* DI PIETRO, Maria Sylvia Zanella (Coord.). *Tratado de direito administrativo*. São Paulo: RT, 2014. v. 7, Controle da administração pública e responsabilidade do estado. p. 215-244.

ALVARENGA, Aristides Junqueira. Reflexões sobre a improbidade administrativa no direito brasileiro. *In:* BUENO, Cassio Scarpinella; PORTO FILHO, Pedro Paulo. *Improbidade administrativa*: questões polêmicas e atuais. 2. ed. São Paulo: Malheiros, 2003.

ALVES, José Carlos Moreira. Distinção entre os atos jurídicos negociais e os atos jurídicos não-negociais. *Revista da Academia Brasileira de Letras Jurídicas*, n. 10, p. 170-189, 1996.

ANDRADE, José Carlos Vieira de. *O dever da fundamentação expressa de actos administrativos*. Coimbra (Portugal): Almedina, 1992.

ANDRADE, José Maria Arruda de. A política econômica da desoneração da folha de pagamento. *Consultor jurídico*. 27 set. 2015. Disponível em: http://www.conjur.com.br/2015-set-27/Estado-economia-politica-economica-desoneracao-folha-pagamento. Acesso em: 14 nov. 2015.

ANDRADE, José Maria Arruda de. A política econômica e a governança dos gastos tributários indiretos. *Consultor Jurídico*. 30 ago. 2015. Disponível em: http://www.conjur.com.br/2015-ago-30/Estado-economia-politica-gastos-tributarios-indiretos. Publicado em 30 ago. 2015. Acesso em: 11 jun. 2017.

ANDRADE, José Maria Arruda de. *Economização do direito concorrencial*. São Paulo: Quartier Latin, 2014.

ANDRADE, José Maria Arruda de. *Interpretação da norma tributária*. São Paulo: MP, 2006.

ARAGÃO, Alexandre Santos de. O princípio da eficiência. *Revista de Direito Administrativo*, Rio de Janeiro, n. 237, p. 1-6, jul./set. 2004.

ARAÚJO, Edmir Netto de. *Do negócio jurídico administrativo*. São Paulo: RT, 1992.

ARIÑO ORTIZ, Gaspar. *Principios de derecho* público económico. Granada: Editorial Comares, 1999.

ASSUNÇÃO, Matheus Carneiro. Incentivos fiscais em tempos de crise: impactos econômicos e reflexos financeiros. *Revista da PGFN*, v. 1, n. 1, p. 99-121, 2011.

ATALIBA, Geraldo. *Hipótese de incidência tributária*. 6. ed. São Paulo: Malheiros, 2006.

ATALIBA, Geraldo. *República e constituição*. 3. ed. São Paulo: Malheiros, 2011.

ÁVILA, Humberto. Argumentação jurídica e a imunidade do livro eletrônico. *Revista Eletrônica de Direito do Estado (REDE)*, Salvador, n. 21, jan./mar. 2010. Disponível em: http://www.direitodoEstado.com/revista/REDE-21-JANEIRO-2010-HUMBERTO-AVILA.pdf. Acesso em: 21 ago. 2016.

ÁVILA, Humberto. *Teoria da segurança jurídica*. 3. ed. São Paulo: Malheiros, 2015.

ÁVILA, Humberto. *Teoria dos princípios*. 12. ed. São Paulo: Malheiros, 2011.

BALEEIRO, Aliomar. *Cinco aulas de finanças e política fiscal*. Salvador: Universidade da Bahia, 1959.

BALEEIRO, Aliomar. *Direito tributário brasileiro*. 11. ed. Rio de Janeiro: Forense, 2010.

BALEEIRO, Aliomar. *Uma introdução à ciência das finanças*. 15. ed. Rio de Janeiro: Forense, 1998.

BARRETO, Paulo Ayres. *Elisão tributária*: limites normativos. 2008. 288 p. Tese (Livre-Docência em Direito) – Faculdade de Direito, Universidade de São Paulo, São Paulo, 2008.

BARRETO, Paulo Ayres. Princípio republicano e a motivação dos atos administrativos em matéria tributária. In: BOTALLO, Eduardo Domingos. *Direito tributário*: homenagem a Geraldo Ataliba. São Paulo: Quartier Latin, 2005. p. 101-110.

BARROSO, Luís Roberto. A constitucionalização do direito e suas repercussões no âmbito administrativo. In: ARAGÃO, Alexandre Santos de; MARQUES NETO, Floriano de Azevedo (Coord.). *Direito administrativo e seus novos paradigmas*. Belo Horizonte: Fórum, 2012. p. 31-63.

BARROSO, Luís Roberto. A ordem econômica constitucional e os limites à atuação estatal no controle de preços. *Revista de Direito Administrativo*, Rio de Janeiro, n. 226, p. 187-2012, out./dez. 2001.

BATISTA JÚNIOR, Onofre Alves. O dever de boa Administração e a transação no direito tributário. *Revista Jurídica*, Procuradoria-Geral da Fazenda Estadual de Minas Gerais, Belo Horizonte, n. 44, p.48-55, out. 2001.

BATISTA JÚNIOR, Onofre. *Transações administrativas*. São Paulo: Quartier Latin, 2007.

BERCOVICI, Gilberto. A Constituição Federal e o papel do Estado no domínio econômico. *Revista da Academia Brasileira de Direito Constitucional*. Curitiba, v. 2, p. 117-129, 2002.

BERCOVICI, Gilberto. O golpe do *impeachment*. In: PRONER, Carol *et al*. *A resistência ao golpe de 2016*. Bauru: Canal 6, 2016.

BERCOVICI, Gilberto. Política econômica e direito econômico. *Revista Fórum de Direito Financeiro e Econômico (RFDFE)*, Belo Horizonte, v. 1, n. 1, mar./ago. 2012.

BERCOVICI, Gilberto; MASSONETTO, Luís Fernando. A Constituição Dirigente Invertida: a blindagem da constituição financeira e a agonia da constituição econômica. *Boletim de Ciências Econômicas*, Coimbra, n. 49, 2006. p. 4-24.

BERCOVICI, Gilberto; OCTAVIANI, Alessandro. Direito e subdesenvolvimento. *In*: OCTAVIANI, Alessandro. *Estudos, pareceres e votos de direito econômico*. São Paulo: Singular, 2014.

BEVILACQUA, Lucas. *Incentivos fiscais de ICMS e desenvolvimento regional*. São Paulo: Quartier Latin, 2013.

BEVILACQUA, Lucas. Limitações à concessão de incentivos fiscais no imposto sobre serviços de qualquer natureza (ISS). *In*: MACEDO, Alberto *et al*. *Gestão tributária municipal e tributos municipais*. São Paulo: Quartier Latin, 2017. v. 6. p. 417-432.

BEVILÁQUA, Clóvis. *Código Civil dos Estados Unidos do Brasil*. São Paulo: Livraria Francisco Alves, 1943. tomo 4.

BEVILÁQUA, Clóvis. *Direito das obrigações*. 4. ed. Rio de Janeiro: Freitas Bastos, 1936.

BINENBOJM, Gustavo. O sentido da vinculação administrativa à juridicidade no direito brasileiro. *In*: ARAGÃO, Alexandre Santos de; MARQUES NETO, Floriano de Azevedo (Coord.). *Direito administrativo e seus novos paradigmas*. Belo Horizonte: Fórum, 2012. p. 145-204.

BITTKER, Boris. Accounting for Federal "Tax Subsidies" in the National Budget. *In*: OLIVER, Philip D. *Tax Policy*: Readings and Materials. New York (US): Thomson-West, 2004. p. 724-731.

BOECHAT, Stephan Righi. Direito e políticas públicas: uma visão jurídica para os Programas de Parcelamento Especial (REFIS). *Revista Fórum de Direito Financeiro e Econômico (RFDFE)*, Belo Horizonte, v. 4, n. 7, p. 101-118, mar./ago. 2015.

BONAVIDES, Paulo. *Do Estado liberal ao Estado social*. 11. ed. São Paulo: Malheiros, 2011.

BONAVIDES, Paulo. *Teoria constitucional da democracia participativa*. 3. ed. São Paulo: Malheiros, 2008.

BONFIM, Gilson Pacheco. A Lei de Responsabilidade Fiscal e as limitações orçamentárias ao gasto tributário. *In*: COELHO, Marcos Vinicius Furtado; ALLAMAND, Luiz Claudio; ABRAHAM, Marcus. *Responsabilidade fiscal*: análise da Lei Complementar 101/2000. Brasília (DF): OAB, Conselho Federal, 2016. p. 287-309.

BORGES, José Souto Maior. *Lançamento tributário*. 2. ed. São Paulo: Malheiros, 1999.

BORGES, José Souto Maior. *Obrigação tributária*: uma introdução metodológica. 2. ed. São Paulo: Malheiros, 1999.

BORGES, José Souto Maior. *Teoria geral da isenção tributária*. 3. ed. São Paulo: Malheiros, 2001.

BOUUAERT, Claeys. Reflexões sobre as bases de uma política fiscal. *In:* TAVOLARO, Agostinho Toffoli; MARTINS, Ives Gandra da Silva. *Princípios tributários no direito brasileiro e comparado*: estudos em homenagem a Gilberto de Ulhôa Canto. Rio de Janeiro: Forense, 1988. p. 371-392.

BRASIL. *Exposição de Motivos Interministerial nº 161/2008 – MF/MP/MAPA/AGU*. 3 out. 2008. Disponível em: http://www.planalto.gov.br/ccivil_03/_ato2007-2010/2008/Exm/EMI-161-MF-MP-MAPA-AGU-mpv449.htm. Acesso em: 15 nov. 2015.

BRASIL. *Exposição de Motivos nº 00060/2017 MF*. Brasília, 31 maio 2017. Disponível em: http://www.planalto.gov.br/ccivil_03/_ato2015-2018/2017/Exm/Exm-MP-783-17.pdf. Acesso em: 17 jun. 2017.

BRASIL. *Exposição de Motivos nº 00152/2016 MF*. Brasília, 30 dez. 2016. Disponível em: http://www.planalto.gov.br/ccivil_03/_ato2015-2018/2017/Exm/Exm-MP-766-17.pdf. Acesso em: 17 jun. 2017.

BRASIL. Ministério da Fazenda. Secretaria da Receita Federal do Brasil. Coordenação-Geral de Política Tributária *Demonstrativo dos gastos governamentais indiretos de natureza tributária (gastos tributários)*: 2006. Brasília, set. 2005. Disponível em: http://idg.receita.fazenda.gov.br/dados/receitadata/gastos-tributarios/previsoes-ploa/arquivos-e-imagens/dgt-2006/view. Acesso em: 12 nov. 2015.

BRASIL. Ministério da Fazenda. Secretaria da Receita Federal do Brasil. *Demonstrativo dos gastos governamentais indiretos de natureza tributária (gastos tributários)*: Ploa 2014. Brasília, [2013?]. Disponível em: http://www.receita.fazenda.gov.br/publico/estudotributario/BensTributarios/2014/DGT2014.pdf. Acesso em: 12 nov. 2015.

BRASIL. Ministério da Fazenda. Secretaria da Receita Federal. *Demonstrativo dos gastos governamentais indiretos de natureza tributária (gastos tributários)*: Ploa 2017. Brasília, ago. 2016. Disponível em: https://idg.receita.fazenda.gov.br/dados/receitadata/renuncia-fiscal/previsoes-ploa/dgt-ploa-2017-versao-1-1.pdf. Acesso em: 17 jun. 2017.

BRASIL. Secretaria da Receita Federal. *Demonstrativo dos benefícios tributários*: 2000. Brasília, 16 ago. 1999. Disponível em: http://idg.receita.fazenda.gov.br/dados/receitadata/gastos-tributarios/previsoes-ploa/arquivos-e-imagens/dgt-2000/view. Acesso em: 12 nov. 2015.

BRASIL. Secretaria Especial de Assuntos Econômicos. *Nota técnica ao ministro da Fazenda*: orçamento de incentivos fiscais. Disponível em: https://idg.receita.fazenda.gov.br/dados/receitadata/renuncia-fiscal/previsoes-ploa/arquivos-e-imagens/dgt-1989. Acesso em: 14 jun. 2017.

BRIXI, Hana Polackova. Managing Tax Expenditures: Policy Options. *In:* BRIXI, Hana Polackova; VALENDUC, Christian N. A.; SWIFT, Zhicheng Li (Ed.). *Tax Expenditures*: Shedding Light on Government Spending through the Tax System. Washington (US): The World Bank, 2004. p. 227-233.

BROWN, Colin. Tax expenditures in Australia. *In:* BRIXI, Hana Polackova; VALENDUC, Christian N. A.; SWIFT, Zhicheng Li (Ed.). *Tax Expenditures*: Shedding Light on Government Spending through the Tax System. Washington (US): The World Bank, 2004. p. 45-61.

BUCCI, Maria Paula Dallari. *Fundamentos para uma teoria jurídica das políticas públicas*. São Paulo: Saraiva, 2013.

BULGARELLI, Waldirio. *Contratos mercantis*. 14. ed. São Paulo: Atlas, 2001.

CABRAL, Antônio do Passo. *Convenções processuais*: entre o publicismo e o privatismo. 2015. 383 p. Tese (Livre-Docência em Direito) – Faculdade de Direito, Universidade de São Paulo, São Paulo, 2015.

CAGGIANO, Monica Herman Salem. Controle de mercado por via de tabelamento. *Revista de Direito Público*, v. 25, n. 100, p. 40-44, out./dez. 1991.

CAMARGO, Guilherme Bueno de. *Governança republicana como vetor para interpretação das normas de direito financeiro*. 2010. 239 p. Tese (Doutorado em Direito) – Faculdade de Direito, Universidade de São Paulo, São Paulo, 2010.

CAMARGO, Guilherme Bueno de. Governança republicana e orçamento: as finanças públicas a serviço da sociedade. *In:* CONTI, José Mauricio; SCAFF, Fernando Facury. *Orçamentos públicos e direito financeiro*. São Paulo: RT, 2011. p. 769-784.

CAMPOS, Anna Maria. *Accountability*: quando poderemos traduzi-la para o português? *Revista de Administração Pública*, v. 24, n. 2, p. 30-50, 1990.

CAMPOS, Dejalma. *Direito financeiro e orçamentário*. São Paulo: Atlas, 1995.

CANARIS, Claus-Wilhelm. *Direitos fundamentais e direito privado*. Coimbra: Almedina, 2012.

CARRAZZA, Roque Antônio. *Curso de direito constitucional tributário*. 21. ed. São Paulo: Malheiros, 2005.

CARRESI, Franco. *La transazione*. 2. ed. Torino: Unione Tipografico; Editrice Torinese, 1966.

CARVALHO FILHO, José dos Santos. Controle judicial. *In:* DI PIETRO, Maria Sylvia Zanella (Coord.). *Tratado de direito administrativo*. São Paulo: RT, 2014. v. 7, Controle da administração pública e responsabilidade do estado. p. 27-214.

CARVALHO FILHO, José dos Santos. Estado mínimo x Estado máximo: o dilema. *Revista Eletrônica sobre a Reforma do Estado (RERE)*, Instituto Brasileiro de Direito Público, Salvador, n. 12, dez. 2007/fev. 2008. Disponível em: http://www.direitodoEstado.com.br/rere.asp. Acesso em: 12 mar. 2015.

CARVALHO FILHO, José dos Santos. Interesse público: verdades e sofismas. *In:* DI PIETRO, Maria Sylvia Zanella; RIBEIRO, Carlos Vinicius Alves (Coord.). *Supremacia do interesse público e outros temas relevantes do direito administrativo*. São Paulo: Atlas, 2010. p. 67-84.

CARVALHO SANTOS, João Manuel de. *Código civil brasileiro interpretado*. 7. ed. São Paulo: Livraria Freitas Bastos, 1955. v. 13.

CARVALHO, Paulo de Barros. *Direito tributário*: fundamentos jurídicos da incidência. 8. ed. São Paulo: Saraiva, 2010.

CARVALHO, Paulo de Barros. *Direito tributário*: linguagem e método. 2. ed. São Paulo: Noeses, 2008.

CARVALHOSA, Modesto. *Ordem econômica na constituição de 1969*. São Paulo: RT, 1972.

CASÁS, José Osvaldo. La transacción y la transacción tributaria en general en el derecho comparado. *Revista internacional de direito tributário*, Belo Horizonte, v. 3, p. 73-102, jan./jun. 2005.

CATARINO, João Ricardo. *Para uma política do tributo*. Lisboa: Centro de Estudos fiscais, 2009.

COELHO, Sacha Calmon Navarro. *Curso de direito tributário brasileiro*. 12. ed. Rio de Janeiro: Forense, 2012.

COMPARATO, Fábio Konder. Juízo de constitucionalidade das políticas públicas. *In*: MELLO, Celso Antônio Bandeira de (Ed.). *Estudos em homenagem a Geraldo Ataliba*. São Paulo: Malheiros, 1997. v. 2. p. 343-359.

COMPARATO, Fabio Konder. Ordem econômica na constituição de 1988. *Revista de Direito Público*, São Paulo, v. 23, n. 93, p. 263-276, jan./mar. 1990.

CONTI, José Mauricio. O plano plurianual – PPA. *In*: MARTINS, Ives Gandra da Silva; MENDES, Gilmar Ferreira; NASCIMENTO, Carlos Valder (Coord.). *Tratado de direito financeiro*. São Paulo: Saraiva, 2013. v. 1. p. 322-339.

CONTI, José Mauricio. Pedaladas proibidas: desrespeito ao direito financeiro afastou Dilma do cargo de presidente. *Consultor Jurídico*. 12 maio 2016. Disponível em: http://www.conjur.com.br/2016-mai-12/mauricio-conti-desrespeito-direito-financeiro-afastou-dilma. Acesso em: 15 jul. 2017.

CONTI, José Mauricio; CARVALHO, André Castro. O controle interno na administração pública brasileira: qualidade do gasto público e responsabilidade fiscal. *Direito Público*, Porto Alegre; Brasília, v. 8, n. 37, p. 201-220, jan./fev. 2011.

CORRÊA, Izabela Moreira. Planejamento estratégico e gestão pública por resultados no processo de reforma administrativa do Estado de Minas Gerais. *Revista de Administração Pública*, Rio de Janeiro, v. 41, n. 3, p. 487-504, maio/jun. 2007. Disponível em: http://www.scielo.br/scielo.php?script=sci_arttext&pid=S0034-76122007000300006. Acesso em: 18 jul. 2017.

COSTA, Alcides Jorge. A doutrina tributária italiana e sua influência no direito tributário brasileiro. *In*: TAVOLANO, Agostinho Toffoli; MACHADO, Brandão; MARTINS, Ives Gandra da Silva (Org.). *Princípios tributários no direito brasileiro e comparado*: estudos em homenagem a Gilberto Ulhôa Canto. Rio de Janeiro: Forense, 1988. p. 24-33.

COSTA, Alcides Jorge. Brasil. *In*: Jornada Latino Americana de Derecho Tributario – Relatos Nacionales, 17, 1996, Montevideo (UR), *Anais*... Montevideo (UR): Instituto Latino Americano de Derecho Tributario, 1996. p. 319-327.

COSTA, Alcides Jorge. *Da extinção das obrigações tributárias*. São Paulo, 1991.

COSTA, Ramón Valdés. Os acordos entre a Administração e os contribuintes. *In*: TAVOLANO, Agostinho Toffoli; MACHADO, Brandão; MARTINS, Ives Gandra da Silva (Org.). *Princípios tributários no direito brasileiro e comparado*: estudos em homenagem a Gilberto Ulhôa Canto. Rio de Janeiro: Forense, 1988. p. 584-385.

COSTA, Regina Helena. *Praticabilidade e justiça tributária, exequibilidade da Lei Tributária e os direitos do contribuinte*. São Paulo: Malheiros, 2007.

COUTINHO, Diogo R. *Direito econômico e desenvolvimento democrático*: uma abordagem institucional. 2014. 380 p. Tese (Titularidade em Direito) – Faculdade de Direito, Universidade de São Paulo, São Paulo, 2014.

COUTINHO, Diogo R. O direito nas políticas públicas. *In*: MARQUES, Eduardo; FARIA, Carlos Aurélio Pimenta de (Org.). *A política pública como campo multidisciplinar*. São Paulo: Unesp, 2013. p. 181-200.

CRETELLA JÚNIOR, José. O direito administrativo no anteprojeto de código civil. *In*: DI PIETRO, Maria Sylvia Zanella; SUNDFELD, Carlos Ari (Org.). *Doutrinas essenciais*: direito administrativo. São Paulo: RT, 2012. v. 1. p. 81-90.

CURVO LEITE, Rita de Cássia. *Transplantes de órgãos e tecidos e os direitos da personalidade*. São Paulo: J. de Oliveira, 2000.

DACOMO, Natalia De Nardi. *Direito tributário participativo, transação e arbitragem administrativas da obrigação tributária*. São Paulo: Quartier Latin, 2009.

DANIEL NETO, Carlos Augusto. *Dialética da tolerância fiscal*. 2014. 259 p. Dissertação (Mestrado em Direito) – Faculdade de Direito, Pontifícia Universidade Católica de São Paulo, São Paulo, 2014.

DECOMAIN, Pedro Roberto. *Improbidade administrativa*. São Paulo: Dialética, 2014.

DELGADO, José Augusto. Improbidade administrativa: algumas controvérsias doutrinárias e jurisprudenciais sobre a Lei de Improbidade Administrativa. *In*: BUENO, Cassio Scarpinella; PORTO FILHO, Pedro Paulo. *Improbidade administrativa*: questões polêmicas e atuais. 2. ed. São Paulo: Malheiros, 2003.

DI PIETRO, Maria Sylvia Zanella. 500 anos de direito administrativo brasileiro. *In*: DI PIETRO, Maria Sylvia Zanella; SUNDFELD, Carlos Ari (Org.). *Doutrinas essenciais*: direito administrativo. São Paulo: RT, 2012. v. 1. p. 121-148.

DI PIETRO, Maria Sylvia Zanella. *Direito administrativo*. 27. ed. São Paulo: Atlas, 2014.

DI PIETRO, Maria Sylvia Zanella. O princípio da supremacia do interesse público – sobrevivência diante dos ideais do neoliberalismo. *In*: BACELLAR FILHO, Romeu Felipe; HACHEM, Daniel Wunder (Coord.). *Direito administrativo e interesse público*: estudos em homenagem ao professor Celso Antônio Bandeira de Mello. Belo Horizonte: Fórum, 2010. p. 203-219.

DINIZ, Maria Helena. *Curso de direito civil brasileiro*. 30. ed. São Paulo: Saraiva, 2014. v. 3.

DINIZ, Maria Helena. *Tratado teórico e prático dos contratos*. 6. ed. São Paulo: Saraiva, 2006. v. 5.

DINIZ, Maria Helena. *Tratado teórico e prático dos contratos*. 7. ed. São Paulo: Saraiva, 2013. v. 5.

DUE, John F. *Government Finance, an Economic Analysis*. 3rd. ed. Homewood (US): Richard D. Irwin, 1963.

DURÁN MARTINEZ, Augusto. *Neoconstitucionalismo y derecho administrativo*. Buenos Aires: La Ley, 2012.

FANTOZZI, Augusto. Lançamento tributário. *In*: TAVOLARO, Agostinho Toffoli; MACHADO, Brandão; MARTINS, Ives Gandra da Silva (Org.). *Princípios tributários no direito brasileiro e comparado*: estudos em homenagem a Gilberto de Ulhôa Canto. Rio de Janeiro: Forense, 1988. p. 34-71.

FANUCCHI, Fábio. *Curso de direito tributário*. 4. ed. São Paulo: Resenha Tributária, 1976. v. 1.

FARJAT, Gérard. *Pour un droit économique*. Paris: Presses Universitaires de France, 2004.

FLUSSER, Vilém. Forma e material. *In*: CARDOSO, Rafael (Org.). *O mundo codificado*. São Paulo: Cosac Naify, 2013. p. 22-32.

FREITAS, Juarez. As políticas públicas e o direito fundamental à boa Administração. *NOMOS Revista do Programa de Pós-Graduação em Direito da UFC*, v. 35, n. 1, p. 195-217, jan./jun. 2015.

FREITAS, Juarez. *Direito fundamental à boa Administração*. 3. ed. São Paulo: Malheiros, 2014.

FREITAS, Juarez. *O controle dos atos administrativos e os princípios fundamentais*. 4. ed. São Paulo: Malheiros, 2009.

GALLO, Carlos Alberto Provenciano. *Crimes de responsabilidade*: impeachment. Rio de Janeiro: Freitas Bastos, 1992.

GIULIANI FONROUGE, C. M. *Conceitos de direito tributário*. São Paulo: Lael, 1973.

GOMES, Emerson Cesar da Silva. *O direito dos gastos públicos no Brasil*. São Paulo: Almedina, 2015.

GOMES, Emerson Cesar da Silva. *Responsabilidade financeira*: uma teoria sobre a responsabilidade no âmbito dos tribunais de contas. 2009. 344 p. Tese (Doutorado em Direito) – Faculdade de Direito, Universidade de São Paulo São Paulo, 2009.

GOMES, Luiz Flávio; BIANCHINI, Alice. *Crimes de responsabilidade fiscal*: lei 10.028/00. São Paulo: RT, 2001.

GONÇALVES, Carla de Lourdes. *Suspensão e extinção*: uma proposta classificatória. 2004. 221 p. Tese (Doutorado em Direito) – Faculdade de Direito, Pontifícia Universidade Católica de São Paulo, São Paulo, 2004.

GORDILLO, Agostín. *Tratado de derecho administrativo*: el acto administrativo. 7. ed. Belo Horizonte: Del Rey, 2003.

GRAU, Eros Roberto. *A ordem econômica na constituição de 1988*. 8. ed. São Paulo: Malheiros, 2003.

GRAU, Eros Roberto. *O direito posto e o direito pressuposto*. 6. ed. São Paulo: Malheiros, 2005.

GRAU, Eros. *Planejamento econômico e regra jurídica*. 1977. 262 p. Tese (Livre-Docência em Direito) – Faculdade de Direito, Universidade de São Paulo, São Paulo, 1977.

GRECO, Marco Aurélio. *Dinâmica da tributação*: uma visão funcional. 2. ed. Rio de Janeiro: Forense, 2007.

GRECO, Marco Aurélio. Do poder à função tributária. *In*: FERRAZ, Roberto Catalano Botelho (Coord.). *Princípios e limites da tributação 2*: os princípios da ordem econômica e a tributação. São Paulo: Quartier Latin, 2009. p. 165-176.

GRECO, Marco Aurélio. Lançamento tributário – I. *In*: LIMOGI FRANÇA, R. *Enciclopédia Saraiva de Direito*. São Paulo: Saraiva, 1977. p. 1-11.

GRIBNAU, Hans. Equality, Consistency and Impartiality in Tax Legislation. *In*: GRIBNAU, Hans (Ed.). *Legal Protection Against Discriminatory Tax Legislation*: the Struggle for Equality in European Tax Law. London: Kluwer Law International, 2003. p. 7-32.

GRILLO, Fábio Artigas. *Transação e justiça tributária*. 2012. 321 p. Tese (Doutorado em Direito) – Faculdade de Direito, Universidade Federal do Paraná, Curitiba, 2012.

GRUPENMACHER, Betina Treiger. Extinção da relação jurídica tributária. *In*: PRETO, Raquel Elita Alves. *Tributação brasileira em evolução*: estudos em homenagem a Alcides Jorge Costa. São Paulo: IASP, 2015. p. 610-627.

GUALAZZI, Eduardo Lobo Botelho. *Regime jurídico dos tribunais de contas*. São Paulo: RT, 1992.

GUIMARÃES, Vasco Branco. O papel da vontade na relação jurídico-tributária: contributo para a compreensão da possibilidade técnico-legal da conciliação e transação como forma de extinguir o crédito tributário. *In:* SARAIVA FILHO, Oswaldo Othon de Pontes; GUIMARÃES, Vasco Branco (Org.). *Transação e arbitragem no direito tributário*: homenagem ao jurista Carlos Mário da Silva Veloso. Belo Horizonte: Fórum, 2008, p. 137-166.

HACHEM, Daniel Wunder. *Princípio da supremacia do interesse público*. Belo Horizonte: Fórum, 2011.

HENRIQUES, Elcio Fiori. *O regime jurídico do gasto tributário no direito brasileiro*. 2009. 221 p. Dissertação (Mestrado em Direito) – Faculdade de Direito, Universidade de São Paulo, São Paulo, 2009.

HORVATH, Estevão. *Lançamento tributário e "autolançamento"*. 2. ed. São Paulo: Quartier Latin, 2010.

HORVATH, Estevão. *O orçamento no século XXI*: tendências e expectativas. 2014. 418 p. Tese (Titularidade em Direito) – Faculdade de Direito, Universidade de São Paulo, São Paulo, 2014.

HORVATH, Estevão. Orçamento público e planejamento. *In:* MELLO, Celso Antônio Bandeira de (Org.). *Estudos em homenagem a Geraldo Ataliba*: direito tributário. São Paulo: Malheiros, 1997. p. 119-134.

ILYENKOV, Evald Vasilyevich. The Universal. *Revista Dialectus*, v. 1, n. 2, p. 67-87, jan./jun. 2013.

JARDIM, Eduardo Marcial Ferreira. *Manual de direito financeiro e tributário*. 8. ed. São Paulo: Saraiva, 2007.

JORDANA DE POZAS, Luis. Ensayo de una teoría del fomento en el derecho administrativo. *Revista de Estudios Políticos*, n. 48, p. 44-54, 1949.

JUSTEN FILHO, Marçal. *Curso de direito administrativo*. 11. ed. São Paulo: RT, 2015.

JUSTEN FILHO, Marçal. O direito administrativo de espetáculo. *In:* ARAGÃO, Alexandre Santos de; MARQUES NETO, Floriano de Azevedo (Coord.). *Direito administrativo e seus novos paradigmas*. Belo Horizonte: Fórum, 2012. p. 65-85.

KAHN, Douglas A.; LEHMAN, Jeffrey S. Expenditure budgets: a critical review. *In:* OLIVER, Philip D. *Tax Policy, Readings and Materials*. New York-US: Thomson-West, 2004. p. 721-724.

KAUFMANN, Mateo. *El equilibrio del presupuesto*. Madrid: Editorial de Derecho Financiero, 1964.

LEÃO, Martha Toribio. *Controle da extrafiscalidade*. São Paulo: Quartier Latin, 2015.

LEBRÃO, Roberto Mercado; GOMES, Emerson Cesar da Silva; MOURÃO, Licurgo. Fiscalização financeira e orçamentária. *In:* OLIVEIRA, Regis Fernandes de *et al*. (Coord.). *Lições de direito financeiro*. São Paulo: RT, 2015. p. 119-151.

LENJOSEK, Gordon J. A framework for Evaluating Tax Measures and Some Methodological Issues. *In:* BRIXI, Hana Polackova; VALENDUC, Christian N. A.; SWIFT, Zhicheng Li (Ed.). *Tax Expenditures*: Shedding Light on Government Spending through the Tax System. Washington (US): The World Bank, 2004. p. 19-44.

LIMA, Luiz Henrique. *Controle externo*. Rio de Janeiro: Elsevier, 2011.

LOCHAGIN, Gabriel Loretto. *A execução do orçamento público, flexibilidade e orçamento impositivo*. São Paulo: Blucher, 2017.

LORENZETTI, Ricardo Luis. *Fundamentos do direito privado*. São Paulo: Revista dos Tribunais, 1998.

MACHADO, Hugo de Brito. Ordem econômica e tributação. *In:* FERRAZ, Roberto (Coord.). *Princípios e limites da tributação 2*: os princípios da ordem econômica e a tributação, São Paulo: Quartier Latin, 2009. p. 375-396.

MACHADO, Hugo de Brito. Transação e arbitragem no âmbito tributário. *In:* SARAIVA FILHO, Oswaldo Othon de Pontes; GUIMARÃES, Vasco Branco (Org.). *Transação e arbitragem no âmbito tributário*: homenagem ao jurista Carlos Mario da Silva Velloso. Belo Horizonte: Fórum, 2008. p. 111-135.

MAKTOUF, Lofti; SURREY, Stanley S. Tax Expenditure Analysis and Tax and Budgetary Reform in Less Developed Countries. *Law and Policy in International Business*, v. 15, p. 739-761, 1983.

MALUF, Carlos Alberto Dabus. *A transação no direito civil e no processo civil*. 2. ed. São Paulo: Saraiva, 1999.

MARQUES NETO, Floriano de Azevedo. A superação do ato administrativo autista. *In:* MEDAUAR, Odete; SCHIRATO, Vitor Rhein (Coord.). *Os caminhos do ato administrativo*. São Paulo: RT, 2011. p. 91-113.

MARQUES NETO, Floriano de Azevedo. As presunções jurídicas e a negação da jurisdição: a Fazenda Pública em juízo. *Revista Brasileira da Advocacia*, v. 1, p.151-167, abr./jun. 2016.

MARQUES NETO, Floriano de Azevedo. *Bens públicos, função social e exploração econômica*: o regime jurídico das utilidades públicas. Belo Horizonte: Fórum, 2009.

MARQUES NETO, Floriano de Azevedo. Fomento. *In:* DI PIETRO, Maria Sylvia Zanella (Coord.). *Tratado de direito administrativo*. São Paulo: Revista dos Tribunais, 2015. v. 4. p. 31-224.

MARQUES NETO, Floriano de Azevedo. Limites à abrangência e à intensidade da intervenção estatal. *Revista Eletrônica de Direito Administrativo Econômico (REDAE)*, Instituto Brasileiro de Direito Público, Salvador, n. 4, nov. 2005/jan. 2006. Disponível em: http://www.direitodoEstado.com.br/redae.asp. Acesso em: 13 jan. 2015.

MARQUES NETO, Floriano de Azevedo; PALMA, Juliana Bonacorsi de. Os sete impasses do controle da Administração Pública no Brasil. *In:* PEREZ, Marcos Augusto; SOUZA, Rodrigo Pagani de (Coord.). *Controle da Administração Pública*. Belo Horizonte: Fórum, 2017. p. 21-38.

MARTINS, Ives Gandra da Silva. Incentivos onerosos e não onerosos na Lei de Responsabilidade Fiscal. *In:* SCAFF, Fernando Facury; CONTI, José Mauricio. *Lei de Responsabilidade Fiscal*: 10 anos de vigência – questões atuais. Florianópolis: Conceito, 2010. p. 29-38.

MASSONETTO, Luis Fernando. *O direito financeiro no capitalismo contemporâneo*: a emergência de um padrão normativo. 2006. 145 p. Tese (Doutorado em Direito) – Faculdade de Direito, Universidade de São Paulo, São Paulo, 2006.

MATTOS NETO, Antonio José de. Responsabilidade civil por improbidade administrativa. *In*: DI PIETRO, Maria Sylvia Zanella; SUNDFELD, Carlos Ari (Org.). *Doutrinas essenciais*: direito administrativo. São Paulo: RT, 2012. v. 7, Agentes públicos e improbidade.

MEDAUAR, Odete. *O direito administrativo em evolução*. São Paulo: RT, 1992.

MEIRELLES, Hely Lopes. *Direito administrativo brasileiro*. 29. ed. São Paulo: Malheiros, 2004.

MÉLEGA, Luiz. O poder de tributar e o poder de regular. *Revista Direito Tributário Atual*, São Paulo, v. 7/8, p. 1771-1813, 1987/1988.

MELLO, Celso Antônio Bandeira de. *Curso de direito administrativo*. 21. ed. São Paulo: Malheiros, 2002.

MELO, Marcos Bernardes de. *Teoria do fato jurídico*: plano da existência. 20. ed. São Paulo: Saraiva, 2014.

MENDONÇA, Manuel Inácio Carvalho de. *Doutrina e prática das obrigações ou tratado geral dos direitos de crédito*. 4. ed. Rio de Janeiro: Forense, 1956.

MONTEIRO, Vitor. Interesse público e consensualidade administrativa: o caso dos contratos de parcerias. *Revista Fórum de Contratação e Gestão Pública – RFGP*, Belo Horizonte, v. 12, n. 134, p. 70-80, fev. 2008.

MOREIRA NETO, Diogo de Figueiredo. O futuro das cláusulas exorbitantes nos contratos administrativos. *In*: ARAGÃO, Alexandre Santos de; MARQUES NETO, Floriano de Azevedo (Coord.). *Direito administrativo e seus novos paradigmas*. Belo Horizonte: Fórum, 2012. p. 571-592.

MUZZI FILHO, Carlos Victor. A vontade do contribuinte no direito tributário: existem 'contratos fiscais'? *Revista Jurídica*, Procuradoria-Geral da Fazenda Estadual de Minas Gerais, Belo Horizonte, n. 48/50, p.11-323, out. 2003.

NALINI, José Renato. *Constituição e Estado democrático*. São Paulo: FTD, 1997.

NASCIMENTO, Sávio. *Lei de Responsabilidade Fiscal*. Rio de Janeiro: Campus-Elsevier, 2013.

NITTI, Francesco *Principles de science des finances*. Paris: V. Giard et E. Briere, 1904.

NÓBREGA, Marcos. *Renúncia de receita*: guerra fiscal e *tax expenditure*: uma abordagem do art. 14 da LRF. Disponível em: http://www.cepal.org/ilpes/noticias/paginas/6/13526/marcosnobrega1.pdf . Acesso em: 10 nov. 2015.

NOGUEIRA, Ruy Barbosa. *Curso de direito tributário*. São Paulo: Saraiva, 1989.

NOHARA, Irene Patrícia. Reflexões críticas acerca da tentativa de desconstrução do sentido da supremacia do interesse público no direito administrativo. *In*: DI PIETRO, Maria Sylvia Zanella; RIBEIRO, Carlos Vinicius Alves (Coord.). *Supremacia do interesse público e outros temas relevantes do direito administrativo*. São Paulo: Atlas, 2010. p. 120-132.

NOHARA, Irene Patrícia. *Reforma administrativa e burocracia*: impacto da eficiência na configuração do direito administrativo brasileiro. 2011. 268 p. Tese (Livre-Docência em Direito) – Faculdade de Direito, Universidade de São Paulo, São Paulo, 2011.

NUSDEO, Fábio. A ordem econômica constitucional: algumas reflexões. *In*: NUSDEO, Fábio. (Coord.). *O direito econômico na atualidade*. São Paulo: RT, 2015.

NUSDEO, Fábio. *Da política econômica ao direito econômico*. 1977. 197 p. Tese (Livre-Docência em Direito) – Faculdade de Direito, Universidade de São Paulo, São Paulo, 1977.

NUSDEO, Fábio. Modesto Carvalhosa e o direito econômico: um resgate necessário. *Revista de Direito Mercantil Industrial, Econômico e Financeiro*, São Paulo, v. 51, n. 161/162, p. 9-46, jan./ago. 2012.

OBREGÓN GARCÍA, Antonio. *La responsabilidad criminal de los miembros del Gobierno*: análisis del artículo 102 de la Constitución española. Madrid: España, 1996.

OCTAVIANI, Alessandro. Notas sobre direito e planejamento econômico no capitalismo moderno. *In*: HORVATH, Estevão; CONTI, José Mauricio; SCAFF, Fernando Facury. *Direito financeiro, econômico e tributário*: estudos em homenagem a Regis Fernandes de Oliveira. São Paulo: Quartier Latin, 2014. p. 41-47.

OLIVEIRA, Phelippe Toledo Pires de. *A transação em matéria tributária*. São Paulo: Quartier Latin, 2015.

OLIVEIRA, Regis Fernandes de. *Curso de direito financeiro*. 5. ed. São Paulo: RT, 2013.

OLIVEIRA, Regis Fernandes de; HORVATH, Estevão. *Manual de direito financeiro*. 2. ed. São Paulo: Revista dos Tribunais, 1997.

OLIVER, Philip D. *Tax Policy*: Readings and Materials. New York (US): Thomson-West, 2004.

PARISI, Fernanda Drummond. *Transação tributária no Brasil*: supremacia do interesse público e satisfação do crédito tributário. 2016. 175 p. Tese (Doutorado em Direito) – Faculdade de Direito, Pontifícia Universidade Católica de São Paulo, São Paulo, 2016.

PASCAL. *Les pensées*. Paris: Louis-Michaud, s/d.

PECHMAN, Joseph A. *Federal Tax Policy*. 5th ed. Washington (US): The Brookings Institution, 1987.

PELLEGRINI, Josué Alfredo. *Gastos tributários: conceitos, experiência internacional e o caso do Brasil*. Brasília: Senado Federal, Consultoria Legislativa, out. 2014. (Texto para discussão nº 159). Disponível em: http://www2.senado.leg.br/bdsf/handle/id/503102. Acesso em: 14 out. 2014.

PEREIRA DA SILVA, Vasco. *Em busca do acto administrativo perdido*. Coimbra (Portugal): Almedina, 2003.

PEREZ, Marcos Augusto. *A Administração pública democrática*: institutos de participação popular na Administração Pública. Belo Horizonte: Fórum, 2009.

PEREZ, Marcos Augusto. Controle da discricionariedade administrativa. *In*: PEREZ, Marcos Augusto; SOUZA, Rodrigo Pagani de (Coord.). *Controle da Administração Pública*. Belo Horizonte: Fórum, 2017. p. 63-82.

PEREZ, Marcos Augusto. *Institutos de participação popular na Administração pública*. 1999. 211 p. Dissertação (Mestrado em Direito) – Faculdade de Direito, Universidade de São Paulo, São Paulo, 1999.

PLANIOL, Marcel. *Traité élémentaire de droit civil*. Paris: Librairie Générale de Droit & de Jurisprudence, 1923. tome 2.

POLIZELLI, Victor Borges. *Contratos fiscais*: viabilidade e limites no contexto do direito tributário brasileiro. 2013. 305 p. Tese (Doutorado em Direito) – Faculdade de Direito, Universidade de São Paulo, São Paulo, 2013.

PONTES DE MIRANDA, Francisco Cavalcanti. *Direito das obrigações*: extinção das dívidas e obrigações, dação em soluto... São Paulo: Revista dos Tribunais, 2012.

PONTES DE MIRANDA, Francisco Cavalcanti. *Negócios jurídicos, representação, conteúdo, forma, prova*. São Paulo: Revista dos Tribunais, 2012.

PONTES DE MIRANDA, Francisco Cavalcanti. *Sistema de ciência positiva do direito*. Campinas: Bookseller, 2000. tomo 1.

PONTES DE MIRANDA, Francisco Cavalcanti. *Tratado de direito privado*. Campinas: Booksellser, 1999. tomo 1.

PONTES DE MIRANDA, Francisco Cavalcanti. *Tratado de direito privado*. Campinas: Bookseller, 2003. tomo 25.

RIBAS, Lídia Maria Lopes Rodrigues. Mecanismos alternativos na solução de conflitos em material tributária. *Revista tributária e de finanças públicas*, São Paulo, v. 11, n. 49, p. 43-64, mar./abr. 2003.

RIBAS, Lídia Maria. Efetivação da justiça e gestão descentralizada de conflitos: mecanismos sustentáveis de solução. *In*: MIRANDA, Jorge (Coord.). *Diálogo ambiental*: constitucional e internacional. São Paulo: Lumen Juris, 2015. v. 3, tomo 1.

RIBAS, Lídia Maria. *Processo administrativo tributário*. 3. ed. São Paulo: Malheiros, 2008.

RIBAS, Lídia Maria; SILVA, Hendrick Pinheiro. Reflexões sobre a importância do estabelecimento de limites orçamentários e indicadores de monitoramento na gestão de políticas públicas no Brasil. *In*: SILVA, Suzana Tavares da; RIBEIRO, Maria de Fátima. *Trajectórias de sustentabilidade, tributação e investimento*. Coimbra: Instituto Jurídico da Faculdade de Direito de Coimbra, 2013. p. 387-405.

RIBAS, Lídia Maria; SILVA, Hendrick Pinheiro. Transação como mecanismo alternativo na resolução de conflitos tributários. *Derecho y Cambio Social*, v. 10, n. 34, 2013.

RICCITELLI, Antonio. *Do impeachment*. 2003. 152 p. Dissertação (Mestrado em Direito) – Faculdade de Direito, Universidade de São Paulo, São Paulo, 2003.

RIVERO ORTEGA, Ricardo. *Derecho administrativo económico*. 5. ed. Madri: Marcial Pons, 2009.

ROCHA, Sérgio André. Meios alternativos de solução de conflitos no direito tributário Brasileiro. *Revista dialética de direito tributário*, São Paulo, n. 122, p. 90-106, nov. 2005.

SABATIER, Paul A.; MAZMANIAN, Daniel. A Conceptual Framework of the Implementation Process. *In*: THEODOULOU, Stella Z.; CAHN, Matthew. *Public Policy*: the Essential Readings. Upper Saddle River (US): Prentice Hall, 1995. p. 153-173.

SAMPAIO, Egas Rosa. *Instituições de ciência das finanças*: uma abordagem econômico-financeira. Rio de Janeiro: Forense, 1991.

SANTI, Eurico Marcos Diniz de. Decadência e prescrição do direito do contribuinte e a LC 118: entre regras e princípios. *Revista Diálogo Jurídico*, Salvador, n. 15, jan./mar. 2007. Disponível em: http://www.direitopublico.com.br/pdf_seguro/Artigo%20Eurico%20 Santi.pdf. Acesso em: 8 jan. 2016.

SANTI, Eurico Marcos Diniz de. *Lançamento tributário*. 2. ed. São Paulo: Max Limonad, 2001.

SANTI, Eurico Marcos Diniz de. Transação e arbitragem no direito tributário: paranoia ou mistificação? *In*: SARAIVA FILHO, Oswaldo Othon de Pontes; GUIMARÃES, Vasco Branco (Org.). *Transação e arbitragem no âmbito tributário*: homenagem ao jurista Carlos Mário da Silva Velloso. Belo Horizonte: Fórum, 2008. p. 167-190.

SARAIVA FILHO, Oswaldo Othon de Pontes. A transação e a arbitragem no direito constitucional-tributário brasileiro. In: SARAIVA FILHO, Oswaldo Othon de Pontes; GUIMARÃES, Vasco Branco (Org.). *Transação e arbitragem no âmbito tributário*: homenagem ao jurista Carlos Mário da Silva Velloso. Belo Horizonte: Fórum, 2008. p. 167-190.

SARMENTO, Daniel. Supremacia do interesse público? As colisões entre direitos fundamentais e interesses da coletividade. In: ARAGÃO, Alexandre Santos de; MARQUES NETO, Floriano de Azevedo (Coord.). *Direito administrativo e seus novos paradigmas*. Belo Horizonte: Fórum, 2012. p. 97-143.

SCAFF, Fernando Facury. Contas à vista: Refis é uma transação tributária e não uma renúncia fiscal. *Consultor Jurídico*. 2 dez. 2014. Disponível em: http://www.conjur.com.br/2014-dez-02/contas-vista-refis-transacao-tributaria-nao-renuncia-fiscal. Publicado em Acesso em: 28 out. 2015.

SCAFF, Fernando Facury. *Responsabilidade do Estado intervencionista*. São Paulo: Saraiva, 1990.

SCHIRATO, Vitor Rhein; PALMA, Juliana Bonacorsi. Consenso e legalidade: vinculação da atividade administrativa consensual ao direito. *Revista Brasileira de Direito Público – RBDP*, Belo Horizonte, v. 7, n. 27, out./dez. 2009. Disponível em: http://www.bidforum.com.br/bid/PDI0006.aspx?pdiCntd=64611. Acesso em: 23 jun. 2014.

SCHOUERI, Luis Eduardo. *Direito tributário*. 3. ed. São Paulo: Saraiva, 2013.

SCHOUERI, Luis Eduardo. *Normas tributárias indutoras e intervenção econômica*. Rio de Janeiro: Forense, 2005.

SCORSIM, Ericson Meister. O processo de evolução do Estado, da Administração pública e do direito administrativo. *Revista Interesse Público*, Porto Alegre, v. 9, n. 42, mar./abr. 2007.

SEGUIN, Marc; GURR, Simon. Federal Tax Expenditures in Canada. In: BRIXI, Hana Polackova; VALENDUC, Christian N. A.; SWIFT, Zhicheng Li (Ed.). *Tax Expenditures*: Shedding Light on Government Spending through the Tax System. Washington (US): The World Bank, 2004. p. 97-125.

SERPA LOPES, Miguel Maria de. *Curso de direito civil*. 5. ed. Rio de Janeiro: Freitas Bastos, 2000. v. 2.

SERPA LOPES, Miguel Maria de. *Curso de direito civil*. 6. ed. Rio de Janeiro: Freitas Bastos, 2001. v. 3.

SEVERINI, Tiago. Transação em matéria tributária no direito brasileiro? *Revista tributária e de finanças públicas*, v. 17, n. 88, p. 235-268, set./out. 2009.

SHI, Yaobin. Establishing a Tax Expenditure Adminstrative System That Achieves a Sound Fiscal System in China. In: BRIXI, Hana Polackova; VALENDUC, Christian N. A.; SWIFT, Zhicheng Li (Ed.). *Tax Expenditures*: Shedding Light on Government Spending through the Tax System. Washington (US): The World Bank, 2004. p. 173-189.

SILVA, Gerson Augusto da. *A política tributária como instrumento de desenvolvimento*. 2. ed. Brasília: ESAF, 2009.

SILVA, Gerson Augusto. Política fiscal e planejamento. In: SILVA, Gerson Augusto. *Estudos de política fiscal*. Brasília: ESAF, 1983. p. 57-65.

SILVA, Hendrick Pinheiro; RIBAS, Lídia Maria. Transação tributária como ato-negócio administrativo: uma perspectiva de colaboração. *NOMOS Revista do Programa de Pós Graduação em Direito da UFC*, v. 35, n. 1, p. 195-217, jan./jun. 2015.

SILVA, Isabela Morbach Machado e. O sistema orçamentário brasileiro: planejamento e políticas públicas. *Revista Fórum de Direito Financeiro e Econômico – RFDFE*, Belo Horizonte, v. 4, n. 6, p. 109-122, set. 2014/fev. 2015.

SILVA, José Afonso da. *Curso de direito constitucional positivo*. 36. ed. São Paulo: Malheiros, 2013.

SILVA, José Afonso da. *Orçamento-programa no Brasil*. São Paulo: Revista dos Tribunais, 1973.

SILVEIRA, Alexandre Coutinho da. Orçamento e planejamento: tensões entre poderes. *Revista Fórum de Direito Financeiro e Econômico – RFDFE*, Belo Horizonte, v. 4, n. 6, p. 31-58, set. 2014/fev. 2015.

SILVEIRA, Fernando Secaf. Problemas e diagnósticos na execução do planejamento orçamentário. *Revista Fórum de Direito Financeiro e Econômico – RFDFE*, Belo Horizonte, v. 4, n. 6, p. 59-78, set. 2014/fev. 2015.

SOUSA, Rubens Gomes de. *Compêndio de legislação tributária*. 2. ed. Rio de Janeiro: Edições Financeiras, s/d.

SOUZA NETO, Cláudio Pereira de; MENDONÇA, José Vicente Santos de. Fundamentalização e fundamentalismo na interpretação do princípio constitucional da livre iniciativa. *In:* SOUZA NETO, Cláudio Pereira de; SARMENTO, Daniel. *A constitucionalização do direito*: fundamentos teóricos e aplicações específicas. Rio de Janeiro: Lumen Juris, 2007. p. 709-741.

SOUZA, Rodrigo Pagani. Em busca de uma administração pública de resultados. *In:* PEREZ, Marcos Augusto; SOUZA, Rodrigo Pagani de (Coord.). *Controle da Administração Pública*. Belo Horizonte: Fórum, 2017. p. 39-61.

STEFANI, Giorgio. *Corso di finanza pubblica*. 2. ed. Padova: CEDAM, 1972.

STIGLITZ, Joseph. Regulation and Failures. *In:* MOSS, David; CISTERNINO, John (Ed.). *New Perspectives on Regulation*. Cambridge: The Tobim Project, 2009. p. 11-23.

SUNLEY, Emil. Tax Expenditures in the United States: Experience and Pratice. *In:* BRIXI, Hana Polackova; VALENDUC, Christian N. A.; SWIFT, Zhicheng Li (Ed.). *Tax Expenditures*: Shedding Light on Government Spending through the Tax System. Washington (US): The World Bank, 2004. p. 155-172.

SUPREMO TRIBUNAL DE JUSTIÇA. *REsp 842.428/ES*. Rel. Min. Eliana Calmon. Segunda Turma, julg. 24 abr. 2007, DJ 21 mai. 2007.

SUPREMO TRIBUNAL FEDERAL. *ADPF 378 MC*. Rel. min. Edson Fachin. Tribunal Pleno, julg. 17 dez. 2015, DJe-043, pub. 8 mar. 2016.

SUPREMO TRIBUNAL FEDERAL. *HC 70055 AgR*. Rel. min. Ilmar Galvão. Tribunal Pleno, julg. 4 mar. 1993, DJ 16 abr. 1993, p. 06436.

SURREY, Stanley S. Tax Incentives as Device for Implementing Government Policy: A Comparison with Direct Government Expenditures. *Harvard Law Review*, v. 83, n. 4, p. 705-738, Feb. 1970.

SURREY, Stanley; McDANIEL, Paul. The Tax Expenditure Concept and the Budget Reform Act of 1974. *Boston College Industrial and Commercial Law Review*, v. 17, n. 5, p. 679-725, June 1976.

TÁCITO, Caio. Direito administrativo participativo. *Revista de direito administrativo*, Rio de Janeiro, v. 209, p. 7-18, jul./set. 1997.

TAVARES, André Ramos. *Direito econômico diretivo*: percursos e propostas transformativas. 2014. 440 p. Tese (Titularidade em Direito) – Faculdade de Direito, Universidade de São Paulo, São Paulo, 2014.

TAVARES, André Ramos. Refis: aceitação das cláusulas pactuadas e os limites do acordo bilateral em face dos direitos individuais. *In:* VERGUEIRO, Guilherme von Müller Lessa (Coord.). *Refis*: aspectos jurídicos relevantes. Bauru: Edipro, 2001. p. 27-53.

TORRES, Heleno Taveira. Constituição financeira e o federalismo financeiro cooperativo equilibrado brasileiro. *Revista Fórum de Direito Financeiro e Econômico – RFDFE*, Belo Horizonte, v. 3, n. 5, p. 25-54, mar./ago. 2014.

TORRES, Heleno Taveira. Segurança jurídica dos benefícios fiscais. *Revista Fórum de Direito Financeiro e Econômico – RFDFE*, v. 1, n. 1, p. 57-91, mar./ago. 2012.

TORRES, Heleno Taveira. *Teoria da constituição financeira*. 2014. 864 p. Tese (Titularidade em Direito) – Faculdade de Direito, Universidade de São Paulo, São Paulo, 2014.

TORRES, Heleno Taveira. Transação, arbitragem e conciliação judicial como medidas alternativas para resolução de conflitos entre Administração e contribuintes: simplificação e eficiência administrativa. *Revista de Direito Tributário*, São Paulo, v. 86, p. 40-64, out./dez.1998.

TORRES, Ricardo Lobo. Transação, conciliação e processo tributário administrativo. *In:* SARAIVA FILHO, Oswaldo Othon de Pontes; GUIMARÃES, Vasco Branco (Org.). *Transação e arbitragem no âmbito tributário*: homenagem ao jurista Carlos Mário da Silva Veloso. Belo Horizonte: Fórum, 2008. p. 89-110.

TORRES, Silvia Faber. *O princípio da subsidiariedade no direito público contemporâneo*. Rio de Janeiro: Renovar, 2001.

TRIBUNAL DE CONTAS DA UNIÃO (TCU). *Relatório de levantamento de auditoria*: processo no TC 018.259/2013-8. 2014. Disponível em: http://www.tcu.gov.br/Consultas/Juris/Docs/judoc/Acord/20140516/AC_1205_16_14_P.doc. Acesso em: 20 ago. 2016.

TRIBUNAL DE CONTAS DA UNIÃO (TCU). *Relatório de levantamento n. 015.052/2009-7.* Relator: min. Augusto Nardes. Acórdão no AC-0747-12/10-P, *DOU* de 16 abr. 2010.

TRIBUNAL DE CONTAS DA UNIÃO. *Relatório de levantamento TC-015.052/2009-7.* Sessão 14 abr. 2017. Disponível em: https://www.google.com.br/url?sa=t&rct=j&q=&esrc=s&-source=web&cd=2&ved=0ahUKEwj4l4jx_8TUAhVFiZAKHVRhBUgQFggoMAE&url=h-ttp%3A%2F%2Fwww.tcu.gov.br%2FConsultas%2FJuris%2FDocs%2Fjudoc%255CAcor-d%255C20100419%255CAC_0747_12_10_P.rtf&usg=AFQjCNGPw0FrB2YrXwELk6sAF-TUjnQOlGg. Acesso em: 17 jun. 2017.

VALENDUC, Christian. From Tax Expenditure Reporting to Tax Policy Analysis: Some Experience from Belgium. *In:* BRIXI, Hana Polackova; VALENDUC, Christian N. A.; SWIFT, Zhicheng Li (Ed.). *Tax Expenditures*: Shedding Light on Government Spending through the Tax System. Washington (US): The World Bank, 2004. p. 69-96.

VANONI, Ezio. *Scritti di finanza pubblica e di politica economica*. Padova: CEDAM, 1976.

VERGUEIRO, Camila Campos. *Obrigação tributária*: o processo de positivação e as causas suspensivas de sua exigibilidade. São Paulo: Quartier Latin, 2009.

VETTORI, Gustavo Gonçalves. *Contribuição ao estudo sobre as influências recíprocas entre tributação da renda e o comércio internacional*. 2011. 212 p. Tese (Doutorado em Direito) – Faculdade de Direito, Universidade de São Paulo, São Paulo, 2011.

VIDIGAL, Geraldo Camargo. *Teoria geral do direito econômico*. São Paulo: RT, 1977.

VIDIGAL, Geraldo. *Fundamentos do direito financeiro*. São Paulo: RT, 1973.

VILLELA, Luiz Arruda. *Gastos tributários e justiça fiscal*: o caso do IRPF no Brasil. 1981. 97 p. Dissertação (Mestrado em Economia) – Departamento de Economia, Pontifícia Universidade Católica do Rio de Janeiro, Rio de Janeiro, 1981.

VILLELA, Luiz. Gastos tributarios: medición de la erosión de la base imponible. *In:* CENTRO INTERAMERICANO DE ADIMINISTRACIONES TRIBUTARIAS – CIAT. *La recaudación potencial como meta de la administración tributaria*. Florianópolis: Instituto de Estudios Fiscales, 2007. p. 1-10.

WEIMER, David L.; VINING, Aidan R. *Policy Analysis*: Concepts and Practice. 3rd. ed. Upper Saddle River (US): Prentice Hall, 1998.

XAVIER, Alberto Pinheiro. Lançamento tributário. *In:* ATALIBA, Geraldo; CARVALHO, Paulo de Barros. *VI Curso de especialização em direito tributário*. São Paulo: Resenha Tributária, 1978. v. 2. p. 431-451.

ZELINSKY, Edward A. James Madson and Public Choice at Gucci Gulch: A Procedural Defense of Tax Expenditures and Tax Institutions. *In:* OLIVER, Philip D. *Tax Policy*: Readings and Materials. New York (US): Thomson-West, 2004. p. 704-715.

ZILVETI, Fernando Aurelio. *Obrigação tributária*: fato gerador e tipo. São Paulo: Quartier Latin, 2009.

Esta obra foi composta em fonte Palatino Linotype, corpo 10
e impressa em papel Offset 75g (miolo) e Supremo 250g (capa)
pela Gráfica Laser Plus.